RECUEIL COMPLET

DES

TRAVAUX PRÉPARATOIRES

DU

CODE CIVIL.

IMPRIMERIE D'HIPPOLYTE TILLIARD,
RUE SAINT-HYACINTHE-SAINT-MICHEL, N° 30.

RECUEIL COMPLET

DES

TRAVAUX PRÉPARATOIRES

DU

CODE CIVIL

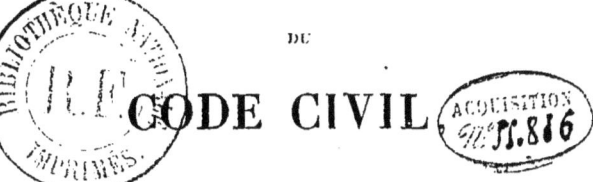

COMPRENANT SANS MORCELLEMENT ; 1° LE TEXTE DES DIVERS PROJETS ;
2° CELUI DES OBSERVATIONS DU TRIBUNAL DE CASSATION ET DES TRIBUNAUX
D'APPEL ; 3° TOUTES LES DISCUSSIONS PUISÉES LITTÉRALEMENT TANT DANS LES
PROCÈS-VERBAUX DU CONSEIL-D'ÉTAT QUE DANS CEUX DU TRIBUNAT, ET
4° LES EXPOSÉS DE MOTIFS, RAPPORTS, OPINIONS ET DISCOURS TELS QU'ILS
ONT ÉTÉ PRONONCÉS AU CORPS LÉGISLATIF ET AU TRIBUNAT ;

Par P. A. FENET,

AVOCAT A LA COUR ROYALE DE PARIS.

TOME SIXIÈME.

PARIS,

VIDECOQ, LIBRAIRE, PLACE DU PANTHÉON, 6,
PRÈS L'ÉCOLE DE DROIT.

1836.

DISCUSSIONS,
MOTIFS,
RAPPORTS ET DISCOURS.

TOME PREMIER.

RECUEIL COMPLET

DES

TRAVAUX PRÉPARATOIRES

DU

CODE CIVIL.

DISCUSSIONS,
MOTIFS, RAPPORTS ET DISCOURS.

TITRE PRÉLIMINAIRE.

De la publication, des effets et de l'application des lois en général.

CONSEIL D'ÉTAT.

(Procès-verbal de la Séance du 4 thermidor an IX. — 23 juillet 1801.)

M. PORTALIS, d'après le renvoi fait par les consuls à la section de législation dans la dernière séance [*], présente un projet de loi extrait du livre préliminaire du Code civil et *relatif à la publication, aux effets et à l'application des lois en général.*

L'article 1er est ainsi conçu :

« Les lois seront exécutoires dans toute la République,

---

[*] Il est arrêté, dans la séance du 28 messidor an IX,..... 2° que les dispositions du livre préliminaire qui appartiennent à la législation seront rédigées en un seul projet de loi. (Voyez l'*Histoire du Code*.)

« quinze jours après la promulgation faite par le Premier
« Consul.

« Ce délai pourra, selon l'exigence des cas, être modifié
« par la loi qui sera l'objet de la publication. »

Le rapporteur dit que, dans le Projet de Code civil, on avait distingué les lois en lois administratives, judiciaires et mixtes. Les premières devaient devenir obligatoires du jour où elles auraient été publiées par les autorités administratives; les secondes, du jour où elles l'auraient été par les tribunaux d'appel; les troisièmes, c'est-à-dire les lois mixtes, devaient l'être, en ce qui pouvait être relatif à la compétence de chaque autorité, du jour de la publication par l'autorité compétente.

Le tribunal de cassation et le tribunal d'appel de Paris adoptent le fond de ce système, et ne proposent que des changemens de rédaction.

La majorité des autres tribunaux regarde ce mode de publication présenté dans le projet de Code, comme insuffisant, contraire aux vrais principes, et sujet aux plus grands abus.

Les uns disent qu'une simple lecture de la loi à l'audience d'un tribunal d'appel ne saurait autoriser la présomption légale, que, dans l'instant même de cette lecture, la loi est connue des tribunaux d'arrondissement, situés souvent à une grande distance des tribunaux d'appel. Ils désireraient que la loi fût publiée par ces tribunaux, qui sont les premiers à l'appliquer et à l'exécuter, et qu'elle ne fût même exécutoire qu'après un certain délai, à dater du jour de cette publication, lequel délai serait mis à profit pour faire afficher la loi, sinon dans toutes les communes, du moins dans toutes celles où il y a un juge de paix. Ils observent que les frais d'impression et d'affiche seront moins onéreux pour le trésor public dans un ordre de choses qui garantit plus de stabilité aux lois; et que d'ailleurs, dans une matière aussi importante, l'intérêt du fisc ne saurait balancer celui des citoyens de l'État.

Les autres tribunaux, en reconnaissant la nécessité d'adresser les lois à toutes les autorités chargées de leur application ou de leur exécution, et même de les faire connaître à tous les citoyens par la voie de l'affiche, proposent de fixer un délai à dater de la promulgation de la loi par le *Premier Consul*, après lequel la loi sera au même instant exécutoire dans toute l'étendue de la République.

Les divers systèmes que les observations des tribunaux nous présentent n'avaient point échappé à la section; elle en avait discuté d'avance les inconvéniens et les avantages.

La publication des lois est une conséquence du principe que les lois ne peuvent être obligatoires avant d'être connues: mais il est impossible de trouver un mode de publication qui ait l'effet d'atteindre personnellement chaque individu; on est réduit à se contenter de la certitude morale que tous les citoyens ont pu connaître la loi.

Pour peser les divers degrés de cette certitude morale, il faut distinguer les lieux et les temps.

Dans l'ancien régime, la loi était secrètement rédigée; on l'adressait ensuite aux cours souveraines. Ces cours pouvaient en refuser ou en suspendre l'enregistrement, et délibérer des remontrances. L'enregistrement étant une forme préalable à l'exécution de la loi, cette exécution ne pouvait avoir lieu qu'après que la loi avait été enregistrée.

Nous devons même faire remarquer que, dans la plupart des anciennes provinces de France, la loi n'était exécutoire que du jour de la publication qui en était faite par les tribunaux inférieurs.

Le système de ceux qui voudraient ne rendre la loi exécutoire que du jour de sa publication par les tribunaux d'appel ou par les tribunaux d'arrondissement, se rapproche de cet ancien ordre de choses.

Mais cet ordre n'existe plus. Dans notre droit actuel, la loi a toute sa force et tous ses caractères avant d'être adressée aux tribunaux et aux diverses autorités compétentes. D'autre part, la loi a déjà acquis le plus haut degré de publicité par les discours des orateurs du gouvernement, par la discussion du tribunat, et par celle qui est faite en présence du corps législatif. La loi ne peut être promulguée par le *Premier Consul* que dix jours après le décret du corps législatif ; et pendant ce délai, la connaissance de la loi continue à circuler dans toute la République.

L'envoi officiel de la loi aux autorités compétentes n'est donc plus, dans la hiérarchie des pouvoirs, qu'un moyen régulier de rendre la loi plus intimement présente aux différentes parties de l'état, et d'en assurer le dépôt dans tous les lieux où elle doit être obéie.

Cet envoi pouvant être fait partout dans un temps déterminé, pourquoi n'adopterait-on pas la proposition de fixer un délai suffisant après lequel la loi serait, au même instant, exécutoire dans toute la France ?

Une telle idée, qu'il n'eût pas été possible de réaliser tant qu'il existait des cours qui avaient le droit de refuser ou de suspendre l'enregistrement des lois, ne rencontre aujourd'hui aucun obstacle.

Elle aurait, dit-on, l'inconvénient de retarder l'exécution des lois dans certains départemens, et surtout dans ceux où il importe quelquefois le plus que les lois soient promptement exécutées.

En retardant l'exécution des lois, lorsqu'elles sont déjà suffisamment connues, elle pourrait donner lieu, dans le temps intermédiaire, à un grand nombre de fraudes contre ces lois.

Mais on peut répondre que, dans les cas rares où il serait essentiel qu'une loi nouvelle fût exécutée sans délai à Paris et dans les départemens environnans, cette loi pourrait le déclarer. Nous y avons pourvu par une disposition particulière.

Quant aux fraudes dont le délai peut devenir l'occasion, on ne les préviendra dans aucun système ; car la discussion des lois étant publique, ceux qui veulent consommer des arrangemens auxquels la nouvelle loi s'opposerait, auront toujours le temps et la liberté de le faire avant la promulgation de cette loi.

Ce qui est certain, c'est que l'idée d'établir un délai uniforme après lequel la loi serait exécutoire le même jour dans toute la République, préviendrait cette diversité de jugemens sur les mêmes questions et entre les membres de la même cité, qui est un sujet de scandale, et ces incertitudes locales sur l'époque de l'exécution de la loi, qui sont une grande source de difficultés et de procès.

L'idée d'un délai uniforme aurait encore l'avantage de rendre l'exécution de la loi indépendante de la négligence de l'homme, et de mieux constater le principe que, dans notre droit public, le fait des tribunaux et des autres autorités ne peut plus rien ajouter à la force et au caractère de la loi.

Le rapporteur observe en outre que l'idée d'un délai uniforme dispenserait de recourir à la distinction des lois administratives, des lois judiciaires et des lois mixtes. Par là on préviendrait tous les doutes, toutes les incertitudes qui pourraient naître, dans tout autre système, de la nécessité de faire cette distinction. De plus, l'unité dans le mode de rendre les lois exécutoires influerait, plus qu'on ne pense, sur le degré de confiance et de respect qu'on doit à toutes les lois.

Le Premier Consul dit que déjà la constitution suspend de dix jours la promulgation de la loi : ajouter encore quinze jours à ce terme, ce serait souvent manquer le but que s'est proposé le législateur, surtout lorsqu'il a porté des lois répressives, ou d'autres lois dont l'exécution ne peut être différée.

Le Consul Cambacérès applique la même objection aux lois civiles. Il en est qu'on pourrait éluder pendant le délai qui s'écoulerait entre le moment où elles seraient décrétées et le moment où elles obligeraient les citoyens.

M. Portalis répond que, quant aux lois répressives, le remède est dans le projet de loi, puisqu'il accorde la faculté d'abréger le délai général.

Pour ce qui concerne la publication des lois civiles, l'inconvénient qu'on a relevé subsisterait dans tous les systèmes.

Le Premier Consul dit que la section paraît s'écarter de ses propres principes, lorsque, contre les dispositions du droit romain et l'opinion unanime des jurisconsultes, elle admet que la loi ne sera pas obligatoire aussitôt qu'elle sera connue.

M. Boulay objecte qu'il en est ainsi dans le système de la législation actuelle, puisque la loi ne devient exécutoire que du jour où l'envoi qui en est fait a été mentionné sur le registre de l'administration.

M. Rœderer dit que c'est dans la constitution qu'on doit chercher la solution de la question.

Elle veut, article XLI, que la promulgation soit faite par le *Premier Consul*. Le mot *promulgation* veut dire *publication*. C'est donc le *Premier Consul* seul qui publie.

L'enregistrement n'est donc pas nécessaire à la promulgation; car la promulgation appartenant en entier au *Premier Consul*, il ne la partage pas avec un préfet. L'enregistrement du préfet est un simple acte de dépôt, qui n'a pas pour objet de faire connaître la loi. Mais cet enregistrement n'est pas connu le même jour dans toute l'étendue de la préfecture, non plus que la promulgation du *Premier Consul* dans tous les départemens. Que faut-il donc ajouter à la promulgation pour s'assurer que la loi est connue? un délai dans lequel la notoriété de la promulgation puisse probablement parvenir à tous les citoyens. C'est là la règle suivie en Angleterre et en Amérique. Cependant, comme il serait ridicule d'établir un tarif des distances, on pourrait y avoir égard d'une manière générale, et dire que nul ne pourra prétendre ignorance de la loi, le jour même de sa promulgation dans le lieu où siége le gouvernement, et dans les autres lieux après un délai de cinq jours par distance de trente lieues.

M. Tronchet dit que, dans cette matière, il faut distinguer le fait de la théorie.

La théorie est que les lois ne sont obligatoires que lorsqu'elles sont connues; mais, dans le fait, on ne peut trouver de formes pour donner connaissance de la loi à chaque citoyen individuellement : la difficulté augmente même par le peu d'empressement que met le commun des hommes à s'instruire des lois; lorsqu'ils ont besoin de les interroger, ils s'adressent aux jurisconsultes. On doit donc chercher un moyen qui fasse connaître les lois à ceux qui veulent s'en instruire. On ne pouvait espérer ce résultat des formes usitées jusqu'à présent; elles avaient d'ailleurs l'inconvénient de varier, suivant les lieux, les époques où les lois devenaient obligatoires. Dans cet état de choses, le mode proposé par la section paraît le seul possible : il n'est pas sans inconvéniens; quel autre mode en est exempt? C'est sans doute une grande difficulté que le retard qu'éprouve l'exécution des lois qui commandent et qui défendent; mais le projet y remédie. Quant aux lois facultatives et à celles qui agissent indépendamment de la volonté de l'homme, comme sont les lois qui règlent les successions, le retard du moment où elles deviennent obligatoires ne blesse que l'intérêt particulier : mais il sert l'intérêt général, qui veut que les lois deviennent obligatoires partout au même moment. Au surplus, ce serait se jeter dans des débats interminables, que de vouloir établir la distinction des lois qui commandent, de celles qui permettent, de celles qui défendent. Il est préférable de choisir, pour rendre la loi obligatoire, l'époque où elle peut être connue de tous. Ce mode cependant ne dispenserait pas d'ordonner, par un règlement, que le ministre de la justice sera tenu d'envoyer la loi aux tribunaux et aux autres autorités dans un temps déterminé. Il faudra aussi mettre quelque différence entre le continent et les colonies, à l'égard du délai général après lequel la loi devra être exécutée.

M. Boulay propose de donner au gouvernement le droit de fixer l'époque où la loi deviendra obligatoire dans chaque colonie.

Le Premier Consul dit qu'on pourrait la déclarer exécutoire du jour de son arrivée.

Il demande pourquoi, en général, les lois ne seraient pas réputées exécutoires du jour où elles seraient présentées à l'audience des tribunaux par le commissaire du gouvernement.

M. Rœderer observe que ce serait faire revivre l'ancienne forme de l'enregistrement.

Le Premier Consul persiste à penser que ce serait offenser la majesté de la volonté nationale, que de ne rendre la loi obligatoire que vingt-cinq jours après qu'elle est connue.

M. Boulay dit que, si l'on datait l'empire de la loi du jour où elle serait présentée par le commissaire du gouvernement, on laisserait à ce magistrat la faculté d'en différer l'exécution.

Le Ministre de la Justice dit que la publication de la loi n'est complète que lorsque la loi est physiquement présentée dans le lieu où elle doit être exécutée; ainsi l'on ne peut s'empêcher d'avoir égard aux distances. Le meilleur moyen à prendre pour règle, est de déclarer la loi exécutoire du jour qu'elle est présentée par le commissaire du gouvernement.

Le Consul Cambacérès dit que les inconvéniens qu'on croit devoir résulter du mode actuel de publication des lois, ne sont pas jusqu'ici justifiés par des exemples. La seule question que ce mode ait fait naître, est celle de savoir si les tribunaux sont obligés de juger conformément à la loi avant de l'avoir reçue. Le changement qu'on propose d'apporter au mode actuel de publication est donc sans motif : pourquoi priver celui qui vit dans un département où la loi est connue, de la faculté d'en user ?

M. Regnier pense que les Français étant égaux en droits, ils doivent tous être soumis au même moment à l'empire de la loi, quelle qu'elle soit, rigoureuse ou favorable.

Le Premier Consul dit que le principe de l'égalité des droits est respecté, lorsque tous les Français sont également soumis à la loi au moment où elle arrive dans le lieu qu'ils habitent.

M. Emery dit que l'uniformité du délai prévient les effets de la négligence ou de la malveillance des tribunaux qui différeraient de publier la loi.

Il ajoute que la promulgation de la loi la rend obligatoire, mais qu'elle ne devient exécutoire que par la publication ; qu'ainsi, ne pas adopter le système d'un délai uniforme, c'est s'exposer à faire vivre pendant un temps sous des règles différentes, des contrées, même peu distantes l'une de l'autre.

M. Berlier croit que la nature des choses repousse invinciblement un délai général et uniforme ; mais il pense que l'on peut et que l'on doit, d'après une autre donnée, et sur une autre plan, prévenir les effets, soit de la négligence, soit de la malveillance, qui tendraient à priver quelques portions du territoire français du bénéfice d'une prompte publication de la loi. Il n'y a, selon l'idée qu'en a fournie M. *Rœderer*, qu'à régler par les distances le jour où la loi deviendra obligatoire dans chaque département de la République, sans le secours d'une publication matérielle : ce qui doit tout concilier.

M. Tronchet dit qu'il ne suffit pas, pour que la loi reçoive son exécution, qu'elle soit connue des citoyens ; qu'elle doit encore être dans la main du magistrat, et qu'on ne peut s'en assurer qu'en accordant un délai général.

M. Berlier réplique que ce délai général et uniforme ne donnerait pas l'assurance que la loi fût parvenue aux tribunaux les plus éloignés, au jour où elle deviendrait obligatoire : au surplus, ce n'est pas au moment précis où la loi acquerra ce caractère, que les citoyens seront dans le cas d'en demander l'application au magistrat, du moins en ce qui touche à l'ordre judiciaire ; et la loi sera dans la main des juges, long-temps avant que leur ministère soit invoqué.

Le Premier Consul soutient que le système de la section embarrasserait l'exécution de la loi. Il faudrait sans cesse mettre en délibération l'époque à laquelle la loi deviendrait obligatoire : le délai général ne serait maintenu que pour les grandes lois civiles ; il serait abrogé pour toutes les autres. Il est peu de lois dont l'exécution puisse être différée pendant vingt-cinq jours ; et lorsqu'elle est très-urgente, il faut que le gouvernement puisse l'accélérer en envoyant des courriers extraordinaires.

Le Ministre de la Justice dit que déjà les tribunaux ont reconnu le principe que la loi, dans les matières civiles, peut être exécutoire du moment qu'elle est connue, et admettent les actes dans lesquels l'une des parties déclare qu'elle stipule d'après une loi promulguée et non encore envoyée à l'administration. La promulgation, en effet, est la vraie publication de la loi ; la publication locale n'a été imaginée que pour en répandre davantage la connaissance.

M. Portalis dit que la promulgation complète le caractère de la loi ; que la publication est la conséquence de la promulgation, et a pour objet de faire connaître la loi.

Il ne pense pas, au surplus, qu'il soit contraire à la majesté de la loi, de la laisser quelque temps sans exécution, lorsque c'est la loi elle-même qui le veut.

Les difficultés qu'entraîne le retard n'existent que pour les lois administratives, parce que ordinairement elles sont urgentes.

Le Premier Consul propose de regarder le chef-lieu de chaque département comme le point de centre où la loi doit être publiée, et de régler le délai à raison d'un jour par vingt lieues, à partir de la ville où la loi est promulguée. Cependant, la présomption de la notoriété reposant sur le principe que la loi est obligatoire lorsqu'elle est connue, le gouvernement, dans des circonstances urgentes, pourrait abréger le délai, en envoyant la loi par des courriers extraordinaires.

M. Bigot-Préameneu pense que la publication matérielle peut seule donner au gouvernement l'assurance qu'il a rempli le devoir de faire connaître la loi. Comment, d'ailleurs, le tribunal de cassation pourrait-il annuler des jugemens où la loi serait blessée, s'il n'a la certitude qu'elle a été connue par les juges?

Le Premier Consul met aux voix la question de savoir si les lois ne seront obligatoires qu'après un délai général; il invite les rédacteurs du Code civil à voter avec les conseillers d'état.

Le Conseil rejette la proposition de fixer un délai général et uniforme à l'exécution des lois.

Le Premier Consul charge la section de présenter un autre projet d'article.

M. Portalis fait lecture de l'article 2, lequel est ainsi conçu :

« La loi ne dispose que pour l'avenir; elle n'a point
« d'effet rétroactif.

« Néanmoins la loi interprétative d'une loi précédente
« aura son effet du jour de la loi qu'elle explique, sans
« préjudice des jugemens rendus en dernier ressort, des
« transactions, décisions arbitrales et autres passées en
« force de chose jugée. »

Il expose que le principe de la non-rétroactivité des lois ne peut être contesté.

Tous les tribunaux, continue-t-il, approuvent la première partie de l'article; mais la seconde est l'objet de plusieurs observations.

Le tribunal d'Agen prétend que les lois, même simplement interprétatives ou explicatives, ne doivent point avoir d'effet rétroactif.

L'opinion de ce tribunal est isolée.

Ceux de Lyon et de Toulouse voudraient que l'on déterminât les bornes dans lesquelles une loi purement explicative doit se renfermer.

Le tribunal de Douai observe que *les jugemens en dernier ressort* ne sont pas les seuls qu'on doive respecter dans l'application d'une loi interprétative ; que les jugemens de première instance qui ont été acquiescés, ou dont on n'a point interjeté appel dans le délai de droit, méritent la même faveur.

L'observation est juste : on pourrait aisément remplir les vues de ceux qui la font, en ajoutant un mot qui pût envelopper toutes les *décisions passées en force de chose jugée*.

Mais il serait plus difficile de déterminer en thèse ce qu'on doit entendre par une loi purement interprétative.

Il serait peut-être sage de supprimer la seconde partie de l'article, en laissant les choses dans les termes du droit commun.

M. DEFERMON dit que le principe de la non-rétroactivité, quoique incontestable, ne doit pas être réduit en disposition législative, parce qu'il n'établit qu'un précepte pour les législateurs.

M. BOULAY répond qu'il établit aussi un précepte pour les juges.

PLUSIEURS MEMBRES DU CONSEIL demandent que la seconde partie de l'article soit retranchée ; ils la regardent comme inutile.

LE CONSEIL adopte la première partie de l'article, et retranche la seconde.

M. Portalis fait lecture du 3ᵉ et du 4ᵉ article, lesquels sont ainsi conçus :

Art. 3. « La loi oblige indistinctement ceux qui habitent « le territoire. L'étranger y est soumis pour les biens qu'il « y possède, et personnellement en tout ce qui intéresse la « police pendant sa résidence. »

Art. 4. « Le Français résidant en pays étranger conti-« nuera d'être soumis aux lois françaises pour ses biens « situés en France, et pour tout ce qui touche à son état « et à la capacité de sa personne. »

Après une légère discussion, ces articles sont renvoyés au projet de loi relatif aux personnes qui jouissent des droits civils et à celles qui n'en jouissent pas.

M. Portalis fait lecture des articles 5 et 6, lesquels sont ainsi conçus :

Art. 5. « La forme des actes est réglée par les lois du « pays dans lequel ils sont faits ou passés. »

Art. 6. « Il est défendu aux juges d'interpréter les lois « par voie de disposition générale et réglementaire. »

Ces articles sont adoptés.

Le Rapporteur lit l'article 7, lequel est ainsi conçu :

« Le juge qui refusera de juger, sous prétexte du silence, « de l'obscurité, ou de l'insuffisance de la loi, se rendra « coupable de déni de justice. »

Il observe que cet article a pour objet d'empêcher les juges de suspendre ou de différer arbitrairement leurs décisions par des référés au législateur.

L'article est adopté.

M. Portalis lit l'article 8, lequel est ainsi conçu :

« Lorsque, par la crainte de quelque fraude, la loi aura « déclaré nuls certains actes, ses dispositions ne pourront « être éludées, sous prétexte que ces actes ne sont pas frau-« duleux. »

M. Defermon objecte que l'article suppose que la loi pourra déclarer nuls des actes non frauduleux.

M. Portalis répond que la loi ne pouvant entrer dans l'examen de chaque acte, est obligée, dans certains cas, de statuer d'après une présomption générale de fraude. Il cite pour exemple la déclaration de 1712, qui déclare nuls les transports faits dans les douze jours avant la faillite.

L'article est adopté, avec la substitution du mot *présomption* au mot *crainte*.

6   M. Portalis fait lecture de l'article 9, lequel est ainsi conçu :

« La contravention aux lois qui intéressent le public ou « les bonnes mœurs ne pourra être couverte par des con-« ventions ni par des fins de non-recevoir. »

M. Boulay propose la rédaction suivante :

« Il ne peut être dérogé par des actes particuliers aux « lois qui intéressent l'ordre public et les bonnes mœurs. »

Cette rédaction est adoptée.

(Procès-verbal de la Séance du 6 thermidor an IX. — 25 juillet 1801.)

M. Portalis présente la nouvelle rédaction du projet de loi arrêté à la dernière séance, *concernant la publication, les effets et l'application des lois en général*.

com.   M. Boulay propose de ne pas faire, des dispositions du projet, un projet de loi particulier, mais de les placer chacune dans les divers projets auxquels elles peuvent se rapporter. Les articles relatifs à la publication des lois seraient placés à la fin du Code civil.

M. Rœderer observe que ces articles n'appartiennent pas spécialement à la législation civile ; qu'ils tiennent au droit public, et doivent être le sujet d'une loi particulière et indépendante.

M. Tronchet pense que ce serait trop laisser durer les

inconvéniens du mode actuel de publication, que de reléguer à la fin du Code civil les dispositions qui établiront un meilleur mode; qu'il importe même de publier, suivant le mode nouveau, les lois civiles qui vont être faites.

Le Consul Cambacérès demande s'il est dans l'intention de la section de placer l'article qui défend aux juges d'interpréter les lois par voie de disposition générale et réglementaire.

M. Roederer observe que cette disposition réglant le pouvoir des juges, elle doit être la matière d'une loi séparée.

Le Consul Cambacérès dit qu'en adoptant la proposition de M. *Boulay*, on se trouverait souvent embarrassé sur le classement des articles du projet.

M. Tronchet pense qu'on pourrait sans difficulté les placer dans le Code civil, qui sera comme le péristyle de la législation française, lorsqu'elle sera partagée en un petit nombre de Codes.

Le Conseil, consulté, maintient la délibération par laquelle il avait, dans la précédente séance, réuni en un seul projet de loi les articles relatifs à la publication, aux effets et à l'application des lois.

Le Premier Consul ordonne l'impression de la nouvelle rédaction présentée par *M. Portalis*.

(Procès-verbal de la Séance du 14 thermidor an IX. — 2 août 1801.)

M. Portalis fait lecture de la nouvelle rédaction du projet de loi présenté dans la séance du 4 de ce mois, et *relatif à la publication, aux effets et à l'application des lois*.

L'article 1er est ainsi conçu :

« Les lois seront exécutoires dans tout le territoire con« tinental de la République, à compter de leur promulga« tion par le Premier Consul ; savoir :

« Dans le ressort du tribunal de..., après le délai de.....
« Dans le ressort de....., après le délai de..... »

M. DEFERMON observe qu'il serait plus simple de régler le délai sur les distances calculées par vingt-cinq lieues.

LE MINISTRE DE LA JUSTICE appuie la première partie de l'article; mais la spécification de chaque ressort lui paraît trop réglementaire, et ne convient pas à une loi.

LE PREMIER CONSUL dit qu'on pourrait déclarer la loi obligatoire, dans le lieu où siége le gouvernement, du jour de la promulgation, et dans les autres départemens, après un délai qui serait calculé à raison d'une heure par lieue, en prenant le chef-lieu pour point de distance : de manière que quand la loi y serait connue, elle serait réputée l'être dans tout le département. Ce mode de publication aurait l'avantage d'être indépendant de toute division territoriale. Ainsi l'on ne serait pas obligé de le modifier, s'il survenait quelque changement dans les divisions actuellement existantes.

L'évaluation des distances serait fixée par un réglement. Cette mesure laisserait au gouvernement la facilité de modifier la détermination des distances, toutes les fois que des obstacles naturels, comme un débordement de rivière, la chute d'un pont, ou d'autres causes semblables, intercepteraient les communications ordinaires.

M. TRONCHET objecte qu'il est des chefs-lieux de département tellement rapprochés de Paris, que la loi y deviendrait obligatoire deux heures après la promulgation, c'est-à-dire, dans un délai évidemment trop court pour qu'elle pût être connue dans tout le département. Pour échapper à cet inconvénient, M. *Tronchet* propose de fixer d'abord un délai uniforme et invariable de dix jours, et d'y ajouter ensuite un second délai calculé d'après les distances.

LE PREMIER CONSUL dit qu'on pourrait fixer le premier délai à vingt-quatre heures.

M. MALLEVILLE trouve la rédaction de la section embarrassée. Il propose la rédaction suivante : « Lorsque les lois « auront été promulguées, elles seront exécutoires dans « les délais ci-après. »

M. Lacuée voudrait que l'article s'expliquât aussi sur la publication des lois dans les départemens non continentaux.

Le Premier Consul dit que cet objet doit être renvoyé au réglement que le gouvernement sera autorisé à faire.

L'article de la section est rejeté. Le Premier Consul la charge de rédiger un nouvel article, d'après les amendemens qui ont été proposés.

L'article 2 est adopté; il est ainsi conçu :
« La loi ne dispose que pour l'avenir; elle n'a point « d'effet rétroactif. »

L'article 3 est soumis à la discussion; il est ainsi conçu :
« La loi oblige indistinctement ceux qui habitent le territoire. »

M. Tronchet dit que cette rédaction est trop générale. Elle contredirait l'art. 7 du projet *sur les droits civils*, lequel ne soumet l'étranger qu'aux lois de police et de sûreté. On pourrait le rédiger ainsi :

« La loi régit les propriétés foncières situées sur le ter-« ritoire de la République, les biens meubles et la per-« sonne des Français. »

M. Regnaud (de Saint-Jean-d'Angely) observe que l'article ne s'entend que des lois civiles, en tant qu'elles prononcent sur les droits personnels et sur la propriété des étrangers.

M. Tronchet répond que l'étranger n'est pas soumis aux lois civiles qui règlent l'état des personnes.

M. Regnier pense qu'on peut laisser subsister la rédaction générale, parce qu'ensuite on établira les exceptions.

M. Regnaud (de Saint-Jean-d'Angely) répond que l'on serait forcé d'aller plus loin, si l'on voulait énoncer ici toutes les exceptions : elles ne concernent pas les étrangers seuls, mais encore les femmes françaises mariées à des étrangers, les Françaises veuves d'étrangers, et plusieurs autres personnes. Il suffit donc ici de poser le principe; les exceptions se trouveront dans les autres projets de loi.

M. Tronchet propose de retrancher le mot *indistinctement*. L'article est adopté avec cet amendement.

L'article 4 est soumis à la discussion; il est ainsi conçu :

« La forme des actes est réglée par les lois du pays dans « lequel ils sont faits ou passés. »

M. Rœderer dit que, si dans cet article l'on a en vue les actes passés en France, on suppose que la forme des actes ne sera pas la même dans tous les départemens ; que si la disposition s'applique aux actes passés en pays étranger, le législateur sort du cercle où il doit se renfermer, parce qu'il ne lui appartient pas d'étendre son pouvoir au-delà du territoire français. Il conviendrait donc de se borner à dire que les actes faits par des Français en pays étranger sont valables, lorsqu'ils sont dans la forme prescrite par les lois du pays où ils ont été passés.

M. Regnier observe que de tels actes sont valables en France, même lorsqu'ils ont été faits par des étrangers ; il ajoute qu'au surplus le législateur français ne prononce sur le mérite de ces actes qu'autant qu'on les ferait valoir en France, et que les tribunaux français seraient forcés de les juger.

L'article est adopté.

Les articles 5 et 6 sont présentés à la discussion; ils sont ainsi conçus :

Art. 5. « Il est défendu aux juges d'interpréter les lois « par voie de disposition générale et réglementaire. »

Art. 6. « Le juge qui refusera de juger sous prétexte du « silence, de l'obscurité ou de l'insuffisance de la loi, se « rendra coupable de déni de justice. »

M. Regnier demande que l'article 6 soit placé avant l'article 5, parce que l'ordre naturel des idées veut qu'on indique aux juges ce qu'ils devront faire, avant de leur dire ce qu'ils ne pourront pas faire.

Il observe que le mot *interpréter*, employé dans l'article 5, pourrait choquer ceux qui ne saisiraient pas le sens dans lequel on l'emploie; et pour prévenir cet inconvénient, il propose la rédaction suivante :

« Les juges ne prononceront que sur les causes qui leur
« seront présentées. Toute disposition générale et régle-
« mentaire leur est interdite. »

Le Consul Cambacérès dit qu'il est sage d'empêcher les juges de créer des difficultés sur le sens des lois afin de se dispenser de prononcer; mais que l'article 6 est si impératif, que le juge pourra statuer, quoique la volonté de la loi soit incertaine, ou même avec la conviction qu'il s'en écarte. Ainsi la rédaction proposée peut faciliter les usurpations des tribunaux sur le pouvoir législatif.

M. Portalis répond qu'en matière criminelle le juge ne doit prononcer que lorsque la loi a qualifié de délit le fait qui est déféré à la justice, et qu'elle y attache une peine; qu'en matière civile, au contraire, le juge ne peut se refuser à prononcer indistinctement sur toutes les causes qui lui sont présentées, parce que, s'il ne trouve pas dans la loi de règles pour décider, il doit recourir à l'équité naturelle. Le juge civil est le ministre de la loi, quand la loi a parlé; il est l'arbitre des différens, quand elle se tait. Il s'élèvera toujours beaucoup de contestations qu'on ne pourra juger par la loi écrite. Ce serait trop multiplier les lois que de les faire naître des doutes des juges. On peut donc employer le mot *interpréter* : on peut aussi le retrancher sans inconvénient, pourvu qu'on conserve le principe.

Le Ministre de la Justice dit qu'il y a deux sortes *d'interprétations*, celle de *législation* et celle de *doctrine* ; que cette dernière appartient essentiellement aux tribunaux ; que la première est celle qui leur est interdite ; que lorsqu'il est défendu aux juges d'*interpréter*, il est évident que c'est de l'*interprétation législative* qu'il s'agit. Il cite l'article 7 du titre Ier de l'ordonnance de 1667, qui défend aux juges d'*interpréter les ordonnances*. Il en conclut que le sens de ce mot étant fixé, il n'y a aucun inconvénient à l'employer.

M. Tronchet dit que l'on a abusé, pour réduire les juges à un état purement passif, de la défense que leur avait faite l'Assemblée constituante, d'interpréter les lois et de réglementer. Cette défense n'avait pour objet que d'empêcher les tribunaux d'exercer une partie du pouvoir législatif, comme l'avaient fait les anciennes cours, en fixant le sens des lois par des interprétations abstraites et générales, ou en les suppléant par des arrêts de réglement. Mais, pour éviter l'abus qu'on en a fait, il faut laisser au juge l'interprétation, sans laquelle il ne peut exercer son ministère. En effet, les contestations civiles portent sur le sens différent que chacune des parties prête à la loi : ce n'est donc pas par une loi nouvelle, mais par l'opinion du juge, que la cause doit être décidée. La nécessité d'établir ce principe rend les articles 5 et 6 indispensables.

On craint que les juges n'en abusent pour juger contre le texte de la loi : s'ils se le permettaient, le tribunal de cassation anéantirait leurs jugemens.

Au reste, pour ne pas laisser d'équivoque, on pourrait rédiger ainsi : « Il est défendu aux tribunaux de pronon-« cer, par voie de disposition générale et réglementaire, « sur les causes qui sont portées devant eux. »

L'article 5 est adopté, et placé dans l'ordre proposé par M. *Regnier*.

4 M. Roederer dit que l'article 6 donne trop de pouvoir au juge, en l'obligeant de prononcer même dans le silence de la loi. Par exemple, si le Code civil ne contenait point

de dispositions sur la successibilité de l'étranger, et qu'un étranger revendiquât la succession d'un Français son parent, le tribunal devant lequel la cause serait portée serait autorisé, par la rédaction de l'article, à décider en législateur une question politique de la plus haute importance. Il appartient au juge d'appliquer la loi; il ne lui appartient pas de remplir les lacunes de la législation, quand la loi garde un silence absolu.

Qu'on ne craigne pas le retour de l'abus dont a parlé M. *Tronchet*. Il était né de l'ignorance des juges d'alors, et de la crainte que leur inspiraient les partis qui déchiraient l'État. La circonspection n'est pas naturelle aux juges, surtout lorsqu'ils sont éclairés et qu'ils ont le sentiment de leurs lumières.

M. Portalis répond que le cours de la justice serait interrompu, s'il n'était permis aux juges de prononcer que lorsque la loi a parlé. Peu de causes sont susceptibles d'être décidées d'après une loi, d'après un texte précis : c'est par les principes généraux, par la doctrine, par la science du droit, qu'on a toujours prononcé sur la plupart des contestations. Le Code civil ne dispense pas de ces connaissances; au contraire il les suppose.

M. Tronchet ajoute que quand, dans le cas proposé pas M. *Rœderer*, le Code civil serait muet, le juge prononcerait, d'après les principes généraux, sur l'état de l'étranger, lesquels, refusant à l'étranger les droits civils, le rendent incapable de succéder.

M. Boulay dit que la loi ne disposant que pour l'avenir, il est toujours des contestations qu'elle ne peut servir à juger, et qu'il faut décider par les principes généraux : ce sont celles qui sont nées avant la loi.

M. Bigot-Préameneu dit qu'il est dangereux de permettre aux tribunaux d'attendre une loi; qu'ils n'en ont pas besoin, parce qu'ils trouvent toujours leur règle ou dans la loi écrite, ou dans les principes de l'équité naturelle; que, par cette considération, le tribunal de cassation annulle, pour cause de déni de justice et d'excès de pouvoir, tous les jugemens de référé.

Le Consul Cambacérès dit qu'il est impossible d'atteindre le but indiqué par la section, et d'éviter les inconvéniens qui ont été relevés dans la discussion : dans ce dessein, il propose de substituer des expressions facultatives aux termes impératifs de l'article; en sorte qu'un juge qui n'aura pas prononcé ne soit pas nécessairement poursuivi. Le Consul lit la rédaction suivante :

« Le juge qui aura refusé de juger sous prétexte du
« silence, de l'obscurité ou de l'insuffisance de la loi,
« pourra être poursuivi comme coupable de déni de
« justice. »

Cette rédaction est adoptée.

L'article 7 est soumis à la discussion; il est ainsi conçu :

« Lorsque, par la présomption de quelque fraude, la
« loi aura déclaré nuls certains actes, ses dispositions ne
« pourront être éludées sous prétexte que ces actes ne sont
« point frauduleux. »

M. Regnier dit que l'intention de la section paraît avoir été d'exclure toute preuve contraire à la présomption établie par la loi.

La rédaction ne rend pas assez clairement cette idée.

M. Rœderer attaque la rédaction sous un autre rapport. Il dit que la loi ne devant contenir que des dispositions générales, elle ne peut déclarer nuls *certains actes*, mais certaines espèces d'actes. Des actes particuliers ne peuvent être suspects que parce que, de leur nature, ils sont susceptibles de fraude.

M. Réal dit que l'article concerne, non les lois qui proscrivent tous les actes d'une même espèce, mais des actes de toutes les espèces lorsqu'ils sont faits dans certaines circonstances. Ainsi une obligation souscrite par un individu en faillite, dans les dix jours qui précèdent la faillite, est nulle, non parce qu'une obligation serait un acte nul de sa nature, mais parce qu'elle a été souscrite *dans des circonstances* qui la flétrissent d'une présomption de fraude.

M. Roederer observe que ce n'est pas à la loi, mais aux tribunaux, qu'il appartient de déclarer nuls certains actes déterminés.

M. Regnier répond que la nullité doit être prononcée par la loi et appliquée par un jugement.

M. Portalis dit que, dans la première rédaction, on avait employé le mot *crainte* pour indiquer que la loi déclarait des actes nuls plutôt pour prévenir la fraude que parce qu'elle suppose qu'ils sont tous frauduleux : il rappelle que, dans la séance du 4 de ce mois, ce mot a été remplacé par celui de *présomption*.

M. Regnier propose la rédaction suivante :

« Lorsque la loi, à raison des circonstances, aura réputé « certains actes frauduleux, on ne sera pas admis à prouver « qu'ils ont été faits sans fraude. »

Le Premier Consul trouve cette disposition trop restreinte. La loi peut annuler des actes pour d'autres causes que pour présomption de fraude : c'est ainsi qu'elle proscrit l'obligation surprise par séduction à un fils de famille.

M. Portalis dit que c'était pour rendre la disposition aussi générale qu'il serait possible, pour y comprendre tous les actes suspects de fraude, qu'on avait employé l'expression *par la crainte de quelque abus.*

M. Regnier observe que sa rédaction est dans les termes de la généralité qu'on désire; qu'au surplus le sort des actes qu'elle n'atteindrait pas se trouve réglé par d'autres lois; que l'essentiel est de bien exprimer que l'on n'admettra en aucun cas la preuve contre la présomption établie par la loi.

M. Emmery dit que la section a voulu qu'on ne mît pas la vérité de la chose en opposition avec la présomption légale : cependant l'expression *sous prétexte*, dont elle se sert, peut laisser au juge l'opinion qu'il lui est encore permis d'examiner.

La rédaction de M. *Regnier*, étant plus absolue, remplit mieux les vues de la section.

M. Thibaudeau dit que, dans l'intention de la section, l'article ne s'applique qu'aux actes que la loi annulle comme les présumant frauduleux, et non aux actes nuls pour dol, incapacité des contractans et autres vices; ce qui sera traité aux *Contrats et Obligations*.

M. Rœderer propose la rédaction suivante :

« Lorsque la loi, par la crainte de quelque fraude, aura
« prohibé certains actes sous peine de nullité, on ne sera
« pas admis à prouver qu'ils ont été faits de bonne foi. »

M. Tronchet observe que la prohibition et la nullité dont il s'agit ne sont établies qu'en faveur des tiers ; qu'ainsi on ne doit parler ici que des actes frauduleux.

La rédaction de *M. Regnier* est adoptée.

L'article 8 est soumis à la discussion et adopté : il est ainsi conçu :

« Il ne peut être dérogé, par des actes particuliers, aux
« lois qui intéressent l'ordre public et les bonnes mœurs. »

(Procès-verbal de la Séance du 4 fructidor an IX. — 22 août 1801.)

M. Portalis présente une troisième rédaction du *Projet de loi sur la publication, les effets et l'application des Lois en général*.

L'article 1ᵉʳ est soumis à la discussion ; il est ainsi conçu :

« Les lois sont exécutoires dans tout le territoire français,
« en vertu de la promulgation qui en est faite par le Pre-
« mier Consul.

« Elles seront exécutées dans chaque partie de la Répu-
« blique, du moment où la promulgation pourra y être
« connue.

« La promulgation faite par le Premier Consul sera ré-
« putée connue dans tout le ressort du tribunal d'appel de
« Paris, vingt-quatre heures après sa date, et dans tout le
« ressort de chacun des autres tribunaux, après l'expiration
« du même délai, augmenté d'autant d'heures qu'il y a de
« myriamètres entre Paris et la ville où chacun de ces tri-
« bunaux a son siége. »

M. Fourcroy observe sur cet article que le délai d'une heure par myriamètre est évidemment trop court pour le continent, et qu'il est absolument impossible de l'appliquer aux colonies.

M. Regnaud (de Saint-Jean-d'Angely) propose de porter le délai à deux heures, attendu que le myriamètre est le double de la lieue ancienne.

M. Portalis adopte ce changement.

Il répond à M. *Fourcroy* que le délai calculé par heures est précédé d'un délai général de vingt-quatre heures ; qu'au surplus il ne s'agit ici que du continent : le délai de la publication des lois dans les colonies et dans les îles de l'Europe doit être déterminé par un réglement. Les circonstances et les causes naturelles rendent l'époque de l'arrivée dans ces contrées trop incertaine, pour que le délai puisse être fixé invariablement par une loi.

M. Regnaud (de Saint-Jean-d'Angely) dit qu'alors il devient nécessaire d'exprimer l'exception dans la loi même.

M. Portalis réplique que l'exception découle naturellement de l'article. Il pose en effet trois principes ; le premier est que la loi tire sa force d'exécution de la promulgation qu'en fait le Premier Consul ; le second, qu'elle est exécutoire dans chaque partie du territoire français au moment où elle peut y être connue ; le troisième, qu'elle est présumée connue dans chaque département après un délai uniforme de vingt-quatre heures, augmenté d'autant d'heures qu'il y a de myriamètres depuis le lieu de la promulgation jusqu'à la ville où siége le tribunal d'appel. Or, il est évident que cette présomption n'est admissible que pour le continent, et non pour les îles et les colonies, dont le chemin peut être alongé, ou même entièrement intercepté par la contrariété des vents et des saisons. Il faut se régler, à leur égard, par le second principe.

M. Tronchet dit qu'il laisse de côté les colonies, pour lesquelles un réglement particulier est indispensable; mais que sur le continent, la loi ne devient obligatoire que lorsqu'elle est présumée connue, et qu'elle est arrivée dans la main du magistrat chargé de la faire exécuter. Cette dernière condition ne sera pas accomplie si le délai est trop court. Cependant il est impossible qu'en deux heures la loi parvienne même aux magistrats du département le plus rapproché de Paris. Si elle est publiée par la voie du Bulletin, lequel contient toujours plusieurs lois, elle ne sera imprimée quelquefois que long-temps après sa promulgation : si le ministre de la justice l'envoie en expédition manuscrite, ses bureaux suffiront à peine à l'expédier dans un laps de temps considérable. Les anciennes lois fixaient ordinairement les délais à un jour par dix lieues ou au-dessous. Le calcul des distances par heures entraîne de graves inconvéniens.

Le Consul Cambacérès rappelle que le Conseil a adopté le principe de calcul par heures.

M. Tronchet dit que pour prévenir les questions sur les distances, on se propose de les laisser déterminer par le gouvernement; et que cependant on ne lui donne plus assez de latitude, si on l'oblige de les régler par le calcul des heures.

Le Consul Cambacérès dit que le délai de vingt-quatre heures est certainement trop court pour que la loi puisse être connue dans tout le ressort du tribunal d'appel de Paris.

M. Tronchet observe qu'il est impossible d'envoyer la loi, dans le délai proposé, aux chefs-lieux des départemens, aux tribunaux d'appel et aux tribunaux de première instance.

M. Defermon dit que, puisque l'objet qu'on se propose est d'éviter toute discussion sur le moment où la loi sera devenue obligatoire, la fixation d'un délai déterminé est ce qu'il y a de plus important. L'étendue du délai n'est plus qu'une question secondaire. Il n'y a pas d'inconvénient à ne la pas trop resserrer, d'autant plus que la loi est connue aussitôt qu'elle est décrétée. Quant aux lois d'urgence, il est beaucoup de moyens d'en hâter la publication.

M. Portalis dit qu'il s'agit moins, en effet, de trouver des moyens de faire connaître la loi, que de fixer une époque où elle sera censée connue.

Le Consul Cambacérès fixe l'état de la délibération, et met d'abord aux voix la question de savoir si l'on maintiendra la fixation du délai adopté dans la dernière séance.

Le Conseil décide qu'elle ne sera pas maintenue.

Le Consul ouvre la discussion sur la durée du premier délai. Sera-t-il de vingt-quatre heures ou de plusieurs jours? Telle est la question qu'il propose.

M. Regnaud (de Saint-Jean-d'Angely) propose de le fixer à trois jours, attendu que vingt-quatre heures ne suffiraient pas pour faire connaître la loi dans tout l'arrondissement du tribunal d'appel de Paris.

Le Ministre de la Justice pense qu'il y a un autre motif de le prolonger : c'est, dit-il, que le moment où l'impression de la loi est achevée ne peut concorder avec le départ de tous les courriers qui doivent la porter dans les départemens.

Le Consul Cambacérès dit que, dans cette discussion, l'on ne doit pas se borner au seul intérêt du magistrat ; qu'il y a encore à considérer l'intérêt des particuliers, qui, s'appuyant sur le principe, que la loi est exécutoire lorsqu'elle est connue, contractent d'après la loi, avant qu'elle soit parvenue aux magistrats.

Le Ministre de la Justice observe que la distinction si juste que vient de faire le Consul ne s'applique qu'aux matières civiles ; mais que, dans le criminel, on doit prévoir le cas où un délit serait commis entre la sanction et la publication de la loi qui le punit; que par ce motif, il faut un délai uniforme pour toutes les lois.

M. Portalis dit que, puisqu'on adopte le principe que la loi est exécutoire lorsqu'elle est connue, il suffit, pour qu'elle le devienne, que le délai après lequel il est possible qu'elle soit connue expire, sans qu'il soit nécessaire que le magistrat l'ait reçue.

Le Ministre de la Justice propose de fixer le premier délai à quarante-huit heures.

M. Boulay propose trente-six heures.

Cette dernière proposition est adoptée.

Le Conseil arrête ensuite que le second délai sera de deux heures par myriamètre.

L'article est adopté avec ces deux amendemens.

M. Bigot-Préameneu demande qu'on fixe d'une manière précise le moment où écherront les trente-six heures du premier délai.

M. Portalis observe que le mot *après* qu'il a employé, ne laisse aucun doute sur le *dies termini*; qu'il n'y aurait de doute que si l'on avait dit *dans* les trente-six heures.

Les autres articles sont successivement soumis à la discussion, et adoptés; ils sont ainsi conçus :

2 Art. 2. « La loi ne dispose que pour l'avenir; elle n'a « point d'effet rétroactif. »

3 Art. 3. « La loi oblige tous ceux qui habitent le territoire.»

ap. 3 Art. 4. « La forme des actes est réglée par les lois du « pays dans lequel ils sont faits ou passés. »

ap. 5 Art. 5. « Lorsque la loi, à raison des circonstances, aura « réputé frauduleux certains actes, on ne sera pas admis à « prouver qu'ils ont été faits sans fraude. »

4 Art. 6. « Le juge qui refusera de juger, sous prétexte du

« silence, de l'obscurité ou de l'insuffisance de la loi, pourra
« être poursuivi comme coupable de déni de justice. »

Art. 7. « Il est défendu aux juges de prononcer sur les
« causes qui leur sont soumises, par voie de disposition gé-
« nérale et réglementaire. »

Art. 8. « On ne peut déroger, par des conventions par-
« ticulières, aux lois qui intéressent l'ordre public et les
« bonnes mœurs. »

(Procès-verbal de la Séance du 24 brumaire an X. — 15 novembre 1801.)

M. BOULAY fait une dernière lecture du projet de loi sur *la publication, les effets et l'application des lois en général.*

Il est ainsi conçu :

Art. 1er. « Les lois sont exécutoires dans tout le territoire
« français, en vertu de la promulgation qui en est faite par
« le Premier Consul.

« Elles seront exécutées dans chaque partie de la répu-
« blique, du moment où la promulgation pourra y être
« connue.

« La promulgation faite par le Premier Consul sera ré-
« putée connue dans tout le ressort du tribunal d'appel de
« Paris, trente-six heures après sa date; et dans tout le
« ressort de chacun des autres tribunaux d'appel, après
« l'expiration du même délai, augmenté d'autant de fois
« deux heures qu'il y a de myriamètres entre Paris et la
« ville où chacun de ces tribunaux a son siége. »

Art. 2. « La loi ne dispose que pour l'avenir, elle n'a
« point d'effet rétroactif. »

Art. 3. « La loi oblige ceux qui habitent le territoire. »

Art. 4, 5, 6, 7 et 8. (*Semblables à ceux rapportés au procès-verbal de la séance précédente.*)

LE PREMIER CONSUL pense qu'il est nécessaire de rédiger un article particulier pour la publication des lois dans les colonies et sur le continent, dans le cas d'empêchemens provenant de la force majeure, comme serait celui d'une invasion.

Le Ministre de la Justice fait observer que le projet de loi n'établit qu'une présomption qui cède à la certitude des faits dans les hypothèses que prévoit le Premier Consul.

Le Premier Consul dit qu'indépendamment des obstacles généraux qui font cesser la présomption, il peut se rencontrer aussi des obstacles particuliers qui empêchent le courrier, porteur de la loi, d'arriver, quoiqu'ils n'aient pas empêché d'autres malles de passer, et que, dans ces circonstances, les tribunaux seront obligés de prononcer sur l'époque où la loi sera devenue obligatoire.

M. Tronchet distingue, dans cette matière, ce qui est du domaine de la loi d'avec ce qui est purement réglementaire. C'est au réglement qu'il appartient de déterminer comment l'envoi de la loi sera fait par le ministre de la justice, comment les préfets en constateront la réception. Il y aura donc toujours une preuve constante de l'époque où la loi sera parvenue : cette preuve suffira pour les obstacles particuliers; la loi statuera sur les obstacles généraux. Toute exception donnerait lieu à des incertitudes et à des procès.

M. Berlier fait observer que l'article premier répond, par son texte même, à la difficulté résultant d'une invasion, puisqu'il porte que la loi sera exécutée, dans chaque partie de la République, du moment où la promulgation pourra y être connue; et que la connaissance légale de la promulgation ne peut pénétrer dans un pays envahi.

Les articles du projet sont successivement soumis à la discussion et adoptés.

(Procès-verbal du même jour.)

Les Consuls de la République arrêtent que le projet de loi présenté par le Conseil d'État, relatif à la publication, aux effets et à l'application des lois en général, sera proposé le 3 frimaire au corps législatif.

Le Premier Consul nomme, pour le présenter et pour en soutenir la discussion, MM. *Portalis*, *Boulay* et *Berlier*, membres du Conseil d'État.

Le gouvernement pense que la discussion sur ce projet doit s'ouvrir le 23 du même mois.

CORPS LÉGISLATIF.

PRÉSENTATION ET EXPOSÉ DES MOTIFS, PAR M. PORTALIS.

(Séance du 3 frimaire an X. — 24 novembre 1801.)

Législateurs, le gouvernement a regardé comme un de ses premiers soins, celui de remplir le vœu manifesté dans les délibérations de nos assemblées nationales, pour la rédaction si désirée d'une législation civile.

La guerre, qui a si souvent l'effet de suspendre le cours des projets salutaires, n'a point arrêté les opérations relatives à ce grand ouvrage.

Ces opérations ont commencé avec la constitution même sous laquelle nous avons le bonheur de vivre.

Dès la fin de votre dernière session, le projet de Code civil vous fut distribué, pour que chacun de vous pût, dans le sein de sa famille, et aidé par les plus douces inspirations du sentiment, méditer comme époux, comme enfant, comme père, les règles et les maximes qu'il aurait bientôt à proclamer comme législateur.

A la même époque, le projet de Code fut adressé au tribunal de cassation et à tous les tribunaux d'appel, qui formèrent des commissions composées d'hommes instruits, et capables de répondre dignement à la confiance publique.

Les observations qui nous sont parvenues ont été recueillies et imprimées. Aucun écrit public sur la matière n'a été négligé : on ne pouvait s'environner de trop de lumières.

La vérité, surtout en matière de législation, est le bien de tous les hommes. Chercher à la découvrir, n'est pas un droit qui appartienne exclusivement aux fonctionnaires publics. Quand des particuliers instruits discutent de bonne foi un objet de législation, quand ils ne se proposent que d'offrir le tribut de leurs connaissances à la patrie, il faut voir en eux des auxiliaires et non des ennemis. Malheureusement, après une grande révolution, les hommes timides se taisent; ils semblent craindre de laisser apercevoir leur existence. Les indifférens, qui sont toujours le plus grand nombre, demeurent étrangers à tout ce qui se passe : c'est un inconvénient grave, si des écrivains aigris ou mécontens se montrent; leurs idées *filtrent à travers leurs passions, et s'y teignent.* La découverte des choses vraies ou utiles est ordinairement la récompense des caractères modérés et des bons esprits.

Nous devons rendre hommage au zèle et aux recherches des magistrats qui ont été consultés. En nous transmettant l'opinion de leurs justiciables, en nous transmettant leurs propres pensées, ils nous ont éclairés sur des points importans. Les principes des lois sont toujours utilement discutés, quand ils le sont par des hommes qui, par état, en font l'application la plus étendue et la plus variée.

Ainsi, dans le même temps où le courage de nos armées nous assurait un si grand accroissement de force et de gloire, la sagesse du gouvernement, calme comme si elle n'avait pas été distraite par d'autres objets, jetait dans l'intérieur les fondemens de cette autre puissance qui captive peut-être plus sûrement le respect des nations, je veux parler de la puissance qui s'établit par les bonnes institutions et par les bonnes lois. Les étrangers, rivaux ou ennemis, sont bien plus inquiets du plus petit avantage qu'un état obtient par la victoire, que des grands biens qu'il peut se procurer par une administration bien ordonnée : et ce sentiment est naturel ; car la prospérité qui naît de la conduite sage d'un gouvernement, rappelle aussi ses vertus, et l'on y voit une sauve-garde contre l'abus qu'il pourrait faire de l'accroissement de ses forces.

N'en doutons pas, législateurs, les idées d'ordre, de morale et d'amélioration qui ont été suivies avec constance depuis deux années, et que vous avez solennellement consacrées, nous ont conquis la confiance de l'Europe.

Quel magnifique spectacle la nation française n'offre-t-elle pas au monde ! Le même jour, pour ainsi dire, où l'on vous présente les traités conclus à la suite de tant de négociations si glorieusement terminées, je suis chargé de soumettre à votre sanction le premier des projets de lois destinés à former notre législation civile, et de vous exposer le plan général de l'ouvrage. Il est donc vrai qu'aujourd'hui, dans cet auguste sanctuaire, *la Paix et la Justice s'embrassent.* Aucun instant n'a été perdu pour le bonheur : au milieu de la guerre, nous avons su nous préparer à jouir de la paix ; et, dans la paix, nos travaux vont être soutenus et encouragés par les grands souvenirs de tous nos triomphes dans la guerre.

Législateurs, avant de vous exposer le plan général du projet de Code civil, et de vous faire connaître l'esprit dans lequel ce projet a été rédigé, il importe de fixer votre attention sur la nature et les difficultés d'une telle entreprise.

Qu'est-ce qu'un Code civil ? c'est un corps de lois destinées à diriger et à fixer les relations de sociabilité, de famille et d'intérêt qu'ont entre eux des hommes qui appartiennent à la même cité.

Chaque société a son droit civil.

Ce droit n'a pu se former que successivement : un

peuple ne se civilise que peu à peu ; d'abord il est plutôt régi par des usages que par des lois. Les idées générales de bien public, les notions sur tout ce qui est utile et raisonnable, suivent le progrès des lumières. Quelques lois sont publiées par intervalle pour corriger les coutumes et pour les suppléer ; des décisions multipliées, et souvent contraires, interviennent pour interpréter et pour concilier les coutumes et les lois ; bientôt le droit civil n'offre plus qu'un amas confus d'usages et de règles qui effraient par leur diversité et par leur multitude, et qu'il est impossible de réduire en système.

Dans cet état de choses, veut-on refondre ou réformer la législation civile d'un peuple ? la première difficulté que l'on éprouve est celle de réunir les connaissances nécessaires, presque toutes éparses, et dont la plupart n'ont même jamais été sérieusement recherchées.

Le droit civil s'entremêle et s'unit à tout. On est donc sûr de rencontrer tous les intérêts privés, quand on s'avise de parler au nom de l'intérêt public. Ceux qui se trouvent bien de l'ordre établi haïssent les changemens ; ceux qui sont mal craignent le pire : chacun voudrait du moins tourner les opérations à son profit personnel, sans se mettre en peine du préjudice qui peut en résulter pour les autres.

Autrefois les gens de lettres et les philosophes dédaignaient l'étude de la jurisprudence ; ils en étaient écartés par l'attrait des arts d'agrément, et plus encore par la politique mystérieuse du temps, qui craignait que l'on s'occupât des affaires de la société, et qui croyait ne pouvoir tolérer que des littérateurs, des théologiens et des géomètres. Mais tandis que cette ancienne indifférence pour les objets de législation laissait un libre cours aux erreurs de tout genre, l'intérêt que l'on y apporte aujourd'hui contraint le législateur à une circonspection salutaire, sans doute, mais qui rend sa marche infiniment plus difficile et plus laborieuse; on trouve sans cesse le législateur aux prises avec les systèmes.

Une multitude d'autres obstacles naissent encore de cette variété d'usages et de priviléges qui séparaient et distinguaient les anciennes provinces de France les unes des autres.

Enfin la vacillation continuelle des lois, depuis dix ans, a livré les esprits à tout vent de doctrine, et ne peut qu'entretenir les oppositions et les résistances.

C'est à travers toutes ces difficultés qu'une législation civile en France doit se développer.

En traçant le plan de cette législation, nous avons dû nous prémunir et contre l'esprit de système qui tend à tout détruire, et contre l'esprit de superstition, de servitude et de paresse, qui tend à tout respecter.

Depuis le milieu du dix-huitième siècle, il y a une grande agitation dans les esprits. Nos découvertes et nos progrès dans les sciences exactes et dans les sciences naturelles ont exagéré en nous la conscience de nos propres forces, et ont produit cette fermentation vive qui, de proche en proche, s'est étendue à tout ce qui nous est tombé sous la main. Après avoir découvert le système du monde physique, nous avons eu l'ambition de reconstruire le monde moral et politique. Nous sommes revenus sur les diverses institution, et on ne revient guère sur un objet sans vouloir réformer plus ou moins, et bien ou mal, tout ce qui a été fait ou dit auparavant : de là cette foule d'ouvrages qui ont donné l'éveil aux imaginations ardentes, qui ont remué la raison sans l'éclairer, et qui nous ont condamnés à vivre d'illusions et de chimères.

Les prodiges qui se sont opérés pendant la révolution sont bien faits pour accroître notre confiance; mais, à côté de ces prodiges, des désordres malheureusement trop connus ne nous ont-ils pas avertis de nos erreurs et de nos fautes ?

Quelques personnes paraissent regretter de ne rencontrer *aucune grande conception* dans le projet de Code civil qui a été soumis à la discussion. Elles se plaignent de n'y voir qu'une refonte du droit romain, de nos anciennes coutumes et de nos anciennes maximes.

Il serait à désirer que l'on pût attacher quelque idée précise à ce qu'on entend par *grande conception*. Veut-on exprimer par ce mot quelque nouveauté bien hardie, quelque institution à la manière des Solon et des Lycurgue?

Mais ne nous y trompons pas, législateurs; une nouveauté hardie n'est souvent qu'une erreur brillante dont l'éclat subit ressemble à celui de la foudre qui frappe le lieu même qu'elle éclaire.

Gardons-nous donc de confondre le génie qui crée avec l'esprit novateur qui bouleverse ou dénature.

Les institutions de Solon et de Lycurgue, qui nous paraissent si singulières, avaient leurs racines dans les mœurs des peuples pour qui elles étaient faites. Solon nous avertit lui-même qu'il ne faut jamais donner à un peuple que les lois qu'il peut comporter.

Les temps anciens ne ressemblent point à nos temps modernes. Dans l'antiquité, les nations étaient plus isolées, et conséquemment plus susceptibles d'être régies par des institutions exclusives. Dans nos temps modernes, où le commerce a établi plus de liens de communication entre les divers états, qu'il n'en existait autrefois entre les villes d'un même empire; dans nos temps modernes, où les mêmes arts, les mêmes sciences, la même religion, la même morale ont établi une sorte de communauté entre tous les peuples policés de l'Europe : une nation qui voudrait s'isoler de toutes les autres par ses maximes, se jetterait dans une situation forcée qui gênerait sa politique, et compromettrait sa puissance, en l'obligeant de renoncer à toutes ses relations, ou qui ne pourrait subsister, si ces relations étaient conservées.

Le reproche fait au rédacteur du projet d'avoir travaillé, au moins en partie, d'après le droit romain et d'après les anciennes coutumes, mérite d'être apprécié à sa juste valeur.

Connait-on un peuple qui se soit donné un Code civil tout entier, un Code absolument nouveau, rédigé sans égard pour aucune des choses que l'on pratiquait auparavant?

Interrogeons l'histoire, elle est la physique expérimentale de la législation. Elle nous apprend qu'on a respecté partout les maximes anciennes, comme étant le résultat d'une longue suite d'observations.

Jamais un peuple ne s'est livré à la périlleuse entreprise de se séparer subitement de tout ce qui l'avait civilisé, et de refaire son entière existence.

La loi des Douze-Tables ne fut que le recueil des lois des anciens rois de Rome.

Le Code de Justinien et ceux de ses prédécesseurs ne furent que des compilations.

En France, les belles ordonnances du célèbre chancelier de l'Hôpital, celles de Louis XIV, n'offrent que le choix éclairé des dispositions les plus sages que l'on retrouve dans nos coutumes ou dans les anciens dépôts de la législation française.

De nos jours, Frédéric II, roi philosophe, a-t-il fait autre chose que de réunir avec méthode les règles et les principes que nous avons reçus des Romains, et qui ont civilisé l'Europe?

Le Code général de Prusse, qui a été plus récemment publié, a plus d'étendue que celui de Frédéric; mais il n'a été que le gardien sage et fidèle de toutes les maximes reçues; il a même respecté les coutumes locales.

Pourquoi donc aurions-nous eu l'imprudence de répudier le riche héritage de nos pères?

Cependant, il faut l'avouer, il se trouve dans la durée

des états des époques décisives où les événemens changent la position et la fortune des peuples, comme certaines crises changent le tempérament des individus. Alors il devient possible et même indispensable de faire des réformes salutaires ; alors une nation, placée sous un meilleur génie, peut proscrire des abus qui l'accablaient, et reprendre, à certains égards, une nouvelle vie.

Mais alors même, si cette nation brille déjà depuis long-temps sur la terre; si depuis long-temps elle occupe le premier rang parmi les peuples policés, elle doit encore ne procéder à des réformes qu'avec de sages ménagemens. Elle doit, en s'élevant avec la vigueur d'un peuple nouveau, conserver toute la maturité d'un ancien peuple.

On peut indifféremment porter la faux dans un champ qui est en friche ; mais sur un sol cultivé, il faut n'arracher que les plantes parasites qui étouffent les productions utiles.

En revenant sur notre législation civile, nous avons cru qu'il suffisait de tracer une ligne de séparation entre les réformes qu'exige l'état présent de la république et les idées d'ordre réel que le temps et le respect des peuples ont consacrées.

Les théories nouvelles ne sont que les systèmes de quelques individus : les maximes anciennes sont l'esprit des siècles.

Sans doute le génie peut, en communiquant par la pensée avec le bonheur des hommes, découvrir des rapports inconnus jusqu'à lui; mais le temps seul peut assurer aux productions du génie des hommages et des partisans, parce que le temps seul habitue les hommes à la conception des vérités qui étendent ou multiplient nos rapports. Le législateur, qui ne peut sans danger franchir subitement d'aussi grands intervalles, doit demeurer dans les limites que la tradition des lumières a déterminées, jusqu'à ce que les événemens et les choses l'avertissent qu'il peut, sans commotion et sans secousse, marcher dans la carrière qui lui avait été ouverte par le génie.

Les d'Aguesseau, les Lamoignon, et tous les bons esprits sentaient, par exemple, la nécessité d'avoir une législation uniforme. Des lois différentes n'engendrent que trouble et confusion parmi des peuples qui, vivant sous le même gouvernement, et dans une communication continuelle, passent ou se marient les uns chez les autres, et, soumis à d'autres coutumes, ne savent jamais si leur patrimoine est bien à eux.

Mais au temps où les Lamoignon et les d'Aguesseau manifestaient leur vœu, il eût été dangereux et même impossible de le réaliser. Aujourd'hui une législation uniforme sera un des grands bienfaits de la révolution.

Tant qu'il a existé, en France, des différences et des distinctions politiques entre les personnes, tant qu'il y a eu des nobles et des privilégiés, on ne pouvait faire disparaitre de la législation civile les différences et les distinctions qui tenaient à ces vanités sociales, et qui établissaient dans les familles un ordre particulier de succéder, pour ceux qui avaient déjà une manière particulière d'exister dans l'état. Aujourd'hui toutes les lois des successions peuvent, sans contradiction et sans obstacle, incliner vers les principes de l'équité générale.

Des magistrats célèbres avaient demandé que les institutions civiles ne fussent plus mêlées avec les intitutions religieuses, et que l'état des hommes fût indépendant du culte qu'ils professaient. Mais comment un si grand changement pouvait-il s'opérer, tant que l'on reconnaissait une religion dominante, tant que cette religion était une loi fondamentale de l'état?

Depuis, la tolérance des cultes a été proclamée, il a été possible alors de séculariser la législation. On a organisé cette grande idée, qu'il faut souffrir tout ce que la providence souffre, et que la loi, sans s'enquérir des opinions religieuses des citoyens, ne doit voir que des Français, comme la nature ne voit que des hommes.

Vous pouvez actuellement, législateurs, juger quelle a été la marche que l'on a suivie dans la rédaction du projet de Code civil.

On n'a pas perdu de vue qu'il ne suffit pas en législation de faire des choses bonnes, qu'il faut encore n'en faire que de convenables; que *l'esprit de modération est le véritable esprit du législateur*, et que *le bien politique comme le bien moral, se trouve toujours entre deux limites.*

Après vous avoir fait connaître, législateurs, l'esprit général dans lequel le projet de Code a été rédigé, nous allons vous exposer la division de l'ouvrage.

Cette division peut être envisagée sous deux rapports, c'est-à-dire, relativement au fond des matières qui en sont l'objet, et relativement à la forme extérieure dans laquelle ces matières sont classées.

Par rapport au fond des matières, l'arrangement le plus naturel serait incontestablement celui où les objets se succéderaient par les nuances souvent insensibles qui servent tout à la fois à les séparer et à les unir. Mais est-il toujours possible de saisir ces nuances ?

En examinant les diverses manières dont les différens jurisconsultes ont divisé le droit, nous avons demeuré trop convaincus de l'arbitraire qui régnera toujours dans une pareille division, pour croire que celle que nous proposons soit l'unique ou la meilleure. Mais nous avons cru qu'il n'y avait point d'utilité à changer les divisions communes.

En conséquence, nous avons conservé l'ordre suivi dans le droit romain.

<small>Titre prélim.</small> Le projet de Code présente d'abord quelques maximes sur les lois en général, ensuite on y traite *des personnes, des choses, et de la manière de les acquérir.*

Les rédacteurs du projet avaient défini les différentes espèces de droits, le droit naturel, le droit positif, le droit public, le droit des gens, le droit civil, le droit criminel.

Mais on a judicieusement remarqué que les définitions générales ne contiennent, pour la plupart, que des expressions vagues et abstraites, dont la notion est souvent plus difficile à fixer que celle de la chose même que l'on définit.

De plus, il nous a paru sage de faire la part de la science et la part de la législation.

Les lois sont des volontés.

Tout ce qui est définition, enseignement, doctrine, est du ressort de la science. Tout ce qui est commandement, disposition proprement dite, est du ressort des lois.

S'il est des définitions dont le législateur doive se rendre l'arbitre, ce sont celles qui appartiennent à cette partie muable et purement positive du droit, qui est tout entière sous la dépendance du législateur même ; mais il en est autrement des définitions qui tiennent à la morale, et à des choses qui ont une existence indépendante des volontés arbitraires de l'homme. Nous nous sommes réduits, relativement à tout ce qui regarde les lois en général, à fixer le mode de leur publication, leurs principaux effets, et la manière respectueuse dont les juges doivent les appliquer.

Les personnes sont le principe et la fin du droit; car les choses ne seraient rien pour le législateur sans l'utilité qu'en retirent les personnes.

Nous reconnaissons, avec tous les moralistes et avec tous les philosophes que le genre humain ne forme qu'une grande famille ; mais la trop grande étendue de cette famille, l'a obligé de se séparer en différentes sociétés qui ont pris le nom de *peuples*, de *nations*, d'*états*, et dont les membres se rapprochent par des liens particuliers, indépendamment de ceux qui les unissent au système général.

Liv. 1.

De là, dans toute société politique, la distinction des nationaux et des étrangers.

Nous n'avons pu répudier cette distinction; elle sort de la constitution même des peuples.

Liv 1 - tit. 1 - ch. 3.
Nous avons fixé les caractères auxquels on est reconnu Français ou étranger.

La liberté naturelle qu'ont les hommes de chercher le bonheur partout où ils croient le trouver, nous a déterminés à fixer les conditions auxquelles un étranger peut devenir Français, et un Français peut devenir étranger. Nous n'avons point à craindre que des hommes qui sont nés sur le sol fortuné de la France veuillent abandonner une si douce patrie; mais pourquoi refuserions-nous ceux que tant de motifs peuvent attirer sous le plus heureux des climats, et qui, étrangers à la France par leur naissance, cesseraient de l'être par leur choix?

Quelques philosophes avaient pensé que les droits civils ne doivent être refusés à personne, et qu'il fallait ainsi former une seule nation de toutes les nations. Cette idée est généreuse et grande, mais elle n'est point dans l'ordre des affections humaines. On affaiblit ces affections en les généralisant; la patrie n'est plus rien pour celui qui n'a que le monde pour patrie; l'humanité, la justice, sont les liens généraux de la société universelle des hommes : mais il est des avantages particuliers que chaque société doit à ses membres, qui ne sont point réglés par la nature, et qui ne peuvent être rendus communs à d'autres que par la convention. Nous traiterons les étrangers comme ils nous traiteraient eux-mêmes; le principe de la réciprocité sera envers eux la mesure de notre conduite et de nos égards. Il est pourtant des droits qui ne sont point interdits aux étrangers : ces droits sont tous ceux qui appartiennent bien plus au droit des gens qu'au droit civil, et dont l'exercice ne pourrait être interrompu sans porter atteinte aux diverses relations qui existent entre les peuples.

DE LA PUBLICATION DES LOIS.

Un français peut perdre les droits civils par une condamnation capitale ou pour tout autre peine à laquelle la loi peut avoir attaché cette privation. Comment pourrait-on regarder comme associé celui qui, par ses attentats et ses crimes, aurait rompu les pactes de l'association ? <small>Ib. ch. 2.</small>

Ce qu'on appelle l'état civil d'un homme n'est autre chose que l'aptitude à exercer les droits que les lois civiles garantissent aux membres de la société. Cet état étant la plus sacrée de toutes les propriétés, le législateur s'en est rendu le gardien en établissant des registres destinés à constater les actes les plus importans de la vie civile. Nous nous sommes occupés de la forme et de la sûreté de ces registres, dont l'établissement est commun à toutes les nations qui connaissent l'usage de l'écriture. <small>Liv. 1- tit. 2.</small>

Un homme n'occupe qu'un point dans l'espace comme dans le temps, quoique par ses relations il puisse étendre et multiplier son existence. Il a donc nécessairement un domicile. Ce domicile est, d'après tous les principes, le lieu de son principal établissement. Le droit de changer de domicile est un des plus beaux droits de la liberté humaine. Mais ce changement est soumis à des règles, pour que les tiers qui ont intérêt à le connaître ne soient pas trompés, et puissent trouver l'homme avec qui ils ont des relations volontaires ou forcées. <small>Liv. 1- tit. 3.</small>

Les lois ont toujours veillé pour les absens; c'est l'humanité même qui excite à cet égard la sollicitude du législateur : plus que jamais l'absence doit devenir, dans nos temps modernes, l'objet de l'attention et de la vigilance des législateurs; car aujourd'hui l'industrie, le commerce, l'amour des découvertes, la culture des arts et des sciences, déplacent perpétuellement les hommes. On doit une protection spéciale à ceux qui se livrent à des voyages de long cours et à des entreprises périlleuses, pour rapporter ensuite dans leur patrie des richesses et des connaissances <small>Liv. 1- tit. 4.</small>

qu'ils ont acquises avec de grands efforts et au péril de leur vie.

{Liv. 1- tit. 5.} Une société n'est point composée d'individus isolés et épars : c'est un assemblage de familles. Ces familles sont autant de petites sociétés particulières dont la réunion forme l'Etat, c'est-à-dire, la grande famille qui les comprend toutes.

Les familles sont formées par le mariage. Le mariage est de l'institution même de la nature. Il a une tropgrande influence sur la destinée des hommes et sur la propagation de l'espèce humaine, pour que les législateurs l'abandonnent à la licence des passions.

Le mariage soumet les époux à des obligations sacrées envers les enfans qui naissent de leur union. Il les soumet à des obligations mutuelles. Il faut donc que l'on connaisse ceux qui ont à remplir ces obligations. De là les formes proposées pour la solennité de ce contrat.

Pour le mariage, il faut pouvoir remplir les vues de la nature. Il était donc nécessaire de fixer l'âge auquel deux époux pourraient utilement s'unir.

Il importe de favoriser les alliances et de protéger les mœurs; il importe de ne pas blesser les vues de la nature, et de ne pas offenser l'honnêteté publique. De là les prohibitions de mariage pour cause de parenté. Toutes les nations ont proscrit les mariages incestueux, parce que le cri de la nature a retenti dans le cœur de tous les hommes. Les nations civilisées ont étendu plus loin l'empire de la pudeur, et elles ont respecté certaines convenances qui, sans être l'ouvrage immédiat de la nature, se trouvent fondées sur des raisons naturelles.

{Liv. 1- tit. 6.} De droit commun, la mort de l'un des époux peut seule dissoudre le mariage. Nous avons pourtant cru que la loi civile ne pouvait être aussi inflexible que la religion et la morale, et dans notre projet nous conservons le divorce, mais avec des ménagemens capables d'en prévenir les abus. Nous le conservons pour les cas où les vices ont plus d'énergie et de force pour énerver les lois, que les lois n'en ont pour réprimer les vices.

A côté du divorce nous laissons la faculté de demander la simple séparation de corps qui relâche le lien du mariage sans le rompre. Nous avons pensé que, sous des lois qui autorisent la liberté des cultes, il fallait laisser respirer les âmes librement, et ne pas placer un homme fidèle à sa religion entre le désespoir et sa conscience. *Ib. ch. 5.*

Dans les causes du divorce nous n'avons point placé l'incompatibilité d'humeur et de caractère, à moins qu'elle ne fût le résultat d'un consentement mutuel; nous avons regardé comme contraire à l'essence même des choses, qu'un contrat aussi sacré que le mariage pût être arbitrairement rompu sur la demande et sur la simple allégation de l'une des parties, c'est-à-dire, par la volonté et pour l'avantage d'un seul des époux. *Liv. 1- tit. 6.*

Après avoir tracé les causes de divorce, nous avons indiqué les formes d'après lesquelles il devait être instruit et jugé. L'intervention de la justice nous a paru nécessaire. En Angleterre, il faut une loi. Ailleurs, il faut un acte du souverain. Partout une question de divorce est une question nationale, dont les suites et la décision ont paru intéresser la société entière.

Chaque famille doit avoir son gouvernement. Le mari, le père en a toujours été réputé le chef. La puissance maritale, la puissance paternelle, sont des institutions républicaines. C'est surtout chez les peuples libres que le pouvoir des maris et des pères a été singulièrement étendu et respecté. Dans les monarchies absolues, dans les états despotiques, le pouvoir qui veut nous asservir cherche à affaiblir tous les autres. Dans les républiques, on fortifie la magistrature domestique, pour pouvoir sans danger adoucir la magistrature politique et civile. *Liv. 1- tit. 7.*

Législateurs, vous conserverez au gouvernement de la famille tout son ressort, pour conserver au citoyen toute sa liberté. La famille est le sanctuaire des mœurs. C'est là que les vertus privées préparent aux vertus publiques ; c'est là que les sentimens de la nature nous disposent à remplir les devoirs qui sont imposés par les lois.

La faveur du mariage, le maintien des familles, qui sont la pépinière de l'état ; le grand intérêt qu'a la société à proscrire les unions vagues et incertaines, sont autant de motifs puissans qui ont déterminé tous les peuples policés à distinguer les enfans naturels des enfans légitimes.

Tous les enfans qui naissent sous la foi du mariage ont pour père celui que le mariage démontre. Ils jouissent de tous les avantages de la légitimité, c'est-à-dire ils appartiennent à une famille, et ils jouissent, dans cette famille, de tous les droits que l'ordre des successions leur assure au patrimoine commun.

Les enfans naturels, c'est-à-dire les enfans nés hors le mariage, n'ont point de famille, à moins qu'ils ne soient légitimés par le mariage subséquent des auteurs de leurs jours. Dans le projet de Code on ne leur assure qu'une créance sur les biens de leurs père et mère. Ils n'ont rien s'ils ne sont reconnus. La recherche de la paternité leur est prohibée, parce qu'ils n'ont aucune présomption de droit en leur faveur, et que le fait de la paternité est toujours incertain ; s'ils peuvent rechercher leur mère, c'est lorsqu'ils administrent des commencemens de preuve par écrit.

Il nous a paru, au contraire, que les enfans nés sous la foi du mariage doivent être traités plus favorablement, quand ils réclament un état qu'on a voulu leur enlever par fraude. Il leur suffit de prouver le fait de la maternité, pour faire reconnaître leur père. On ne doit pourtant pas les admettre à intenter leur action, sans un commencement de preuve. Le système contraire menacerait la tranquillité des familles, et il ébranlerait la société entière.

Les enfans naturels et les enfans légitimes doivent être protégés par les lois, tant qu'ils sont dans l'âge où ils ne peuvent se diriger eux-mêmes. De là l'institution des tutelles, et les obligations imposées aux tuteurs. Liv. 1.-
tit. 10.

Nous n'avons parlé jusqu'ici que de la filiation ou de la paternité réelles; mais il est une filiation et une paternité fictives qui ne sont point l'ouvrage de la nature, et qui ne sont que l'ouvrage de la volonté. Les décrets de nos assemblées nationales ont proclamé le principe de l'adoption: doit-on régulariser l'exécution de ce principe? On a remarqué que, dans ses effets, l'adoption offre le choix éclairé de l'esprit, qui remplace l'aveugle opération des sens. L'adoption, continue-t-on, si on la considère dans ses motifs, sera inspirée par cette sensibilité expansive qui ne croit jamais avoir assez multiplié les objets de son attachement. Elle pourra être dictée encore par cet esprit de bienfaisance si cher à toute société, et qui nous en présente tous les membres comme des frères et des enfans. Si l'on craint que l'adoption ne favorise le célibat, on pourra ne la permettre qu'à ceux qui auront cherché par le mariage à remplir le vœu de la nature. Liv. 1.-
tit. 8.

Toutes ces grandes questions vous seront soumises. Elles méritent de fixer l'attention générale.

Nous avons conservé l'âge de la majorité à vingt-un ans. A cet âge, les hommes sont présumés capables de tout. Liv. 1.-
tit. 11.

Nous avons pourtant prorogé la minorité jusqu'à vingt-cinq ans pour le fait du mariage, parce qu'un tel engagement est exposé à plus de danger, et qu'il a des suites plus importantes pour ceux qui le contractent.

Les majeurs sont quelquefois privés de l'usage de leur raison. Il faut alors que la loi les protège contre eux-mêmes. On les interdit; on les prive de la liberté pour leur conserver l'existence. Ib. ch. 2.

Tels sont les plans qui vous seront présentés relativement à l'état des personnes; et cette partie du projet du Code civil est la seule qui puisse vous être soumise dans le cours de cette session.

<small>Liv. 2-et 3.</small> Quant aux biens, nous avons distingué leurs différentes natures, et les diverses manières de les acquérir.

<small>5,6</small> La grande distinction des diverses espèces des biens est celle des meubles et des immeubles.

Les droits, les servitudes, les actions, peuvent rentrer dans l'une de ces deux classes.

<small>Liv. 3-tit. 1 et 3.</small> Les successions et les contrats embrassent tous les moyens d'acquérir.

<small>Liv. 3-tit. 18.</small> Le système hypothécaire est subordonné à quelques règles particulières qu'il serait inutile pour le moment de développer.

Voilà tout l'ordre du Code relativement au fond des matières qui en font l'objet.

Quant à la forme extérieure dans laquelle ces matières seront classées, le projet du Code sera divisé dans chacune de ses parties principales en projets de lois, les projets de lois en titres, et les titres en sections, selon que l'étendue et la diversité des objets le comporteront.

Les projets de lois, leurs titres et leurs sections seront divisés en articles, pour la commodité de ceux qui auront à faire l'application ou la recherche de ces articles ; on les numérotera de suite, comme s'ils ne formaient tous qu'une seule et même loi.

<small>Titre prélim.</small> Nous apportons aujourd'hui le premier projet, il a pour titre : *De la publication, des effets et de l'application des lois.*

<small>1</small> Une loi n'oblige qu'autant que l'on peut présumer qu'elle est connue. La loi ne peut frapper sans avertir.

Il serait impossible qu'une loi fût notifiée à chaque individu. On doit se contenter de la présomption morale que chaque individu a pu la connaître.

En conséquence, nous avons fixé le temps progressif dans

lequel la connaissance de la loi pouvait successivement parvenir aux citoyens de tous les départemens.

La loi ne peut avoir d'effet rétroactif: ce principe est incontestable; nous l'avons proclamé.

Elle oblige tous ceux qui vivent sous son empire. Habiter le territoire, c'est se soumettre à la souveraineté.

De nos jours, les hommes ne sont pas toujours dans le même lieu : les communications commerciales et industrielles entre les divers peuples sont multipliées et rapides ; il nous a paru nécessaire de rassurer le commerce, en lui garantissant la validité des actes dans lesquels on s'était conformé aux formes reçues dans les divers pays où ces actes pouvaient avoir été faits et passés. Comme les dispositions des lois ne doivent jamais être éludées, nous avons prévu le cas d'une loi qui, par la crainte ou la prévoyance de certains abus, annulle tous les actes faits dans certaines circonstances comme suspects de fraude ; et nous avons pensé que, dans ce cas, on ne peut être reçu à prouver que ces actes ne sont point frauduleux : c'est l'hypothèse de la déclaration de 1712, qui annulle tous les transports faits dix jours avant la faillite.

Il y avait des juges avant qu'il y eût des lois ; ces juges, dans ces temps d'ignorance et de grossièreté, étaient des ministres d'équité entre les hommes; ils le sont encore quand ils ne sont point dirigés par les lois écrites ; ils ne peuvent donc, sous le prétexte de l'obscurité et du silence des lois, suspendre arbitrairement leur ministère.

Les juges sont, à certains égards, associés à l'esprit de législation, mais ils ne peuvent partager le pouvoir législatif; ils ne peuvent donc, dans leurs jugemens, se permettre aucune disposition réglementaire.

Enfin, nous avons cru devoir consacrer le principe, que les citoyens ne peuvent, par des conventions particulières, déroger aux lois qui intéressent l'ordre public et les bonnes mœurs : ce principe est la sauve-garde de la morale et de la législation.

Tel est, législateurs, l'aperçu général du projet du Code, et tels sont les motifs particuliers du premier projet de loi que nous soumettons à votre sanction.

Nous n'avons pas besoin d'insister sur la nécessité de donner une législation civile à la France, cette nécessité a été reconnue par vos décrets. Les lois passagères qui ont été publiées pendant la révolution, ressemblaient à des piliers flottans au milieu d'une mer orageuse. Le peuple français demande à se reposer sur des maximes qui puissent garantir sa tranquillité et son bonheur.

Le corps législatif arrêta dans la même séance que le projet et l'exposition des motifs seraient transmis au Tribunat par un message.

TRIBUNAT.

RAPPORT FAIT A L'ASSEMBLÉE GÉNÉRALE, PAR M. ANDRIEUX, AU NOM DE LA COMMISSION SPÉCIALE [*].

(Séance du 12 frimaire an X. — 3 décembre 1801.)

Tribuns, nous entrons aujourd'hui dans la discussion du projet du nouveau Code civil de la France.

Douze ans sont bientôt écoulés depuis que l'assemblée constituante promit à la nation ce Code dont la nécessité était généralement sentie.

Depuis ce temps, les assemblées qui ont succédé à la constituante ont essayé vainement de réaliser sa promesse : des lois partielles ont été faites, plusieurs projets ont été

---

[*] Cette commission était composée des tribuns BEZARD, BOUTEVILLE, FAURE, LAUSSAT et ANDRIEUX, rapporteur.

présentés ; ce fut un rêve de chacun des hommes de bien qui entrèrent, soit dans la convention nationale, soit dans les diverses législatures, de penser qu'ils pourraient contribuer à la rédaction et à la prompte publication d'un Code uniforme de lois pour la France.

Tous s'aperçurent successivement que ce vœu patriotique ne pouvait alors être accompli ; ils regrettèrent moins qu'il ne le fût pas, en songeant qu'au milieu de ces chocs divers d'intérêts, d'opinions, de passions, de ces orages terribles qui poussèrent les assemblées tantôt dans un sens, tantôt dans un autre, la législation se fût trop ressentie des erreurs et des excès qui dominèrent tour-à-tour.

Enfin un temps plus heureux et plus calme a paru : c'est deux ans après l'époque qui a enchaîné les orages de la révolution, que le projet de Code civil nous est présenté.

Au milieu des travaux guerriers, l'activité infatigable et féconde du gouvernement a préparé ce monument paisible.

Il a choisi, sur la foi de l'opinion publique et de la renommée, quelques-uns de nos jurisconsultes les plus expérimentés et les plus habiles, et les a chargés de tracer le plan de l'édifice. Sans perdre un seul moment, leur projet a été soumis aux lumières des magistrats, offert à l'examen des citoyens ; les observations du tribunal de cassation, celles de tous les tribunaux d'appel, ont été recueillies, conférées ensemble : la discussion s'est ouverte au Conseil d'État, en présence et avec le concours des auteurs du projet ; et par un admirable effet de ces longues et justes combinaisons dont le vulgaire s'étonne, et dont il prend souvent les résultats pour les faveurs de la fortune, mais dans lesquelles l'homme moins crédule et plus observateur reconnaît la main du génie qui maîtrise les événemens parce qu'il sait les prévoir, les préparer et les conduire, à peine cette terrible guerre de dix ans est-elle terminée par une paix glorieuse, que la première loi du Code civil est présentée à la sanction du Corps législatif, qui pourra, dans le seul cours de la session actuelle, remplir en partie la longue attente de la nation, en lui donnant le premier tiers de ce nouveau Code civil.

Ce ne sont point là les doux loisirs (c'est bien mieux que cela), ce sont les précieux travaux de la paix qu'un génie bienfaisant nous procure : et tandis que, de toutes parts, s'agite l'industrie active et féconde; tandis que le commerce se ranime et reprend ses relations; tandis que les arts utiles, encouragés, préparent à la France un degré incalculable d'aisance et de prospérité, nous aussi, tribuns, nous sommes appelés à payer à la France notre honorable tribut; remplissons cette tâche difficile et glorieuse, celle de contribuer à donner à notre pays des lois durables.

Loin de nous, loin du Tribunat la pensée d'apporter le moindre obstacle, le moindre retard à l'achèvement de ce grand ouvrage si nécessaire, si vivement désiré, si longtemps attendu ! mais loin de nous aussi la faiblesse coupable de fermer les yeux sur les défauts que nous croirions apercevoir dans les projets qui nous seront présentés, de voter l'adoption de lois qui nous paraîtraient essentiellement mauvaises, et de compromettre à la fois le sort de la génération actuelle et celui des siècles à venir !

C'est dans ces sentimens que la commission s'est occupée du travail que vous lui avez confié, et dont je viens vous rendre compte. Nous avons divisé l'examen du projet de loi en deux parties.

La première contiendra des observations générales sur le projet pris dans son ensemble.

La deuxième renfermera des observations particulières sur chacun des articles.

§ 1. *Observations générales.*

1°. Ce projet, à la tête du Code, serait-il à sa place ? 2°. La plupart des articles qui le composent sont-ils des articles de loi ? 3°. Est-il en général bien rédigé ? 4°. Serait-il enfin une introduction digne du Code civil français ?

Ce projet serait-il à sa place ? pour le décider, voyons quelle est sa nature, son objet. Il est relatif *à la publication, aux effets et à l'application des lois en général :* il n'est donc pas relatif au Code civil seulement; il l'est aussi au Code criminel, au Code judiciaire, au Code rural, au Code commercial, à tous les autres; il est même relatif aux lois temporaires et transitoires. Il ne fait donc pas partie du Code civil. Doit-il ouvrir un Code auquel il n'appartient pas plus qu'à toutes les autres lois ?

Non, sans doute; ou ce serait, dès le commencement, tomber dans un grand défaut de méthode.

Une loi sur la publication des lois en général doit se faire à part; c'est une loi de l'ordre politique, et à placer au rang de celles organiques de la constitution.

Si vous jetez les yeux sur la plupart des articles, sur le 2e, sur le 3e, sur le 4e, sur le 8e, vous n'y reconnaîtrez pas des articles de lois; ils ne contiennent point de dispositions expresses, prohibitives, impératives, ou même facultatives : ce sont des principes énoncés, ce sont des axiomes de morale ou de jurisprudence.

L'exposé observe, avec beaucoup de sagesse, qu'il faut faire la part de la science et celle de la législation. Il nous semble que le projet ne tient pas ce qu'a promis l'exposé.

Les articles 5, 6, et 7, relatifs aux devoirs des juges, à la manière dont ils doivent appliquer ou même suppléer les lois, rappellent le premier titre de l'ordonnance de 1667, *de l'observation des ordonnances;* et ce souvenir nous avertit qu'ils appartiennent au Code judiciaire, non pas au Code civil.

Quant à la rédaction générale, à l'ensemble du projet, on peut lui reprocher une incohérence frappante. On pouvait tout aussi bien placer le troisième article le second, faire des deuxième et troisième les septième et huitième, ou mettre celui qui est le premier à la fin de tous les autres. Si même on ôtait ce premier article, le seul, à le bien prendre, qui fasse la matière et le fond du projet, que resterait-il ? Des articles qui ne sont rapprochés que par la juxta-position, des articles dont les uns appartiennent évidemment à d'autres lois, et les autres ne peuvent appartenir à aucune.

Il n'y avait pas même de raison pour qu'on ne fît aussi bien entrer dans ce projet beaucoup d'autres règles générales non moins importantes.

Le Conseil d'État a arrêté que dans la rédaction du Code civil, on emploiera toujours le futur. Pourquoi? Parce qu'en français le futur remplace l'impératif, et convient par conséquent à la rédaction des lois, qui sont faites pour ordonner ou pour défendre.

Voyez les lois des Douze-Tables, qui étaient un modèle de précision, et que, du temps de Cicéron, on apprenait encore par cœur comme une chose qu'il n'était pas permis d'ignorer, *ut carmen necessarium;* toutes leurs dispositions étaient à l'impératif : *Privilegia ne irroganto.* — *Quodcumque populus jussit, id jus ratumque esto.* Cela était positif, formel, et sans exception.

La plupart de nos anciennes lois françaises, les ordonnances royales, les édits et déclarations, s'exprimaient tantôt par la formule très-impérative : *Voulons et ordonnons; et nous plaît ce qui suit;* tantôt par le futur, qui équivaut, dans notre langue, à l'impératif : *l'exploit de demande sera libellé, l'huissier y fera mention de son immatricule, le tout à peine de nullité,* dit l'ordonnance de 1667.

Les coutumes seules avaient, dans beaucoup de leurs dispositions, adopté l'indicatif présent : *Le mort saisit le vif...* Cette rédaction, qui se ressent de sa gothicité, est au moins juste et exacte en cela qu'elle est l'énonciation d'un fait présent. On sait que les coutumes étaient rédigées d'après des *enquêtes par turbes*, et sur le témoignage verbal ou par écrit des anciens et des prud'hommes ; ce n'était qu'un recueil de faits et d'usages reçus, qu'on couchait sur un registre, pour servir de règle pendant un temps, et dans la vue de former par la suite, de toutes ces coutumes réunies, un Code unique pour la France.

Les principaux décrets de l'assemblée constituante, et notamment la constitution de 1791, emploient exclusivement le futur dans toutes les dispositions impératives.

Ce n'est que depuis peu d'années que les rédacteurs de nos lois ont adopté l'indicatif présent, qui leur a paru sans doute plus solennel, plus court, plus élégant, mais qui réellement n'est pas très-exact. La loi ne peut pas dire : telle chose est, quand elle n'est pas, quand la loi même a pour objet d'ordonner que telle chose sera désormais et à l'avenir.

Il y a bien une distinction à faire, et le projet de loi que nous discutons en offre un exemple.

Quelques-uns de ses articles sont impératifs ; et ceux-là sont tous rédigés au futur.

Les autres sont au temps présent, parce qu'ils ne sont qu'énonciatifs, et qu'ils ne font que déclarer des principes déjà connus, qu'exposer des règles de droit ou de morale.

Mais c'est une grande question que celle de savoir s'il doit se trouver de semblables articles dans les lois : votre commission a penché pour la négative, parce qu'elle a cru que ces principes, ces règles appartiennent, non pas à la législation, mais à la doctrine.

A moins qu'on ne voulût, à l'imitation du Digeste, placer

en tête ou à la fin du Code civil, un titre *Des Règles du droit*, ce qui pourrait avoir son utilité ; mais ce titre ne serait pas une loi, à proprement parler. La règle expose, enseigne ; la loi commande, permet, défend ou punit.

J'arrive à la quatrième question générale. Ce projet de loi est-il une introduction digne du Code civil ? Il n'est peut-être aucun de vous qui n'ait déjà fait la réponse.

Quoi ! ce Code civil tant attendu, pour lequel depuis si long-temps on rassemble tant d'excellens matériaux ; après que nos jurisconsultes les plus habiles, les magistrats de tous nos tribunaux, enfin tous les citoyens éclairés, ont été appelés à concourir à la rédaction d'un ouvrage qui doit être un des monumens du siècle, et étonner encore la postérité au milieu du récit de tant de choses étonnantes : ce Code présenterait d'abord une loi qui n'est pas à sa véritable place (car elle devrait être hors de rang pour faire mieux entendre qu'elle s'applique à tout), une loi de huit articles non ordonnés entre eux, et dont la rédaction, en général, est vicieuse ! Est-ce là un portique qui réponde à la majesté de l'édifice ?

Plusieurs de nos collègues ont paru regretter qu'on n'eût pas plutôt présenté les six titres du projet de Code civil dont les huit articles ont été extraits : il est vrai que ce commencement serait plus majestueux, plus instructif ; il ressemblerait davantage au commencement des Institutes et à celui du Digeste : mais il aurait cet inconvénient dont nous avons déjà parlé, celui de mêler ensemble la science et la législation, les définitions et les dispositions, l'instruction et la volonté.

Qu'on ne dise pas que nous poursuivons vainement une chimère, une perfection idéale et impossible : non, nous ne formons pas ce vœu, qui serait peut-être excusable dans cette occasion unique ; nous ne demandons pas les meilleures lois possibles ; nous en demandons qui remplissent leur but, et que le corps législatif puisse offrir à la nation comme des règles, et laisser à la postérité comme des modèles.

De cette discussion sur le projet en général, il doit être résulté pour la plupart d'entre vous que le tribunat ne peut l'adopter. Si quelques esprits étaient encore chancelans, la discussion qui va suivre achèvera de les entraîner vers le rejet.

§ II. *Observations particulières sur chaque article.*

Art. 1ᵉʳ. « Les lois sont exécutoires dans tout le territoire
« français, en vertu de la promulgation qui en est faite par
« le Premier Consul.

« Elles seront exécutées dans chaque partie de la France,
« du moment où la promulgation pourra y être connue.

« La promulgation faite par le Premier Consul sera ré-
« putée connue dans tout le ressort du tribunal d'appel de
« Paris, trente-six heures après sa date, et, dans tout le
« ressort de chacun des autres tribunaux d'appel, après
« l'expiration, du même délai, augmenté d'autant de fois
« deux heures qu'il y a de myriamètres entre Paris et la
« ville où chacun de ces tribunaux a son siége. »

Le premier paragraphe n'est que la suite immédiate et nécessaire de l'article 41 de la constitution ; puisque cet article attribue la promulgation des lois au Premier Consul, il paraît évident que cette promulgation rendra les lois exécutoires, c'est-à-dire, susceptibles d'exécution.

Mais les lois, d'abord exécutoires, ou, si l'on veut, obligatoires par leur seule promulgation, doivent ensuite être exécutées. Il doit être fixé une époque où leur exécution soit nécessaire et de rigueur.

Quand commencera cette époque où les lois devront être exécutées nécessairement ? Ce sera, suivant le projet de loi, dans chaque partie de la France, DU MOMENT où la promulgation POURRA y être connue. Remarquez ces mots : DU MOMENT et POURRA.

Et quel sera LE MOMENT, l'instant fixe et indivisible auquel une loi POURRA être connue?

Ce sera, d'après le reste de l'article, à l'échéance d'un délai dont le premier terme n'est pas fixé, dont on ne voit que la fin, encore très-susceptible de variation, d'instabilité. On se plaint de l'arbitraire du mode actuel de publication ; n'y en aura-t-il pas autant et même davantage dans le mode nouveau qu'on propose de lui substituer?

L'exposé présenté par l'orateur du Conseil d'État ne donne que la substance des motifs qui en ont déterminé l'adoption.

On voit qu'il y en a eu deux principaux : 1° la nécessité de faire marcher la loi avec une extrême rapidité, surtout dans certains cas où il s'agit de lois urgentes, répressives de fraudes ou de crimes;

2°. La présomption que la loi pourra en effet être connue dans chacun des points du territoire, à l'époque où elle commencera à devoir y être exécutée.

On s'est moins occupé, en un mot, de trouver des moyens de faire connaître la loi, que de fixer une époque où elle sera censée connue.

Mais d'abord, dans une matière aussi importante, toute cette théorie séduisante des possibilités, des présomptions doit s'évanouir devant des faits. Toutes les présomptions du monde viendront échouer contre le fait certain que la loi n'a pas été connue du citoyen à qui on l'oppose, du tribunal à qui l'on reproche de ne pas l'avoir appliquée. Annullera-t-on l'acte fait par l'un, le jugement rendu par l'autre dans cette ignorance invincible ? Et qu'on ne dise pas qu'une pareille ignorance n'aura jamais lieu; elle pourra se trouver dans plusieurs cas, si des chemins, si des ponts sont tout-à-fait rompus, si un pays est inondé, si l'ennemi s'en rend maître à main armée, et coupe toute communication (que Dieu détourne un tel présage!) Mais enfin voilà des cas où la connaissance de la loi ne pourra pas parvenir aux citoyens, où elle sera forcément, invinciblement ignorée d'eux et des juges. Il fallait donc au moins prévoir ces exceptions et y statuer.

A une heure, que dis-je! à un moment précis et indivisible (car le projet ne dit pas *du jour*, mais *du moment*), à un point mathématique dans le temps, et qui changera de distance en distance, la loi devra être exécutée par les citoyens, dans les différentes parties de la France. Conçoit-on que tous les Français puissent être ainsi pressés, pour leurs actes civils, entre deux momens?

Mais voyons comment pourra se faire l'application de cette loi.

On date bien les actes du jour où ils sont passés ; mais il en est peu qu'on soit obligé et dans l'usage de dater de l'heure et du moment : quand il faudra apprécier un acte non daté de l'heure, du moment précis, comment pourra-t-on le faire? Car, suivant le mode de publication, l'acte qui aura été licite à onze heures cinquante-neuf minutes, ne le sera plus à midi sonnant. Voilà donc tous les citoyens obligés de dater désormais l'heure dans tous les actes ; et s'ils l'oublient, les actes seront-ils nuls? On n'admettra donc plus les actes sous signature privée, s'ils n'ont été enregistrés avec la date de l'heure, de la minute? N'est-ce rien que d'imposer tout d'un coup à tous les Français une obligation aussi pesante qu'elle sera inusitée!

Que d'inégalités bizarres et injustes cette loi viendrait établir?

Auxerre est à quarante lieues anciennes, ou vingt myriamètres environ de Paris ; mais il est du ressort du tribunal d'appel de Paris ; Rouen est hors de ce ressort, mais il n'est éloigné de Paris que de quatorze myriamètres : ainsi à Rouen, qui n'est qu'à vingt-huit lieues anciennes, la loi ne devra être exécutée que dans soixante-six heures, et à

Auxerre, qui est à une distance de quarante lieues, elle devra l'être dans trente-six heures.

Le moment où doit échoir le délai de l'exécution de la loi serait souvent incertain et inappréciable ; il le serait d'autant plus que la fin du terme dépend de son commencement, et qu'on ne voit pas à quel moment ce délai commencerait à courir. Ce serait sans doute à partir de la date de la promulgation : mais cette promulgation n'est point datée d'une heure précise, elle l'est seulement d'un jour : vraisemblablement on entend que c'est à compter de la dernière heure du jour de sa date que le délai commence à courir, suivant la règle ordinaire qui veut que le jour du terme ne soit point compté dans le terme. Ainsi, une loi étant promulguée à Paris, par exemple, le premier du mois, le délai commencerait à courir à minuit qui suivra ce jour, et la loi serait réputée connue à Paris, et dans le ressort, trente-six heures après, c'est-à-dire, à midi du troisième jour du mois (c'est ainsi du moins que votre commission a entendu l'article ; et si tout le monde ne l'entend pas de même, ce sera un argument de plus contre le projet de loi : car il s'ensuivra qu'il est obscur et prête à plusieurs interprétations) ; ensuite, à partir de ce midi, la connaissance présumée de la loi s'étendrait et gagnerait de proche en proche dans toutes les parties de la France.

Mais si l'on donne une fois à la promulgation la date non pas du jour, mais d'une heure certaine du jour, aussitôt tout change : toutes les combinaisons sont dérangées ; la connaissance présumée devient alors la connaissance impossible, on ne sait plus, on ne peut plus savoir à quel moment chaque loi doit commencer à être exécutée ; car le moment de sa promulgation sera toujours ignoré, douteux, arbitraire : est-il possible de laisser vivre les citoyens dans cette incertitude continuelle sur l'objet le plus important pour eux ? Quoi de moins propre à concilier aux lois le respect dont elles ont besoin ! quoi de moins conforme à leur majesté, à leur publicité indispensable !

Certes cet objet de la promulgation des lois est d'une assez haute importance pour demander, à lui seul, non pas un article de loi, mais une loi entière et expresse.

Il faut que cette loi dise si l'on conserve l'impression, l'affiche, l'insertion au bulletin, l'envoi aux tribunaux et aux administrations.

Comment peut-on supposer que la transcription actuelle sur les registres des tribunaux ferait revivre l'ancienne forme de l'enregistrement? Dans l'ancien ordre des choses, l'ordonnance de 1667 autorisait les cours à faire des remontrances dans un délai fixe, passé lequel, la loi était tenue pour publiée, et devait être exécutée. Ce qui donnait aux cours cette prépondérance que les tribunaux actuels et encore moins les préfets, révocables à volonté, ne peuvent avoir, c'était l'absence d'un corps législatif dont les parlemens avaient la prétention d'être une sorte d'émanation. Ils participaient à la législation, en faisant des arrêts de réglement pour tout leur ressort; ils avaient ce qu'on nommait *la haute police,* pouvoir souvent redoutable, et dont les bornes même n'étaient pas connues.

Les tribunaux, sous le régime actuel, sont loin de pouvoir élever des prétentions semblables. Le tribunal de cassation lui-même se borne à appliquer la loi; il en est le conservateur, et jugerait coupable de forfaiture un tribunal qui aurait refusé ou retardé sciemment la transcription sur ses registres. L'envoi des lois aux tribunaux et aux administrations ne les fait, en aucune manière, participer à l'autorité législative, ni même à la promulgation qui appartient tout entière au Premier Consul; mais ces formalités ont pour objet de donner aux lois une plus grande publicité, de les faire mieux connaître des citoyens, et de les tenir sans cesse sous les yeux des magistrats, qui sont obligés d'y conformer leurs jugemens et leurs décisions, et qui doivent par conséquent en avoir une connaissance officielle, non pas une connaissance présumée.

Il est bon que la loi contienne une disposition relative à la publication des lois dans les départemens non continentaux de la France; et si la forme de cette publication peut être regardée comme suffisamment réglée par un arrêté du gouvernement, ne faut-il pas que le gouvernement soit d'abord autorisé par la loi à prendre cet arrêté, à faire ce réglement?

Nous supposons que les formalités actuelles, établies par la loi du 12 vendémiaire an IV, c'est-à-dire l'impression, l'affiche, l'insertion au bulletin, et l'envoi aux autorités judiciaires et administratives, ne sont abolies, qu'elles seront conservées dans le fait; mais, de droit, elles ne seront plus nécessaires : car la connaissance présumée va devenir la condition *unique* de l'exécution des lois; en bonne foi, cette condition *unique* peut-elle être suffisante?

Ajoutez que la circonscription du territoire d'appel de Paris peut changer, que les autres tribunaux d'appel peuvent être transportés d'une ville à l'autre; et songez à toutes les variabilités que ces circonstances apporteraient dans les droits des citoyens.

Il pourrait même arriver que dans certains cas les distances seraient changées, modifiées, interverties par des arrêtés, par de simples réglemens : dès lors, quelle confusion, quelle incertitude!

Le motif de la nécessité de donner à certaines lois la plus prompte exécution, la marche la plus rapide, ce motif est juste sans doute; mais heureusement il ne trouve d'application que dans des occasions assez rares, comme lorsqu'il s'agit de mesures répressives; et, dans ces occasions, qui empêcherait d'abréger le délai ordinaire par une disposition expresse qu'on insérerait dans la loi même?

Le mode proposé nécessiterait des calculs abstraits, hors de la portée du plus grand nombre, et trop compliqués pour être entendus de tout le monde; et pour cette raison seule, il ne doit pas être consacré par une loi.

« Le style des lois, dit Montesquieu, doit être simple; » et un peu plus loin il ajoute : « Les lois ne doivent point « être subtiles; elles sont faites pour des gens de médiocre « entendement; elles ne sont point un art de logique, mais « la raison simple d'un père de famille (1). »

Voilà bien des inconvéniens sans doute au mode de publication, ou plutôt au défaut de publication qui vous est proposé : nous ne doutons pas que la discussion n'en fasse apercevoir encore d'autres, car nous n'avons pu tout dire; mais nous croyons en avoir dit assez pour démontrer que cet article, le plus important de ceux du projet de loi, est celui qu'il est le moins possible d'adopter, et doit, lui seul, en déterminer le rejet.

Art. 2. « La loi ne dispose que pour l'avenir, elle n'a point « d'effet rétroactif. »

C'est là plutôt un principe de droit et de morale qu'une disposition législative; c'est un article à renvoyer au titre *des règles du droit,* si l'on juge à propos d'en faire un.

Art. 3. « La loi oblige ceux qui habitent le territoire. »

La rédaction de cet article nous a paru extrêmement vicieuse. En effet,

1°. Dire seulement, *La loi oblige ceux qui habitent le territoire,* c'est dire, en d'autres termes, qu'elle n'oblige pas ceux qui ne l'habitent point, proposition fausse et démentie par le second projet de loi qui vous a été présenté, et qui statue qu'un Français résidant en pays étranger continue d'être soumis aux lois françaises, relativement à ses droits civils et aux biens qu'il possède en France.

2°. Il n'est pas vrai encore que la loi oblige sans exception *ceux qui habitent le territoire,* puisque les étrangers revêtus d'un caractère national, ceux qui composent leur famille et leur suite, ne sont point soumis aux lois civiles

---

(a) Esprit des lois, liv. xxix, chap. xvi.

de la France, quoiqu'ils en habitent le territoire. La rédaction de l'article est donc en cela encore inexacte ; il fallait exprimer ou du moins indiquer les exceptions.

Enfin l'article déplacé dans ce projet de loi se reporte naturellement à celui qui sera relatif aux personnes, et qui réglera la distinction des droits des Français et de ceux des étrangers.

ap. 3   Art. 4. « La forme des actes est réglée par les lois du « pays dans lequel ils sont faits ou passés. »

Maxime de droit qui n'a jamais été contestée.

Mais la rédaction pourrait, ce semble, être meilleure. Que dit à la lettre l'article, tel qu'il est conçu? rien autre chose, sinon que, dans chaque pays, on suit, pour la forme des actes, les lois du pays.

Cet article appartient encore au projet de loi relatif aux étrangers.

ap. 5   Art. 5. « Lorsque la loi, à raison des circonstances, « aura réputé frauduleux certains actes, on ne sera pas « admis à prouver qu'ils ont été faits sans fraude. »

La loi ne *répute* pas des actes frauduleux ; mais elle les *déclare nuls*, parce qu'à raison des circonstances, elle présume qu'ils ont été faits en fraude. On a mis ici l'esprit de la loi à la place de sa disposition, ce qui manque d'exactitude et de justesse.

La première rédaction de l'article était que, *lorsque la loi, par une présomption de fraude, aura déclaré nuls certains actes, on ne sera pas admis à prouver qu'ils ont été faits sans fraude.*

Mais ce qui est étonnant, c'est de trouver dans la première loi du Code civil un article qui, d'après l'exposé même des motifs, ne se rapporte qu'au cas particulier d'un acte fait dans les dix jours qui précèdent une faillite, acte qui est déclaré nul par la déclaration du 18 novembre 1702.

C'est donc un article à renvoyer au Code commercial, au titre *des faillites*, ou au Code judiciaire, au titre *des preuves*.

4-5   Sur les articles 6 et 7, qui prescrivent des devoirs aux juges, votre commission observe seulement qu'ils ne sont pas ici à leur place, et qu'ils doivent être renvoyés au *Code judiciaire.*

Art. 8. « On ne peut déroger, par des conventions par-« ticulières, aux lois qui intéressent l'ordre public et les « bonnes mœurs. »

C'est encore là un axiome de droit, plutôt qu'un article de loi. Cet axiome paraît traduit du latin : *Privatorum pactio juri publico non derogat*, l. 45, ff. *de reg. jur.* — *Jus publicum privatorum pactis mutari non potest*, l. 38, ff. *de pactis*; mais il nous semble qu'il est changé dans la traduction. En effet, les mots *jus publicum*, mis en opposition avec ceux-ci, *privatorum pactio*, signifient évidemment, non pas *le droit public*, mais le *droit publiquement établi, jus publicè stabilitum*, ou *jus commune*, le droit commun ; en un mot, *les lois*. Cela signifie seulement que les citoyens ne peuvent faire de conventions particulières contraires au droit général. Aussi *Domat*, dans son livre sur les lois civiles, donne-t-il, de ces deux règles, la traduction exacte et simple en ces termes : *Les dispositions des particuliers ne peuvent empêcher celles des lois* (a).

L'article 8, rédigé comme il l'est, manque de précision et de clarté : *aux lois qui intéressent l'ordre public......* et *les bonnes mœurs!.....* Quelle est cette espèce particulière de lois? et qu'est-ce qu'*intéresser l'ordre public?..... intéresser les bonnes mœurs?....* Ces expressions peuvent paraître suffisamment intelligibles dans le discours ordinaire ; mais elles ne sont pas assez précises pour entrer dans la rédaction d'une loi.

Il y a plus ; d'après la rédaction, on pourra donc être admis à prouver devant un tribunal que la loi à laquelle la convention attaquée sera contraire, n'est pas une loi qui

---

(a) C'est ce que confirment d'autres textes de lois : *Quoties pactum* A JURE COMMUNI *remotum est, servari hoc non oportet.* L. 7, ff. De pactis. *Privatorum cautiono* LEGIBUS *non esse refragandum constitit.* L. ff. Ad legem Falcidiam. — *Pacta quæ* CONTRA LEGES, *constitutionesque, vel bonos mores fiunt, nullam vim habere, indubitati juris est.* L. 6, Cod. De pactis.

intéresse l'ordre public.... ; ou bien, si la convention est contraire aux bonnes mœurs, qu'elle ne déroge du moins à aucune loi.

com.   En nous résumant, nous avons trouvé que le projet de loi est, en général, incohérent, mal ordonné, déplacé à la tête du Code civil, et indigne d'y figurer.

1   Nous avons pensé que le premier article, relatif à la publication des lois, ne remplit pas son objet, puisqu'il n'établit aucun mode de publication ; qu'il serait trop compliqué et souvent impraticable ; qu'il obligerait, dans certains cas, les magistrats et les citoyens à l'exécution de lois qui leur seraient inconnues ; qu'il prêterait à des variations continuelles, soit dans la date de la promulgation, soit dans la fixation des distances ; qu'enfin, au lieu de cet article insuffisant, une loi unique, mais complète, serait nécessaire pour régler le mode de publication des lois.

2 à 6   Il nous a semblé que des sept autres articles, les uns doivent être renvoyés à d'autres projets, et les autres ne sont que des préceptes, des principes de droit, et non pas des dispositions législatives, et que plusieurs offrent des vices essentiels de rédaction.

L'avis unanime de votre commission est que le Tribunat ne peut adopter le projet de loi.

Et je conclus, en son nom, AU REJET.

La discussion s'ouvrit de suite, et on entendit dans la séance du 18 frimaire les trois premières opinions qui suivent, dans celle du 19 les quatre suivantes, et dans celle du 21 les quatre dernières.

OPINION DU TRIBUN CHAZAL,
CONTRE LE PROJET.

Tribuns, les Romains n'entendaient pas, comme nous par Code civil, un recueil particulier de ce que nous appe lons lois civiles, par opposition aux lois militaires et criminelles de notre pays. *Civilis* ne signifie pas en latin ce qui n'est pas militaire ou criminel : *civilis*, qui dérive de *civitas, civis*, signifie *de la cité;* et *codex civilis*, que nous traduisons mal, ou dont nous comprenons mal la traduction par Code civil, *codex civilis*, veut dire recueil des lois de la cité.

Le Code civil des Romains est le recueil de toutes les lois de leur cité, et il tient ce que son titre promet. On y trouve en effet, non-seulement ce que nous nommons lois civiles, mais encore les lois rurales, les lois militaires, les lois criminelles, les lois de police, les lois administratives, les lois constitutionnelles, et toutes les autres lois de cette nation célèbre; c'est le recueil universel de toute la législation romaine.

Il était bon, et il convenait sans doute de placer à la tête de ce grand corps des définitions générales de tous les droits, sources des lois, de dire les effets communs des lois diverses qui le composent, et leur communes publication et application; mais ce qui convenait si bien à la collection universelle des lois romaines ne convient plus, vous le sentez, à la collection que nous appelons du même nom de Code civil avec une autre acception, et qui n'est que le recueil partiel des lois qui règlent nos rapports de famille et ceux des citoyens entre eux.

Notre Code civil n'est pas le Code civil des Romains, il ne l'est pas plus sous le même nom que notre magistrature, identiquement nommée, n'est celle des tribuns de Rome; c'est autre chose : c'est une partie seulement du Code civil des Romains, que nous avons divisé en plusieurs parties et distribué en autant de Codes.

Le départ des matières commande celui des prémisses; par cette raison, non par celles alléguées dans l'exposé de ses motifs, le Conseil d'État a fait sagement de retrancher du projet de loi qui nous est soumis, comme le premier de notre Code civil, toutes les définitions étrangères aux matières de ce Code, dont on l'avait surchargé; mais le Conseil d'État n'aurait pas dû en retrancher en même temps celles propres aux matières qu'on le destine à recueillir. S'il fallait renvoyer les définitions du droit constitutionnel et des lois constitutionnelles à la constitution, celles du droit et des lois militaires au Code militaire, celles du droit criminel et des lois criminelles au Code criminel etc., notre Code civil devait s'ouvrir par les définitions propres de ce que nous entendons par droit civil et par lois civiles, définitions d'autant plus nécessaires qu'on n'entendit pas toujours ailleurs les mêmes choses.

On a pressenti le reproche d'omission que j'énonce ici, et on a cherché à s'excuser.

On a dit : *Rien n'est plus difficile à faire qu'une bonne définition.* Ce n'est pas une raison pour se dispenser de la donner quand il la faut et qu'on la doit.

On a dit : *Elle appartient à la science;* n'est-ce pas la science qui en est chargée ?..... L'orateur du Conseil d'État fait de la modestie lorsqu'il devait payer en lumières, et qu'il le pouvait si bien ; il ne s'agissait que d'expliquer ce qu'on veut régler, et de rattacher les règles aux principes éternels de justice et d'équité dont toutes les bonnes règles émanent.

Il manque, sans solide excuse, au projet de loi qui nous est soumis, comme le premier de notre Code civil, les définitions propres et nécessaires que je réclame, et qu'on a eu tort de supprimer autant qu'on a eu raison de supprimer toutes les autres. Examinons maintenant ce qu'il contient, et voyons si le plus grand nombre de ses articles ne méritait pas de subir le sort des définitions supprimées, et si, dans l'état où on nous les offre, il en est un seul à sa place, et même bon à placer ailleurs.

1   L'article 1er s'exprime en ces termes :

« Les lois sont exécutoires dans tout le territoite fran-
« çais, en vertu de la promulgation qui en est faite par le
« Premier Consul.

« Elles seront exécutées dans chaque partie de la répu-
« blique, du moment où la promulgation pourra y être
« connue.

« La promulgation faite par le Premier Consul sera ré-
« putée connue dans tout le ressort du tribunal d'appel de
« Paris, trente-six heures après sa date, et dans tout le
« ressort de chacun des autres tribunaux d'appel, après
« l'expiration du même délai, augmenté d'autant de fois
« deux heures qu'il y a de myriamètres entre Paris et la
« ville où chacun de ces tribunaux a son siége. »

Si l'on considère la nature de cette première disposition, on se convaincra qu'elle est absolument inadmissible dans notre Code civil.

En effet, elle n'est pas particulière à ce que nous appelons lois civiles, mais commune à toutes nos autres lois, dont elle organise la commune promulgation et publication; elle n'appartient pas plus à notre Code civil qu'à notre Code criminel, qu'à notre Code militaire. Organique et réglementaire de la constitution, c'est au Code des lois organiques et réglementaires de l'acte constitutionnel qu'elle appartient exclusivement.

La même disposition, considérée dans l'état où on nous l'offre, ne serait admissible nulle part.

Voyez d'abord combien elle est incomplète.

Elle ne dit ni le mode ni les formes de l'acte de promulgation qu'elle a pour objet d'organiser. On les a déterminées ailleurs; mais ne devrait-elle pas les réunir ici, puisque c'est un Code ou recueil qu'on entreprend ?

Elle dit : *Que la promulgation faite par le Premier Consul sera réputée connue dans tout le ressort du tribunal d'appel de Paris, trente-six heures après sa date, et dans tout le ressort de chacun des autres tribunaux d'appel, après l'expiration du même délai, augmenté d'autant de fois deux heures qu'il y a de myriamètres entre Paris et la ville où chacun de ces tribunaux a son siége.*

Il y a ici deux lacunes d'une autre espèce ; quand la loi sera-t-elle censée connue dans le ressort du tribunal d'appel de l'île de Corse, et dans les colonies sans tribunaux d'appel ? Comptera-t-on pour elles par myriamètres, et à deux heures par myriamètre, plus trente-six ?

Ce calcul de deux heures par myriamètre, plus trente-six, exige un toisé omis, et à joindre à la loi, de toutes les distances de Paris à tous les chefs-lieux des arrondissemens d'appel ; il exige encore l'ordre de mentionner dans l'acte de promulgation l'heure précise et la minute où chaque loi sera promulguée. Le premier magistrat de la France ne pourra sceller une loi qu'en présence d'une pendule.

Mais les heures courent sans cesse, et la loi scellée peut être oubliée et se reposer sur le bureau. La loi, dans ce cas, arrivera ou sera censée arrivée et connue avant qu'elle soit partie. La même chose aura lieu, sans oubli, lorsque, la loi expédiée à l'instant, les courriers porteurs seront arrêtés ou retardés sur les mers par des tempêtes, sur les routes par des rivières débordées, des ponts emportés ou des brigands, et lorsque, dans les temps de troubles, de guerre et d'invasion, les communications par mer ou avec un arrondissement d'appel seront tout-à-fait interrompues et coupées.

Le délai pour connaître une loi et lui obéir ne peut commencer ni de sa date dans l'intérieur d'un palais, ni de son départ, ni même de son arrivée, mais de sa seule publication sur les lieux où elle va commander ; publication que l'on a confondue à tort avec la promulgation, qui n'est que l'acte antérieur de sceau.

Il fallait, pour satisfaire, pour parer à tout, donner *dix jours francs*, et ce n'était pas trop ; dix jours francs à compter de l'affiche de la loi sur les murs extérieurs de chaque tribunal criminel, de chaque tribunal d'appel, suivant l'espèce de loi, et ordonner que cette affiche serait constatée par un procès-verbal contracdictoire du préfet appositeur et du président du tribunal ; le premier publiant au nom du gouvernement, et le second recevant la publication au nom des gouvernés justiciables de son tribunal.

Les dispositions des articles 2 et 3 du projet qui nous occupe, si la dernière est assez mal rédigée, n'ont, par elles-mêmes, aucun inconvénient ; mais ces deux dispositions générales, *que la loi n'a point d'effet rétroactif*, que *la loi oblige ceux qui habitent le territoire*, ne sont pas plus que la première du projet, propres et particulières à notre Code civil. Comme la première, elles sont communes à tous nos autres Codes faits et à faire ; et, telles qu'on nous les présente, elles devraient se trouver dans l'acte constitutionnel : elles s'adressent en effet aux législateurs bien plus qu'aux juges civils ; et essentiellement constitutives de toutes les lois, elles sont par conséquent essentiellement constitutionnelles. On ne pourrait les tolérer dans notre Code civil qu'autant qu'on en réduirait la portée, et qu'on les adapterait et rendrait propres à ce Code par une autre rédaction ; une rédaction diminutive, telle à peu près que la suivante :

« Les lois contenues dans ce Code ne recevront, comme « toutes les autres lois, aucun effet rétroactif.

« Et, comme toutes les autres lois, elles obligeront, en « vertu du droit des gens, les étrangers qui habiteront « notre territoire ainsi et de même que les nationaux. »

De toutes les dispositions contenues dans le projet qui nous occupe, celles des articles 4, 5 et 8, relatives aux actes et aux conventions, sont les seules qui, par leur nature, appartiennent au Code civil ; mais leur véritable place n'est pas à la tête de ce Code ; l'ordre, la série des idées les classent au livre des contrats, sous le titre, *dispositions générales*, où il faut les renvoyer, d'autant plus que, dans leur état d'imperfection, il serait impossible de les admettre.

ap. 3 L'article 4 porte, que *la forme des actes est réglée par les lois des pays où ils sont faits et passés.*

Cet article laisse d'abord à désirer une explication. De quels pays entendez-vous nous parler ? Est-ce des pays de la république ? La forme des pays de la république, pour les actes qu'on y passera, sera sans doute une comme elle. S'il ne s'agit, ainsi qu'on l'expose et qu'on aurait dû l'exprimer avec plus de clarté, que des actes passés en pays étrangers, alors l'article n'est qu'une déclaration, une reconnaissance formelle du droit des gens, érigée en règle générale ; mais cette règle générale a, comme toutes les autres, ses exceptions, dont il fallait l'accompagner, et dont on n'a pu la séparer sans danger.

Par exemple, de ce que les actes passés en pays étrangers ne sont soumis qu'aux formes prescrites par les lois de ces pays, validez-vous l'acte de mariage qu'un Français mineur irait faire exprès, sans le consentement de son père, dans les pays italiques régis par le concile de Trente, qui dispense de ce consentement, et anathématise même quiconque ose l'exiger ?

ap. 5 Dans l'article 5, c'est la maxime elle-même que j'attaque : la maxime est que *lorsque la loi, à raison des circonstances, aura réputé frauduleux certains actes, on ne sera pas admis à prouver qu'ils ont été faits sans fraude.*

La raison, et la justice sur lesquelles il faut fonder les lois, à peine de les voir crouler, enseignent précisément tout le contraire ; elles enseignent que la présomption doit toujours céder à la vérité, dont on ne doit jamais refuser la preuve surtout contre la présomption de fraude que les plus impérieuses circonstances peuvent seules faire proclamer.

S'il était vrai, ce qui n'est pas, que telle fut *l'hypothèse de la déclaration de 1702* (non de 1712), *qui annulait tous les transports faits dix jours avant une faillite,* il fallait la réaliser comme exception à la juste règle que j'oppose, et non faire de cette exception l'injuste règle que je combats. On a voulu rassurer le commerce, rien ne serait plus propre à l'alarmer que des maximes de cette espèce.

Pour ce qui est de l'article 8, qui défend *les conventions contraires à l'ordre public et aux bonnes mœurs*, cet article devrait défendre encore les conditions semblables apposées aux *legs* par les testamens, qui ne sont pas des conventions; et Andrieux vous a prouvé que cet article, traduit du latin, pourrait en être une meilleure traduction (a). Il est le dernier du projet. On me pardonnera de l'avoir transposé pour le discuter au N° 6, au lieu où la suite des choses le place, et où la discussion l'appelait.

Il me reste à vous entretenir des articles 6 et 7.

Ces deux articles, relatifs aux juges, ont pour objet de leur donner indirectement un caractère nouveau, celui d'arbitres d'équité dans le silence, l'obscurité ou l'insuffisance des lois positives, à la charge de n'en user que sur des cas particuliers.

C'est le pouvoir qu'avaient à Athènes l'aréopage, et à Rome le préteur, que cumulent encore aujourd'hui certaines cours d'Angleterre, et que cumulaient aussi avec le droit de réglement toutes nos cours de judicature avant la révolution.

Je reconnais que ce pouvoir est nécessaire, parce que la loi, qui se ressent de l'imperfection des hommes qui la font, n'a pas toujours tout prévu.

Puisque ce pouvoir est nécessaire, il doit exister quelque part.

Quand nous discutions notre constitution, on proposa d'attribuer au Sénat conservateur, érigé en jury d'équité, le jugement des cas que les tribunaux déclareraient n'avoir pu juger eux-mêmes faute de loi applicable, ou ne pouvoir juger que contre leur conscience aux termes de la loi.

(a) Voici celle de l'article : « On ne peut déroger par des conventions particulières aux lois qui intéressent l'ordre public et les bonnes mœurs. »

La proposition portait que le Sénat conservateur ne jugerait que sur le référé formel et indispensable d'un tribunal, et que ses arrêts d'équité seraient officiellement communiqués dans le mois à la législature, au Tribunat et au gouvernement, afin qu'ils pourvussent à l'avenir par la loi.

Cette proposition fut rejetée contre mon avis. Les articles 6 et 7 du projet qui nous est soumis la reproduisent pour les juges. Attribuerez-vous aux juges ce qu'on refusa d'attribuer au Sénat conservateur ? et l'attribuerez-vous sans frein, sans mesure, sans garantie, sans précaution, et par une espèce de détour honteux, anti-français, et indigne de la majesté législative, en disant que *le juge qui refusera de juger sous prétexte du silence, de l'obscurité ou de l'insuffisance de la loi, pourra être poursuivi comme coupable de déni de justice; mais qu'il lui est défendu de prononcer par voie de disposition générale et réglementaire ?*

Prenez garde que ces paroles enveloppées comprennent, sous les noms génériques de *loi* et de *juge*, les deux espèces de lois civiles et criminelles, et les deux espèces de juges civils et criminels. Elles confèrent par conséquent au juge criminel le pouvoir énorme d'absoudre et de punir arbitrairement.

L'autorité d'adoucir les peines reconnues trop rigoureuses par les tribunaux, et même de les remettre sur leur demande quand elles seraient injustement appliquées; ce droit limité de faire grâce pour l'accomplissement de la justice, qui aurait été si bien placé entre les mains d'un Sénat conservateur, ne saurait être abandonné, illimité, et à discrétion à cent tribunaux criminels ordinaires, et à tous ceux extraordinaires qu'on nous a donnés et qu'on voudra nous donner.

Combien moins peut-on leur abandonner encore, suivant le projet, la punition arbitraire des citoyens !

Il n'est pas nécessaire de punir quand la loi ne punit pas. Au criminel, l'obscurité, le silence et l'insuffisance de la loi, doivent s'interpréter pour l'accusé et l'affranchir de la peine.

Au civil, c'est autre chose. S'il n'est pas nécessaire de punir, à défaut de loi, il est toujours nécessaire de juger une contestation pendante que la loi faite ne termine pas, et que la loi à faire ne peut terminer, parce qu'elle ne peut avoir ou qu'on ne veut pas lui donner un effet rétroactif. Le pire serait de laisser subsister la contestation, qu'il faut étouffer pour la paix entre les citoyens. Il faut donc, au civil, recourir nécessairement au jugement d'équité.

Mon opinion personnelle est bien celle-là; mais elle ne serait pas de le commettre aux juges ordinaires. Mon opinion serait de le remettre à des arbitres nommés par eux.

Cependant, si l'on insistait pour que les juges le réunissent à l'exemple de Rome, de l'Angleterre et de la France monarchique, je demanderais qu'ils ne pussent jamais le confondre avec le jugement légal, ce qui aurait les plus grands inconvéniens.

La séparation si bonne est facile. Je voudrais que les juges fussent tenus de déclarer d'abord aux parties qu'il n'y a pas de loi, qu'elle est obscure ou insuffisante, et qu'à défaut, ils les jugeront d'après l'équité.

Je voudrais que le jugement d'équité ne pût se rendre que six jours après la signification sans appel et sans recours de cette déclaration; car, s'il y avait une loi que les juges ne connussent pas, ou qu'ils ne voulussent pas connaître, il faudrait bien qu'on eût le moyen de les empêcher de s'en écarter, de les forcer à l'appliquer. Dédaignez ces précautions, les juges ne trouveront jamais de loi claire. Il est plus commode de juger arbitrairement.

Enfin, je voudrais qu'on décidât si le jugement d'équité rendu serait, ou non, soumis comme les autres à l'appel et au recours, et qu'il fût toujours suivi d'une proposition obligée de loi pour faire cesser l'obscurité, ou combler la lacune de celle qui aurait produit comme nécessaire un tel jugement.

On a dit *qu'il y avait des juges avant qu'il y eût des lois* : cela est vrai ; mais on s'empressa de porter des lois qu'on imposa pour règles aux juges, afin de se préserver de l'arbitraire des jugemens. N'établissons pas que les juges pourront se passer de loi ; et lorsqu'il faudra le souffrir pour un cas présent, imprévu, que ce soit pour ce seul cas, et réglons à l'instant même les cas semblables futurs. Vous sentez que si les juges pouvaient se passer de loi, on se passerait bientôt de législateurs.

Tribuns, les articles 6 et 7 du projet, tels qu'on vous les offre, sont absolument inadmissibles en eux-mêmes, et considérés dans leur nature : vous trouverez qu'ainsi que les premiers du projet, ces articles si dangereux n'ont encore rien de particulier et de propre à notre Code civil, dans les préliminaires duquel on est tout surpris de les rencontrer. Ces articles appartiennent également à tous nos Codes, et font essentiellement partie des lois organiques ou réglementaires des dispositions de la constitution relatives aux juges ; ils sont même tout-à-fait additionnels à la constitution : car nos juges criminels et civils n'existent constitutionnellement que pour la seule et passive application des lois civiles et criminelles.

com. Qu'il me soit permis, en finissant, d'élever ici, pour ces deux articles 6 et 7, et pour les premier, second et troisième du projet, la question que tous les cinq font naître : la grande question de savoir si le corps législatif est autorisé à porter des lois constitutionnelles, et même des lois simplement organiques ou réglementaires de la constitution. Je sais bien que nous sommes en possession, depuis deux ans, de faire nos réglemens constitutionnels; mais je crois fermement aussi que c'est un abus qui crie, et qui, tôt ou tard, sera entendu et cessera : car un abus de ce genre ne prescrit jamais.

La constitution est la règle sacrée du législateur ; il ne peut pas plus y toucher que le juge ne peut toucher à la loi, qui est la sienne : et de même que celui-ci ne saurait faire, de l'aveu des auteurs du projet, les lois qui lui manquent, ni en développer d'obscures ou d'incomplètes par des réglemens généraux ; de même le législateur ne peut ni faire des dispositions constitutionnelles, ni faire des réglemens généraux constitutionnels. Si l'un et l'autre avaient ce pouvoir, il s'ensuivrait que l'un et l'autre seraient maître de sa règle, car ils pourraient sans cesse la modifier, la changer et s'en jouer, sous prétexte de l'éclaircir, de la compléter.

Il est évident que le pouvoir sur la loi ne peut appartenir qu'au législateur, et le pouvoir sur la constitution qu'à la magistrature constitutionnaire, au Sénat conservateur.

La distinction, la division du pouvoir constituant et du pouvoir législatif sont une découverte qui honore la fin du dix-huitième siècle, et qui est due entièrement à notre nation. Certes ! vous ne voulez ni y renoncer, ni violer le pacte de l'an VIII qui la consacre.

Ainsi, tribuns, quand le projet de loi qui vous est soumis ne contiendrait que des dispositions propres au Code civil, quand ces dispositions seraient toutes bonnes, bien à leur place et bien complètes, vous penseriez qu'il ne vous serait pas permis encore de l'adopter, attendu que, sur huit articles, cinq au moins se trouvent constitutionnels ou réglementaires de la constitution, et excèdent par conséquent votre pouvoir législatif.

Comment donc l'adopteriez-vous, lorsque les mêmes articles et les trois autres de ce projet dépouillé de ses définitions propres et nécessaires, se trouvent tout à la fois ou étrangers à ce Code, ou déplacés à son frontispice, et qu'ils sont en outre si incomplets et si pleins de vices, d'imperfections et de dangers ?

Vous ne pouvez que le rejeter.

On nous a donné à entendre qu'il est fâcheux de rejeter le premier projet de loi du Code civil. Je le sens; mais il serait bien plus fâcheux de l'admettre dans l'état où vous le voyez.

Un Code civil n'est pas une de ces lois urgentes et transitoires qu'on peut passer avec des défauts. C'est un monument à élever pour les siècles. Nous avons le temps, e notre devoir est de rendre le nôtre digne du siècle qui vien de commencer, et de la nation qui l'attend. Il ne faut épargner ni les peines ni les travaux. Exigeons toute la perfection dont l'ouvrage est susceptible, et dont ses auteurs sont si capables.

Jusqu'ici je n'hésite pas, mon vote est pour le rejet.

OPINION DU TRIBUN DÉMEUNIER,
POUR LE PROJET.

Tribuns, quel que puisse être le mérite du rapport de la commission, et du discours de l'orateur que vous venez d'entendre contre le *projet sur la publication, les effets e l'application des lois*, ils nous laissent à discuter un grand nombre de questions générales, qu'on ne paraît pas avoir jugées digne d'un examen approfondi, et que tout néanmoins invite à discuter avec attention. On s'est attaché aux détails du projet, et il est à regretter que le rapporteur n'ait pas employé son talent à en examiner les bases. Il a présenté des critiques justes en elles-mêmes, mais qui tiennent peut-être à un système inadmissible, lorsqu'il s'agit de la rédaction du Code civil, qui ne peut être fait en masse, qui doit être présenté en détail par l'autorité chargée de l'initiative de la loi, discuté aussi en détail par le Tribunat, définitivement adopté ou rejeté de la même manière par le Corps législatif, et dans lequel on pourra ensuite établir une classification plus exacte.

Dans une matière aussi grave, lorsqu'il est question de

la première loi du Code civil, attendu avec impatience par tous les Français; lorsque le gouvernement a chargé de l'esquisse de ce grand ouvrage des jurisconsultes renommés et justement recommandables; lorsqu'on a consulté le tribunal de cassation et tous les tribunaux d'appel de la République; lorsqu'on a invoqué les lumières de tous les citoyens; lorsqu'on a mûrement discuté au Conseil d'État; lorsque enfin, par un exemple qu'il est utile d'encourager, on a publié le résultat de cette discussion; tant de soins d'une part, en exigent de réciproques de la nôtre. Sans doute le pouvoir qui nous est délégué est indépendant; mais il s'exerce en public, et il exige de nous un zèle particulier. Au-dessus de toutes les autorités nationales, se trouve celle du peuple français, qui aujourd'hui ne se laisse point éblouir, qui juge les résultats, qu'on ne peut plus convaincre qu'avec de solides raisons, qui réprouve tout ce qui est inconvenant, et favorise tout ce qui est juste.

Dès les premières délibérations du Tribunat, vous avez senti, mes collègues, les difficultés particulières que devait éprouver la formation de la loi sous la constitution de l'an VIII. Permettez-moi de répéter ce qu'on vous disait alors, que, dans le cas où vous voteriez le rejet d'un projet de loi qui ne serait pas adopté par le Corps législatif, il serait important que le gouvernement, à qui appartient l'initiative de la loi, connût si vous en rejetez les principes, ou si vous n'en rejetez que les détails. Durant les deux premières sessions du Corps législatif, la discussion a suffisamment averti quelles étaient vos intentions; mais si les orateurs qui attaqueront le projet actuel, n'en discutent pas avec plus d'étendue les bases principales, ou bien s'ils les oublient tout-à-fait, il ne sera pas aisé de s'entendre, et votre sagesse calculera les suites de cette omission.

Au mois de nivose an VIII, vous avez ajourné un projet d'arrêté qui était ainsi conçu :

« Si le Tribunat, admettant le principe et l'ensemble « d'un projet de loi, y désire néanmoins soit des modifi- « cations de détail, soit des retranchemens, soit des dis- « positions supplémentaires, il émet son vœu par la for- « mule du rejet; mais l'assemblée détermine d'une manière « précise les modifications, retranchemens ou additions « qu'elle désire, et les orateurs chargés d'exposer et de « défendre devant le Corps législatif les motifs de son vœu, « sont tenus d'en rendre compte d'une manière formelle. »

Je ne viens pas reproduire ce projet d'arrêté; il serait d'une exécution trop difficile : mais l'esprit en est bon, et je pense qu'il doit surtout nous guider dans la discussion sur le Code civil.

Ces diverses considérations me déterminent à parler dans une question sur laquelle je ne m'étais point préparé : puisque tant d'orateurs inscrits contre le projet viennent appuyer l'avis unanime de votre commission, des raisons que d'ailleurs j'aurais jugées plausibles, me semblent faibles; et si je parais à cette tribune, c'est moins pour faire adopter le projet, dont, au reste, je voterai l'adoption, que pour le faire discuter aussi longuement qu'il sera possible.

Le projet embrasse des questions générales dont le rapporteur n'a pas dit un seul mot; mes observations auront pour but de les indiquer. J'en ajouterai ensuite quelques-unes sur les détails, sur les diverses objections, aussi de détail, qu'ont faites le rapporteur et le dernier opinant; et j'aurai occasion d'examiner si plusieurs de ces détails, que la commission voudrait renvoyer soit à la fin du Code, soit au Code judiciaire, soit au Code de commerce, c'est-à-dire à deux ou trois ans, ne devraient pas être établis le plus promptement possible, pour sortir bientôt d'un état de choses qui, d'après la législation actuelle, a toute sorte d'inconvéniens.

I. Parmi les questions générales que n'a pas traitées le

rapporteur, et dont cependant la discussion était convenable et même nécessaire, je citerai d'abord l'uniformité d'un délai général, de dix ou quinze jours, pour que la loi devienne obligatoire. On a fait des objections sans nombre sur le mode adopté par le projet, sur cette différence d'époques calculée d'après les distances des tribunaux d'appel. On n'a pas indiqué l'avis de la commission touchant la base préliminaire sur ce point. Le Conseil d'État a vu des inconvéniens dans un délai uniforme; ses raisons sont publiques, et, si vous n'êtes pas de cet avis, ne jugerez-vous pas utile de publier aussi les nôtres? Le rapporteur a rappelé d'un seul mot (et même, s'il me permet de le dire, pour commettre une erreur, en ce qui concerne l'affiche) la loi du 12 vendémiaire an IV, d'après laquelle se fait aujourd'hui la publication des lois. Pourquoi n'en a-t-il pas examiné le mode? Il est certainement défectueux, et les douze articles de cette loi, discutés avec sévérité, feraient aussi de l'impression.

L'article 11 est ainsi conçu : « En conséquence de la présente loi, il ne sera plus fait de publication de loi par « lecture publique, par réimpression ni *affiche*, ni à son « de trompe ou de tambour, en aucun département, aux « frais de la République, si ce n'est lorsque ces formalités « seront expressément ordonnées par un article de la loi. » Et (art. 12) : « Les lois et actes du Corps législatif obligeront, dans l'étendue de chaque département, du jour « auquel le bulletin officiel où ils seront contenus sera « distribué au chef-lieu du département. » Cette loi n'ordonne pas de dresser un procès-verbal, ou de consigner d'une manière authentique le jour de la réception de chaque bulletin des lois au chef-lieu du département : rien ne constate l'époque de l'arrivée, et l'on peut dire qu'elle est plus vague, et, sous tous les rapports, moins bonne que le projet présenté. La publication de la loi, et, par conséquent, son exécution, se trouvent aujourd'hui à la merci du ministre de la justice ; et j'indiquerai plus bas les suites d'un pareil ordre de choses. Cette question, plus difficile qu'on ne le pense, qu'on a résolue de trois ou quatre manières depuis le commencement de la révolution, sur laquelle presque tous les tribunaux d'appel ont donné leur avis, sur laquelle les premiers rédacteurs du Code ont eu un avis différent de celui du Conseil d'État, aurait mérité quelques phrases de la part de la commission. Il est peut-être du devoir des orateurs qui rejettent ce qui est présenté, d'indiquer le système qui leur paraît le meilleur. Quant à moi, je suis frappé du danger de tous les actes frauduleux, et de tous les autres abus que peut entraîner la fixation d'un délai uniforme, *particulièrement sous la constitution de l'an VIII, qui ne permet la promulgation que dix jours après le décret du Corps législatif ;* et malgré la simplicité de ce système, et la forme singulière sous laquelle se présente le système du projet, qui, au reste, serait suivi d'un règlement sur les distances, j'en adopterais le principe.

Plusieurs passages du rapport supposent que la loi peut être connue de tous les citoyens ; le Conseil d'État a pensé qu'il n'est aucun moyen de donner cette connaissance à chaque individu, et que dans tous les systèmes on sera forcé de se contenter ici d'une présomption. Le rapport n'a pas discuté non plus ce point général. Il a paru désirer la publication et l'affiche dans toutes les communes ; mais il était d'autant plus utile de discuter ce système, que l'affiche dans les communes n'a pas lieu maintenant, ainsi que vous venez de le voir. Je ne dirai point que l'axiome théologique, *semper excusat ignorantia invincibilis*, applicable à ce qu'on nomme le *for intérieur*, n'est pas bien placé dans une discussion sur le Code civil, car il ne se trouve plus dans l'imprimé du rapport ; mais on y parle encore, en deux endroits, de l'*ignorance invincible ;* et cet axiome, en latin ou en français, prouve trop. N'est-il pas évident, en effet, que, même avec la publication et l'affiche, dans les communes, un grand nombre de citoyens pourraient encore faire valoir leur *ignorance invincible?* La publication et l'affiche, dans toutes les communes, ne me paraissent pas nécessaires ; et si l'on pense autrement, il ne serait pas sans utilité de déduire les motifs de cette opinion. J'avoue que le rapport a discuté une des bases du projet, celle qui concerne la transcription des lois sur les registres des tribunaux : il a donné des raisons fortes contre le système du Conseil d'État et du gouvernement, qui n'ont pas été d'avis de cette transcription ; et voulant moins combattre le rapporteur qu'appeler de nouvelles lumières sur cette question et sur toutes les autres, je présenterai aussi mon opinion. En principe, la loi a toute sa force, elle est, par conséquent, exécutoire, sans l'intervention des tribunaux. C'est moins le souvenir de l'usurpation des parlemens, et de quelques tribunaux de l'ancien régime, que la nature même des pouvoirs, qui doit écarter la transcription sur les registres des autorités judiciaires, laquelle, au surplus, n'a point lieu dans le mode actuel : car la loi du 12 vendémiaire an IV, qui charge le ministre de la justice d'envoyer le bulletin des lois aux présidens des tribunaux et aux juges-de-paix, ne parle en aucune manière de leur transcription. On peut même dire qu'elle n'a eu lieu que peu de mois depuis 1789 ; car, si la première loi sur cette matière, celle du 16 août 1790, ordonna cette transcription, bientôt après, la constitution de 1791 n'ordonna plus que de *consigner* les lois dans les registres des tribunaux, c'est-à-dire d'y réunir des exemplaires imprimés et authentiques de la loi. Dans le mode projeté, cela se ferait encore, et les tribunaux continueraient à recevoir le bulletin.

Le projet de loi établit les juges en certains cas *ministres d'équité.* Ils pourront être poursuivis comme coupables de déni de justice, s'ils refusent de juger sous prétexte du silence, de l'obscurité ou de l'insuffisance de la loi (art. 6). C'est un nouveau système qui supprime tous *les référés*, qui fixe un point contesté, qui, à mon avis, réforme un abus que les événemens de la révolution ont fort augmenté, qui rend aux tribunaux le caractère qui leur est propre, et qu'ils n'auraient jamais dû perdre. Ce système, sur lequel les tribunaux d'appel de Montpellier, de Lyon et de Rouen ont fait des observations d'un grand poids, mérite d'être discuté au Tribunat. S'il est bon, ne faut-il pas l'établir tout de suite ? et lorsque, sans l'examiner, on s'est contenté de dire qu'il faut le renvoyer au Code judiciaire, dans cette opinion même, ne devait-on pas dire nettement si on l'adopte, ou si on le rejette ?

La solution de ce point, qui n'a pas été entamée, faisait tomber plusieurs objections de détail, qui se sont accumulées dans le rapport. En effet, si vous voulez que les juges soient des ministres d'équité, dans le sens du projet, ne faut-il pas établir des principes généraux, ou des maximes universelles, auxquelles ils puissent, par des conséquences rigoureuses, ou des inductions moins évidentes, rattacher les cas particuliers ?

com. On nous a dit que le projet qui vous est soumis n'est pas une introduction digne du Code civil. Avant d'indiquer les questions générales qu'il convient d'examiner ici, je remarquerai qu'il est peu étendu, qu'il n'a rien d'imposant, mais que, lorsque le Code sera terminé, avant de numéroter les articles dans une seule et même série, on pourra y ajouter d'autres dispositions générales ; et, afin de répondre à l'objection dans les deux sens, placer quelques articles, et même, si l'on veut, tous les articles, dans les portions du Code civil ou du Code judiciaire qu'on leur assigne. Pour venir maintenant aux questions générales, le tribunal d'appel de Rouen ne voudrait ni introduction, ni livre du droit et des lois : ce n'est donc pas une chose si simple de dire en peu de mots que le projet n'est pas une *introduction digne du Code civil*, car avant tout il faut convenir de la nécessité de donner au Code civil une introduction imposante.

Dans le système du rapport, il ne peut s'agir que des dispositions générales, législatives; mais on ne nous a point dit l'étendue qu'on voudrait leur donner, quels objets elles doivent comprendre. Le premier projet de Code qui nous a été distribué contenait un livre préliminaire du *droit et des lois*, en trente-neuf articles; on y trouvait des définitions générales du droit, et la division des lois qu'on a retranchées. Sont-ce ces définitions générales et ces divisions que regrette la commission ? C'est une autre question sur laquelle on ne nous a rien dit. L'exposé des motifs a justifié ce retranchement. A mon avis, il a dit avec justesse que ces objets sont la part de *la science* et non de la législation. Quelques personnes ne le pensent pas ainsi. Je suppose que le projet de loi soit rejeté au Corps législatif; si l'on ne discute point cette question au Tribunat, comment le gouvernement pourra-t-il connaître notre opinion, se rendre à nos raisons, ou les combattre, si on ne les donne pas? Plusieurs tribunaux d'appel ont été d'avis de ce retranchement, et ont motivé leur opinion. Cette circonstance n'ajoutera-t-elle pas au petit embarras qui résulterait de notre silence?

La commission voudrait-elle que le projet de Code fût, comme les *institutes* de Justinien, réduit aux principes généraux du droit, et que le développement et les détails se trouvassent dans des lois particulières, à peu près comme ils le sont dans le Code et le digeste du droit romain? Ce système me semblerait mauvais; mais, d'après les objections qu'on a faites, il serait à désirer que cette question n'eût pas été oubliée dans *le premier rapport sur le projet de Code civil français.*

Enfin, c'est encore une question générale de savoir si ce qui concerne la publication des lois doit former une loi particulière. Le rapport l'a dit sans le prouver, et il est à souhaiter aussi que cet objet ne soit pas omis dans la discussion.

com. II. Je passe aux détails, et d'abord permettez-moi, tribuns, d'appeler votre attention sur cette question bien simple : si le projet contient, pour le présent, des dispositions très-utiles, faut-il donc les renvoyer à la fin du Code? car vous savez que chacune de ses parties sera promulguée sans attendre les autres.

Voici une première observation qui paraît incontestable. Un Code civil n'est pas un ouvrage de littérature. Peut-on espérer sérieusement que la rédaction et la classification des articles ne laisseront rien à désirer? Ne disputerait-on pas des années entières sur l'exactitude plus ou moins rigoureuse de la classification, et sur la perfection plus ou moins grande du style? Faut-il le dire (en demandant toutefois qu'on donne à cette remarque son véritable sens)? la noblesse, l'élégance et la précision du style sont bien désirables dans les lois; elles conviendraient à la grandeur et aux lumières du peuple français : mais il ne faut pas mettre trop de prix à cet avantage, et l'on ne doit compter que sur les grands écrivains pour cette partie de la gloire nationale. Que les lois soient bonnes, même avec quelques vices de rédaction, voilà tout ce que demande le peuple français. Plusieurs nations ont trouvé le bonheur dans des lois sages, quoique assez mal rédigées; et puisse la France en avoir désormais de bonnes, dussent-elles être rédigées imparfaitement! Si l'on nous présente des systèmes de législation vicieux en eux-mêmes, si des articles d'une loi particulière blessent la justice ou l'intérêt des citoyens et des habitans de la France, s'ils tendent à l'usurpation de la part de l'un des pouvoirs publics, il faut les attaquer avec courage, et les rejeter impitoyablement; mais s'ils sont justes et utiles, examinez, tribuns, si nous devons être d'une sévérité ombrageuse sur quelques détails de édaction, et attendre un degré de perfection qui est trop difficile, surtout dans un ordre de choses où le Code civil doit être rédigé et discuté pièce à pièce, si je puis me servir de cette expression, par plusieurs corps très-nombreux.

Lorsqu'on examine chacun des articles de la loi, on n'est point frappé de la majeure partie des objections du rapporteur. J'ai déjà indiqué les deux questions générales que contient l'article premier; celle du délai uniforme pour rendre le délai obligatoire, et celle de la transcription sur les registres des tribunaux. Quelque système que l'on puisse adopter, j'ai dit que jamais la loi ne sera connue de tous les citoyens, ou habitans de la France : j'ajouterai ici que l'argument tiré de l'*ignorance invincible* se rétorque contre le système actuel de la publication, et contre tout autre qu'on pourrait présenter. Et ces objections de détail qu'on nous a faites sur la nécessité de dater désormais l'heure des actes et des enregistremens, sont-elles justes? si elles le sont, ne le sont-elles pas aussi à l'égard du système actuel et de tous les autres systèmes? N'est-il pas évident que la date de promulgation par le Premier Consul sera celle du jour et non de l'heure où il la signera? Cette différence entre l'époque où la loi sera obligatoire à Auxerre, éloigné de Paris de quarante lieues anciennes, et Rouen, qui n'est éloigné de Paris que de vingt-huit, est exacte ; mais dans le système d'un délai uniforme, cette différence ne sera-t-elle pas bien plus choquante et bien plus dangereuse, puisque la loi ne serait obligatoire à Paris que vingt-cinq jours après qu'elle y serait connue, et qu'elle le serait souvent dans les Pyrénées, le jour même où les citoyens en entendraient parler pour la première fois? Aime-t-on mieux le système actuel, qui présenterait encore une bien autre différence, si le ministre de la justice avait de la négligence ou de la mauvaise volonté, ou même si le bulletin des lois, destiné à Rouen, par exemple, était oublié dans ses bureaux? Cet article premier suppose un réglement qui détermine la distance des lieux où siègent les tribunaux d'appel ; c'est ce qu'on paraît craindre : mais est-il rien de plus réglementaire que cette détermination ? Quel danger aurait-elle, et est-il possible de croire que jamais le gouvernement se permette d'en abuser ? Au reste, l'article premier est susceptible d'une objection qui n'a pas été faite. C'est du *siége du gouvernement,* qui peut changer, qu'on doit compter le point de départ, et il eût été préférable de le dire, au lieu d'employer le mot *Paris.* Mais une telle rectification pourrait avoir lieu au besoin, et cette faute seule ne serait pas un motif de rejet.

2 Sur l'article 2, qui établit que la loi n'a point d'effet rétroactif, on nous dit, c'est un principe de droit, c'est une règle du législateur : soit ; mais ce principe a été bien oublié : je désire que, pour l'exemple, et en réparation de nos écarts, il prenne le caractère de loi, et qu'il se trouve dans le Code. Les tribunaux ont assez long-temps appliqué des lois rétroactives ; et je souhaite qu'ils soient affranchis le plus tôt possible de la pénible inquiétude d'en voir publier de nouvelles, ou d'avoir peut-être à juger encore contre ce principe de droit et contre cette règle de législation.

3 J'ai trouvé, je l'avoue, minutieuse et inexacte la critique de l'article 3, qui est ainsi conçu : « La loi oblige ceux « qui habitent le territoire. » On a dit : elle n'oblige donc pas ceux qui n'habitent point le territoire ? Non. Cette disposition seule ne les obligerait pas ; mais les Français que la loi oblige hors du territoire seront assujétis par une disposition particulière du Code. On a dit encore : cette disposition est fausse, puisqu'elle n'oblige pas les ministres et les ambassadeurs des puissances étrangères qui habitent le territoire. Mais n'y a-t-il donc pas, dans tous les Codes du monde, et dans toutes les lois que pourront rédiger les peuples par la suite, n'y aura-t-il donc pas des dispositions générales détachées des exceptions, ou des additions à la règle commune ?

Sur l'art. 4 qui s'exprime en ces termes : « La forme des « actes est réglée par les lois du pays dans lequel ils sont « faits ou passés ; » on a dit d'abord, c'est une maxime de droit qui n'est pas contestée. On va voir que, d'après les dispositions du second projet, il est nécessaire de la convertir en loi. On a dit ensuite, la rédaction en est bien vicieuse. Oui, si vous ne voulez tenir aucun compte des articles numérotés 17 et 19 du second projet : ceux-ci établissent « qu'un étranger, s'il est trouvé en France, pourra « être traduit devant les tribunaux de France, pour les « obligations par lui contractées en pays étranger envers « des Français, et réciproquement, qu'un Français pourra « être traduit devant un tribunal de France pour des obli« gations par lui contractées en pays étranger, même avec « un étranger. » Il faut bien que le Code détermine la nature des preuves dans ces deux cas. D'après l'article du projet que nous examinons, les tribunaux français admettront les actes rédigés en Angleterre ou en Russie, par exemple, s'ils le sont dans la forme réglée par la loi de celui des deux pays où ils auront été faits et passés. Cette explication fait tomber la critique qu'il a essuyée, et lui donne un peu plus de sens qu'on ne lui en suppose. Si on avait présenté ici le développement qui se trouvera ensuite, vous auriez pu demander pourquoi ce développement n'est pas mieux classé. Il est du moins permis de le penser, car cet article ne vous paraît pas à sa place, et vous la lui assignez au titre des *personnes*. Ne serait-il pas juste de parler un peu moins de la classification, qui ne peut être arrêtée maintenant? Si la disposition est bonne, adoptez-la bientôt; car si le second projet devient une loi, il ne doit pas l'attendre longtemps : quand le Code sera terminé, on la placera mieux. Telle est, depuis 1789, la méthode qu'a établie la force des choses, et si l'on s'en écarte, sera-t-il aisé d'achever le Code civil ?

La critique qu'on a faite de l'article 5 ne me paraît pas

plus solide. Voici l'article : « Lorsque la loi, à raison des
« circonstances, aura réputé frauduleux certains actes,
« on ne sera pas admis à prouver qu'ils ont été faits sans
« fraude. »

Ce qui est étonnant, ajoute le rapport, « c'est de trouver
« dans la première loi du Code civil un article qui, d'après
« l'exposé même des motifs, ne se rapporte qu'au cas par-
« ticulier d'un acte fait dans les dix jours qui précèdent la
« faillite; acte qui est déclaré nul par la déclaration du
« 18 novembre 1702. » L'exposé des motifs n'a fait que donner un exemple; et assurément ce n'est pas le seul cas que
comprenne l'article. La disposition qu'il contient est beaucoup plus étendue qu'on ne l'a dit. Non, ce n'est pas un
article à renvoyer au Code de commerce, titre des *faillites*,
ou au Code judiciaire, titre des *preuves*; c'est une grande
et vaste règle de droit, applicable à une infinité de circonstances, et il y a lieu de la croire nécessaire à l'action
journalière des tribunaux. J'omets sur cet article une autre
critique bien légère. La loi, a-t-on dit, ne *répute* pas des
actes frauduleux, elle les déclare *nuls*. Je ne sais par quelle
autorité on veut faire que ce qui est n'existe pas. Cent lois,
dans nos Codes et dans tous les autres, ont dit que des
actes faits dans de certaines circonstances seraient *réputés*
frauduleux. La conséquence, sans doute, est qu'ils sont
nuls; mais il est impossible de comprendre cette objection
sous le rapport de la grammaire, ni lorsqu'on l'examine
d'après les axiomes des jurisconsultes. Je laisse à d'autres
le soin de répondre au préopinant, qui attaque le fond de
l'article, et qui prétend qu'aucune loi ne doit réputer des
actes frauduleux.

4-5 Sur les articles 6 et 7, qui établissent en certains cas les
juges ministres d'équité, et qui leur prescrivent des devoirs, « votre commission, dit le rapporteur, observe seu-
« lement qu'ils ne sont pas à leur place, et qu'ils doivent
« être renvoyés au Code judiciaire. » J'ai déjà discuté ce

qui regarde cette classification, qui n'est que provisoire, et dont on a peut-être beaucoup trop parlé : je n'ajouterai qu'un mot. On semble donc convenir que les juges doivent être, en certains cas, des ministres d'équité, et cet aveu détruit un grand nombre d'objections qu'a faites la commission elle-même contre le projet. Si l'on trouve bon ce système, dont j'ai indiqué plus haut les avantages, il est difficile de comprendre pourquoi l'on veut renvoyer cette amélioration à une époque reculée. Avant de terminer ce qui regarde cet article, je dois, en réponse au préopinant, observer ici que l'article 6 n'a aucun rapport aux juges criminels, et qu'il est de principe que les tribunaux criminels ne peuvent prononcer de peines dans l'absence de la loi.

Enfin, les objections du rapport contre l'article 8 n'offrent-elles pas de contradiction ? Il est ainsi conçu : « On « ne peut déroger par des conventions particulières aux « lois qui intéressent l'ordre public et les bonnes mœurs. » Cette rédaction, nous a dit le rapporteur, *manque de précision et de clarté : qu'est-ce qu'intéresser l'ordre public et les bonnes mœurs ?* Les tribunaux le diront en public et dans un jugement motivé; et le tribunal de cassation, régulateur suprême en cette matière, maintiendra ou annullera leurs jugemens. « Ces expressions, a-t-on ajouté, ne sont pas « assez précises pour entrer dans la rédaction d'une loi. » Le rapporteur sera embarrassé de dire, après cette critique, pourquoi il cite lui-même, à cette occasion, la loi romaine, liv. 6 du Code *de pactis*, qui s'exprime ainsi : « *Pacta quæ* « *contra leges constitutionesque, vel* BONOS MORES *fiunt, nullam* « *vim habere indubitati juris est.* » Il est donc constant que cette disposition a fait la matière d'une loi romaine, et le rapporteur indique lui-même cette loi.

Je ne veux point faire le tableau de notre législation civile actuelle : que tant de fautes et de mauvaises lois soient ensevelies à jamais dans un profond, dans un éternel oubli ! Mais je crains ce qui pourrait entraver ou éloigner la réforme du Code. Notre devoir est de combattre les projets qui nous sembleront défectueux, mais discutons-les avec soin; examinons toujours les bases avant les détails. En rejetant une disposition, que chacun de nous indique la disposition qu'il voudrait y substituer : c'est la seule manière efficace d'éclairer l'opinion, et d'avertir le gouvernement. Si j'ose le répéter, ne comptons pas sur une perfection à laquelle les hommes ne peuvent atteindre en matière de législation, et dans l'espérance du mieux, ne laissons pas échapper le bien qui nous est offert. Je vous prie, tribuns, de rendre justice à la pureté de mes intentions : je n'ai pas balancé à remplir un devoir pénible; je n'ai pas craint de présenter des observations rédigées à la hâte, et trop imparfaites pour être résumées.

Quoique le projet qui vous est soumis laisse beaucoup à désirer, il peut s'améliorer avant la fin du Code, et j'en adopte les principes. C'est contre le mode de publication déterminé par le premier article qu'on a fait le plus d'objections. Tel qu'il est, mais avec le réglement qui doit l'accompagner, et qui n'excède pas les pouvoirs du gouvernement, je l'aime autant, je le préfère de beaucoup à un délai uniforme de dix ou quinze jours après la promulgation. On s'est mépris sur des dispositions qu'on a regardées comme insignifiantes; les critiques sur la rédaction me paraissent légères; aucune des objections qu'on a faites sur la classification des articles ne me semble grave : ce projet contient des dispositions utiles et sages que je désire de voir établir promptement, et dans l'état actuel de la discussion, j'en vote l'adoption.

OPINION DU TRIBUN LUDOT,
POUR LE PROJET.

Tribuns, tout législateur appelé à réformer les lois de son pays consultera avec soin les changemens opérés dans l'esprit, les mœurs, les usages de ses habitans; il n'oubliera pas les circonstances dans lesquelles il se trouve placé, et la nature du gouvernement établi; enfin, également en garde contre les innovations dangéreuses et les abus consacrés par les préjugés ou de longues habitudes, il ne voudra de résultats que ceux avoués par l'expérience ou la raison.

Tel a, ce me semble, été le plan des rédacteurs du Code civil, plan qu'ils ont exécuté en très-grande partie.

Pour remplir ce but, les rédacteurs n'ont pas dédaigné de recourir aux lois romaines, à notre ancien droit, et à des projets de Code présentés, il y a quelques années, par des jurisconsultes habiles.

Mais ils ont senti qu'il ne fallait pas s'asservir de trop près à des méthodes reçues.

La nature des choses ne le permettait pas. Ils ne pouvaient douter que l'état de guerre dans lequel gémissait encore la France quand ils entreprirent leur travail, cesserait bientôt; qu'ainsi il fallait placer à la tête de leur ouvrage quelques dispositions fondées sur notre état politique, et nos rapports commerciaux avec les peuples qui nous environnent.

Convaincus, d'ailleurs, par l'expérience de l'impossibilité d'appliquer littéralement les lois en administration comme en matière de justice distributive, ils ont cherché à prévenir toute exécution impraticable ou arbitraire : ils ont en conséquence posé des principes généraux sur la nécessité, la manière de faire cette application.

Le droit des peuples anciens et modernes leur servait à cet égard de modèle.

Les tribunaux français ont applaudi au travail des commissaires.

Le gouvernement paraît en avoir adopté les bases.

Un mérite particulier de ce travail consiste dans la précision des idées.

Le gouvernement semble vouloir imprimer à la législation un caractère encore plus précis.

C'est au moins ce qu'on peut présumer du premier projet de loi soumis à la discussion.

Voyons si ce projet mérite la critique qu'on en a faite.

Dans un état où les lois se multiplient, et dont l'exécution devient par là même embarrassante, un des premiers soin du législateur doit être de faciliter cette exécution.

Il faut que la loi, pour devenir réellement obligatoire soit réputée connue de tous ceux qu'elle oblige.

C'est un principe de droit positif que la seule raison invoquerait, s'il n'était établi (a).

La difficulté consiste dans le moyen de régulariser cette exécution, ou, si l'on veut, de transmettre aux administrés la connaissance de la loi, et de fixer l'instant où elle lie les citoyens.

Il est inutile de rappeler ce qui se pratiquait anciennement à ce sujet. Les anciennes cours judiciaires, qui avaient la prétention de participer à la formation de la loi, délibéraient avant de l'enregistrer. Elles n'existent plus, et les tribunaux qui se permettraient aujourd'hui d'arrêter ou de suspendre l'exécution de la loi, se rendraient coupables de forfaiture.

Depuis la révolution, on a imaginé plusieurs modes de publication des lois.

Deux seulement ont été mis à exécution.

L'assemblée constituante, qui établit le premier, voulu que les lois émanées d'elle fussent adressées aux autorités administratives et judiciaires; qu'elles fussent consignées dans leurs registres, lues, publiées et affichées dans leurs départemens et ressorts respectifs.

La mesure était toute politique.

(a) Leges sacratissimæ quæ constringunt hominum vitas, intelligi ab omnibus debent, ut universi præscripto earum manifestiùs cognito, vel inhibita declinent, vel permissa sectentur. *Codicis* lib. 1 t. 14, *de legibus*.

La Convention donna quelque chose à l'économie.

Elle substitua au premier mode, abusif sous plus d'un rapport, celui de l'envoi d'un bulletin des lois, et supprima leur publication par lecture publique, réimpression et affiche.

Quelques lois seulement conservèrent leur première forme de publication; mais l'exception ne fut réservée qu'à un petit nombre, et une disposition expresse de toute loi de ce genre dut en contenir la mention.

Ainsi la règle fut générale.

Mais ce qu'il est essentiel d'observer, c'est que la loi du 12 vendémiaire an IV, qui prescrit ce mode, et les divers systèmes qui tendent à le remplacer, n'ont d'autre but que d'assigner l'époque où les lois deviendront obligatoires pour les administrés, et susceptibles d'être appliquées par les administrations et par les tribunaux; encore cette loi ne l'a-t-elle pas atteint, comme on va le voir.

L'article 12 rend obligatoires, pour les administrés, les lois et actes du Corps législatif, dans l'étendue de chaque département, du jour auquel le bulletin officiel où ils sont contenus est distribué au chef-lieu du département.

Les administrateurs peuvent, sans contredit, lire dans cette disposition la règle qu'ils ont à suivre pour exécuter la loi.

Il n'en est pas ainsi des juges : car, si les lois leur sont adressées ainsi qu'aux administrations, rien ne les oblige à en faire l'application aux contestations qui leur sont soumises, avant que ces lois aient été présentées à l'audience, ou seulement après qu'il y en a été fait mention.

Mais les administrés ! qu'on m'apprenne comment cette loi leur fait connaître, soit la disposition des lois en général, soit l'instant où cette disposition les lie, puisque l'envoi en est secret, et que le registre où l'arrivée de chaque loi est certifiée reste déposé aux archives de l'administration.

Quelle est surtout leur perplexité, s'ils ont à requérir ou

à craindre l'application de ces lois sous le rapport judiciaire, puisque les juges eux-mêmes ne connaissent pas d'une manière précise leurs obligations !

L'abus est effrayant, car il prend sa source dans les premiers tribunaux, et s'étend jusqu'au tribunal de cassation.

Que résulte-t-il de là principalement ? c'est que la loi du 12 vendémiaire an IV a manqué son but, comme je viens de l'observer, en laissant ignorer aux administrés l'instant où la loi arrive au chef-lieu de département, et par conséquent les lie en laissant les juges libres d'appliquer ou de ne pas appliquer telle loi, même lorsqu'elle leur est connue par l'enregistrement au chef-lieu du département, si elle ne leur a pas été présentée à l'audience ! de sorte que cette loi, obligatoire pour eux comme citoyens, ne l'est pas comme juges.

Qu'en résulte-t-il encore ? c'est qu'évidemment la Convention n'a pas entendu que ce mode fût pour les administrés un moyen de connaître les dispositions des lois.

Ne serait-il pas étrange, en effet, qu'elle eût dit aux citoyens : Vous serez liés par les lois aussitôt leur publication, parce qu'elle vous fera connaître leurs dispositions ; et que néanmoins, par un correctif, elle se fût réservé le droit de donner à cette publication l'apparence du mystère ?

Une telle intention dans la publication des lois n'eût-elle pas rappelé celle de cet empereur romain, qui, pour multiplier les infracteurs de ses édits, les faisait afficher, en caractères illisibles, sur des poteaux fort élevés dans la place publique ?

Voilà pourtant le mode de publication que la commission regrette et préfère au nouveau qu'on propose, en attachant de plus au premier l'idée qu'il inculque aux citoyens la notion de leurs devoirs.

Ne nous le dissimulons pas, la Convention, qui sentait que, d'après la division du Corps législatif en deux conseils, la discussion des lois serait en général plus lente, plus approfondie, plus solennelle qu'auparavant, avait bien prévu que la publication des débats du Corps législatif serait, plus que tout autre, propre à transmettre aux Français la connaissance des lois de la République.

On conçoit d'ailleurs, dans cette hypothèse, que la connaissance des lois est encore plus facile à acquérir d'après le mode actuel de leur formation ainsi que de leur promulgation, puisque celle-ci ne doit être faite aujourd'hui que le dixième jour après la loi rendue; tandis qu'anciennement cette promulgation entraînait tout au plus un délai de deux jours. Aussi ceux qui désirent un autre mode de publication des lois que celui prescrit par la loi du 12 vendémiaire an IV raisonnent dans le même sens; puisque, par l'effet de chacun de ces modes, l'envoi aux autorités administratives et judiciaires n'en restera pas moins secret.

Il reste donc à peu près avoué par tout le monde que la publication des lois n'a d'autre objet que d'avertir les citoyens de l'instant où elles deviennent obligatoires pour eux.

Ce point de fait établi, convenait-il de substituer au mode actuel de publication des lois, évidemment vicieux, un autre mode de publication uniforme en quelque sorte, et tel, que toute loi, d'après un délai révolu depuis sa promulgation, devînt obligatoire au même instant pour tous les Français?

Ce mode n'eût pas été sans avantage; il eût offert le spectacle imposant d'une exécution simultanée de la loi dans toutes les parties de la France; mais la réflexion y fit remarquer plusieurs inconvéniens qui le firent écarter.

Il est de fait qu'il s'écoule assez ordinairement près de vingt jours entre la proposition d'une loi un peu importante et son adoption.

Si l'on eût accueilli la proposition ci-dessus énoncée, il eût fallu environ quinze jours encore avant que la loi fût susceptible d'exécution.

Ainsi l'on eût langui plus d'un mois dans l'attente d'une

loi, tandis que l'utilité publique eût appelé beaucoup plus tôt son effet.

Le mal eût été fâcheux en matière civile, et plus fâcheux encore en matière criminelle ou de police.

C'eût été contredire le principe de l'existence de toute loi, qui veut qu'on en fasse jouir la société aussitôt que ses dispositions sont dans le cas d'être connues.

En un mot, on eût pu craindre que, sous le prétexte de discuter des questions politiques ou de droit, l'imprudence ou l'intrigue n'eussent attaqué les lois dans l'intervalle de leur adoption à celui de leur publication, et qu'il ne se fût élevé hors du Tribunat une discussion dont l'effet inévitable eût été d'ôter aux lois cette considération, ce respect qui doivent les environner.

N'avez-vous pas vu récemment la différence des opinions sur un principe de droit public inhérent à la nature du gouvernement, et reconnu par la presque totalité des premiers tribunaux de France, exciter néanmoins des débats polémiques, et mettre la raison aux prises avec la conscience?

On a donc cru devoir se fixer sur le mode de publication consigné dans le projet de loi qu'on discute.

On ne peut contester qu'il a l'avantage de faire jouir de la loi, sans retard, les administrés; de la rendre respectivement obligatoire pour eux et pour les agens d'exécution au même instant; de ne laisser aucun prétexte à l'ignorance sur le moment précis où cette obligation sera imposée, et de prévenir l'abus retracé plus haut à l'égard des juges et des justiciables.

Rien n'annonce d'ailleurs que le Bulletin des lois sera supprimé, ou que le gouvernement négligera d'instruire les administrations et les tribunaux de leurs devoirs.

Cette dernière présomption surtout est inadmissible.

La marche du législateur, alors conforme à celle de la nature, l'est aussi aux usages de tous les temps et de tous les pays, quand les hommes ont voulu communiquer entre eux.

Serait-il vrai, néanmoins, qu'il en résultât de graves inconvéniens, comme on a prétendu l'insinuer?

D'après ce mode de publication, a-t-on dit, la loi sera donc obligatoire aux extrémités du tribunal d'appel établi à Paris, c'est-à-dire à une distance d'environ quarante lieues, dans trente-six heures après la promulgation ; tandis qu'il faudra un délai plus long pour que le même effet soit acquis dans le département de la Seine-Inférieure, c'est-à-dire à une distance plus rapprochée.

Quand cela serait, la différence, dans ce cas, se borne à quelques heures : vaut-elle bien dès-lors le soin d'une objection? Cette objection, au reste, s'applique dans son développement à tous les systèmes de publications de lois, si l'on en excepte celui qui tend à les rendre obligatoires au même instant pour la République. Mais ce système n'est pas celui de la commission, et elle n'est pas d'accord avec elle-même, quand d'un côté elle se plaint de ce que l'habitant du nord de la France et celui de l'est ne seront pas liés en même temps par la même loi ; et que de l'autre, elle préfère au nouveau mode de publication des lois, l'ancien, auquel l'inconvénient en question est attaché.

Mais si les communications entre divers départemens de la France, a-t-on encore objecté, sont coupées soit par l'invasion de l'ennemi, soit par des inondations ?

Dans ce cas, je le demande à ceux qui font l'objection, comment ferait-on parvenir le Bulletin des lois? Pourrait-on même, dans toute autre hypothèse, faire connaître la loi?

Il ne faut pas supposer des cas où toute exécution est impraticable, pour en argumenter contre une mesure qui, sous ce rapport, est dans la même catégorie que toutes les autres, et exiger l'impossible.

Quant à la difficulté d'exécution de ce mode, elle est imaginaire.

Admettez que le délai pour rendre la loi obligatoire sera réglé par un nombre d'heures déterminé sur la quantité des myriamètres à franchir de Paris aux différens chefs-lieux des tribunaux, et vous supposez nécessairement que la promulgation se fera à une heure désignée, et que pour éviter tout incident sur les fractions de myriamètres, les distances relatives des lieux à parcourir seront officiellement fixées. Ce soin regarde le gouvernement.

Ce n'est point, au reste, une supposition à établir; le procès-verbal des séances du Conseil d'État vous apprend qu'on doit y pourvoir par un réglement.

Ces détails de pure exécution devaient-ils en effet entrer dans la composition d'une loi?

Qu'après tout, ce nouveau mode ait trouvé des contradicteurs malgré son utilité, il ne faut pas s'en étonner!

De vingt-sept tribunaux consultés sur le projet de Code civil, dix seulement ont approuvé tacitement l'opinion des commissaires relativement à la publication des lois; car ils ne l'ont point combattue.

Dix-sept ont attaqué le principe, ou l'ont trouvé funeste dans ses conséquences. Les motifs de leur opinion sont connus; il serait inutile de les reproduire.

On se rappellera seulement qu'ils diffèrent presque tous les uns des autres.

Parmi les opposans, plusieurs eussent été de l'avis des rédacteurs du Code; mais la peine attachée au défaut de publication de la loi dans un délai donné les effraya, et la mesure fut jugée inconvenante.

Quels qu'aient été les motifs de ces craintes, le projet actuel les écarte.

Si, malgré les réflexions dont il vient d'être le sujet, on ne le trouvait pas admissible, parce qu'il pourrait présenter quelques inconvéniens, qu'on veuille bien faire attention qu'il n'est pas de loi qui, considérée sous quelques rapports particuliers, soit à l'abri de la censure.

Mais, puisqu'on met au mode de publication des lois une importance qui ne me paraît pas devoir y être attachée, qu'il me soit permis de comparer le projet qu'il s'agit d'adopter avec ce qui se pratique dans un état voisin du nôtre, où la formation des lois n'est pas sans analogie avec celles de la République!

Du moment où le prince a donné sa sanction à un bill du parlement, il acquiert la force de statut ou d'acte de ce parlement; on le dépose aux archives de l'État, et, à la différence des édits des empereurs romains, dont l'effet était subordonné à la publication, les statuts ou les actes du parlement anglais ne sont sujets à aucune promulgation réelle.

On n'en a pas cru la formalité nécessaire, dit le célèbre publiciste qui en rend compte, parce que la loi présume que tout individu a pris part à la discussion du parlement, et en a voté les actes par l'organe de ses représentans.

Cet usage s'observe depuis environ trois siècles (a).

Peut-il, d'après cette analyse, rester quelque doute sur l'utilité de la mesure qui vous est proposée ? Et si la question présente un problème assez difficile à résoudre, comme l'ont observé les juges de Rennes, et le ferait penser la diversité des opinions qu'elle a produites, le mode qui offre un résultat plus simple, moins dispendieux et plus certain que les précédens, ne l'a-t-il pas résolue ?

L'article 2 du projet, qui veut que la loi ne soit obligatoire qu'à dater de sa promulgation, et qui rejette toute idée de rétroactivité dans ses dispositions ou dans leur application, n'a pas besoin d'être justifié.

La loi, porte l'article 3, oblige ceux qui habitent le territoire.

(a) When a bill has received the royal assent, it is then a statute or act of parliament.

This statute or act is placed among the records of the kingdom, there needing no formal promulgation to give it the force of a law, as was necessary by the civil law with regard to the Emperor's edicts, because every man in England is in judgment of law party to making an act of parliament, being present thereat by his representatives.

Blackstone, *liv.* 1, *ch.* 2, § 6.

Les lois, a dit Montesquieu, demandent que tout homme soit soumis aux tribunaux criminels et civils du pays où il est, et à l'animadversion du souverain.

Ouvrez le Code, et vous y lisez :

Omnes legibus regantur, etiamsi ad divinam domum pertineant.

Cette disposition est donc évidemment un principe de droit politique consacré par la raison et les plus célèbres publicistes (a), qui n'admet d'exception qu'à l'égard des envoyés des puissances étrangères.

Eh bien ! imaginerait-on qu'un principe aussi incontestable a été attaqué ? On l'a considéré comme une loi absolue ; et sous le prétexte qu'il n'est ici question que de ceux qui habitent le territoire, sans faire mention de leurs biens, ou de ceux qui, fixés sur le territoire, en sont momentanément absens, on a trouvé l'assertion inexacte. Peut-être n'y a-t-il d'inexact que l'objection, qui force mal à propos le sens des choses.

ap. 3   Suivant l'article 4, la forme des actes est réglée par les lois du pays dans lequel ils sont faits ou passés (b).

On a dit que cet article avait pour but de rassurer le commerce, en lui garantissant la validité des actes dans lesquels on avait suivi les formes reçues dans les divers pays où ces actes pouvaient avoir été faits et passés.

Peut-être cette déclaration devrait suffire ; mais je prie ceux qui pourraient désirer un plus grand développement, de se rappeler que, suivant notre ancienne jurisprudence, la forme des contrats se réglait par les lois et les usages des lieux où ils étaient passés.

Ce principe s'appliquait surtout aux affaires de commerce, pour la décision desquelles les juges avaient souvent recours aux parères ou aux actes de notoriété qui constataient ces usages.

Il s'appliquait en particulier aux lettres de change,

(a) *Codicis* lib. I, tit. 14.—Vattel, tom. I, pag. 140.—Montesquieu, lib. 26, ch. 21.
(b) Ricard, Savary.

à leurs diverses échéances, et à la forme des protêts, qui variait à l'infini.

Aussi l'ordonnance de 1667, qui peut bien faire autorité dans cette matière, où d'ailleurs il était impossible d'assigner des règles uniformes, prescrivant quelques dispositions relatives à la forme des conventions entre particuliers, déclara-t-elle ne rien innover en ce qui concernait les affaires de commerce.

Que d'ailleurs on veuille bien réfléchir aux rapports qui existent entre le droit des gens et le droit civil propre à chaque peuple, on sentira que les relations plus ou moins fortes entre des états qui se sont unis par des traités d'alliance ou de commerce, entraînent nécessairement des relations d'intérêt entre les administrés.

N'est-il pas naturel alors de suivre, pour la forme de leurs conventions, les usages du pays où on les fait, puisqu'on ne peut se dissimuler qu'elles sont partout assujéties, par les lois ou les usages, à des règles qui varient suivant les lieux et les gouvernemens ?

Enfin, si l'on ne perd pas de vue qu'une disposition de loi ne peut être séparée de son objet, et qu'ici la législation tend à favoriser le commerce, l'article que j'analyse ne peut être apprécié d'après des rapports purement civils, et doit être adopté.

L'article 5 est conçu dans les mêmes vues. ap. 5

Lorsque la loi, y est-il dit, aura réputé frauduleux certains actes, à raison des circonstances où ils auront été rédigés, on ne sera point admis à prouver qu'ils ont été faits sans fraude (a).

On sait qu'en cas de faillite, l'ordonnance de 1673 déclare nulle toute aliénation de meubles ou d'immeubles faite en fraude des créanciers.

(a) Pacta conventa quæ neque dolo malo, neque adversùs leges, plebiscita, senatus consulta, edicta principum, neque quo fraus cui eorum fiat, facta erunt, servabo. (*Digestorum* lib. 2, tit. 14.—Id. *Codicis* lib. 1, tit. 14 : De eo quod est contra legem vel in fraudem legis.)

Un édit de 1609 portait à peu près les mêmes dispositions.

Des déclarations subséquentes les ont confirmées, et les tribunaux de commerce ont constamment prononcé d'après ce principe.

Ce serait donc innover que de s'en écarter.

Il y a plus : c'est que si l'on pouvait, sous un prétexte quelconque, avoir la faculté d'établir que tel acte, contraire à la loi par ses dispositions littérales, n'y est pas contraire néanmoins par l'esprit qui l'a dicté, ce singulier genre de preuve paralyserait par le fait même la volonté du législateur.

La loi renfermerait en elle-même le principe de sa destruction.

L'article dont il s'agit a voulu prévenir cet abus, en même temps qu'il a voulu mettre fin à la mauvaise foi de quelques commerçans ; ses dispositions, au reste, sont presque entièrement calquées sur celles de notre ancien droit et du droit romain. (*Loi* 5 *du Code.*)

L'expérience de plusieurs siècles en a démontré l'utilité.

L'article 6 donne la faculté de prendre à partie le juge qui refusera de juger, sous prétexte du silence, de l'obscurité ou de l'insuffisance de la loi.

Cet article paraît, au premier coup-d'œil, laisser au juge la faculté de prononcer à son gré sur les intérêts des justiciables ; mais un peu de réflexion fera sentir que de deux inconvéniens graves, celui de laisser le cours de la justice suspendu, ou d'abandonner quelque chose à la conscience du juge, il valait mieux souffrir le dernier que l'autre.

On n'ignore pas que les plus habiles législateurs n'ont posé que des principes généraux sur les matières qui se reproduisent le plus souvent dans le cours de la vie, et que la plupart des cas prévus par la loi ne sont pas ceux que présentent à décider les contestations portées devant les tribunaux. Ils en diffèrent par des nuances plus ou moins fortes : autrement, et si la loi pouvait clairement s'appliquer à tous les motifs de débats entre les membres de la même société, il n'y aurait pas de procès.

Le devoir du juge alors est de discerner le vrai sens de la loi, de consulter l'objet pour lequel on l'a faite, l'époque où elle fut rendue, les circonstances qui l'ont fait rendre, enfin l'ensemble de ses dispositions, et de les appliquer avec intégrité.

S'il pense y trouver de l'obscurité, s'il croit y remarquer des lacunes, il doit se déterminer d'après la raison naturelle (a).

C'est, disent les publicistes et les jurisconsultes, une sorte de loi tacite.

Préférerait-on à cette mesure celle de renvoyer au pouvoir législatif l'interprétation des lois, d'en faire ainsi un tribunal de référé, et de dénaturer ses attributions ?

Sans se reporter aux abus effrayans dont furent cause les rescripts des derniers empereurs romains, nos assemblées représentatives n'ont-elles pas donné quelques-uns de ces exemples fâcheux ?

N'avons-nous pas vu un petit nombre d'armateurs puissans agiter, il y a quelques années, le Corps législatif, pour donner à la loi du 29 nivose an VI, sur la course maritime, une exécution forcée, et vouloir le contraindre à décider un procès important entre eux et les neutres, parce que le tribunal de cassation n'avait pas cru pouvoir prendre sur lui de le juger ?

Il ne faut pas supposer gratuitement des juges prévaricateurs.

S'ils se trompent, ils seront réformés.

(a) Neque leges, neque senatusconsulta, ita scribi possunt, ut omnes casus qui quandòque inciderent comprehendantur; sed sufficit, et ea quæ plerumque accidunt contineri ;..... et cum in aliquâ causâ sententia eorum manifesta est, is qui jurisdictioni præest, ad similia procedere : atque ita jus dicere debet. (Lib. I, dig. tit. 5, *de leg.*)

S'ils jugent contre les dispositions de la loi, leur décision sera annulée.

Il serait difficile d'ajouter à ces garanties.

C'est ainsi qu'on en use en Angleterre : tous les tribunaux sans exception sont obligés de régler leurs décisions sur le droit positif, ou sur la chose jugée, quand ils sont applicables à la contestation à décider. Hors cette hypothèse, les juges ne se déterminent que d'après leur conscience et l'équité.

Mais ce qui prouve jusqu'à quel point ce principe universel est puisé dans la nature des choses, c'est qu'il est avoué par les plus grands publicistes.

Cicéron et Blackstone, Grotius et Puffendorf lui ont rendu successivement hommage (a).

Quelques opinions particulières en opposition à ces principes, ne sont-elles pas bien contre-balancées par les autorités que je viens d'invoquer ?

Parmi ces opinions, il en est une sans contredit bien respectable : c'est celle de l'assemblée constituante, qui craignit l'arbitraire des juges, et leur enjoignit de s'adresser au Corps législatif, toutes les fois qu'ils croiraient nécessaire, soit d'interpréter une loi, soit d'en faire une nouvelle.

Mais il faut prendre garde à la situation dans laquelle se trouvait placée cette assemblée. Elle pouvait craindre de voir paralyser ses intentions par des magistrats dont rien ne lui garantissait l'attachement au nouvel ordre de choses qui s'élevait.

Au fait, qu'en résulta-t-il ? C'est que l'assemblée elle-même, emportée par la multitude des travaux qui l'occupaient, abandonna l'interprétation des lois à son comité de constitution, dont les décisions se multiplièrent bientôt

---

(a) Cicéron, *de legibus*, liv. 3 ; Blackstone, *Introduction des lois*, § 2, liv. 3, ch. 27 ; Grotius, *de æquitate*, etc.; Puffendorf, *De la loi en général*, liv. I, chap. 6.

d'une manière tellement abusive, qu'il fallut y mettre un terme.

Depuis, n'a-t-on pas vu les tribunaux accabler de référés le tribunal de cassation et les assemblées législatives, pour les difficultés les plus légères dans la décision des procès, et paralyser ainsi le cours de la justice?

Enfin, la considération politique qui dicta le décret en question n'existe plus ; on ne peut donc opposer la mesure qui fut prise alors à la disposition de loi qu'il s'agit d'adopter aujourd'hui.

L'article 7, qui défend aux juges de prononcer, sur les causes qui leur sont soumises, par voie de disposition générale et réglementaire, est une conséquence de la nature de notre gouvernement et du pouvoir judiciaire.

La formation de la loi appartient exclusivement à la puissance législative.

Les juges chargés de l'appliquer aux contestations des particuliers, dont la connaissance leur est attribuée, excéderaient les limites de leurs fonctions, si, prononçant sur les différens des citoyens entre eux, leur décision tendait, sous quelque rapport que ce fût, à obliger d'autres justiciables que ceux sur l'intérêt desquels ils prononcent.

Le pouvoir des juges ne serait plus ce qu'il doit être, une émanation du pouvoir exécutif, mais une superfétation du pouvoir législatif.

Les tribunaux réuniraient alors le double droit de faire des lois et de les appliquer ; monstruosité qu'on n'a vu exister que dans un très-petit nombre de gouvernemens despotiques, et que l'article en question veut prévenir.

Ce serait en outre, ainsi que je l'ai déjà observé, un cas de forfaiture prévu par l'article 644 du Code des délits et des peines.

Enfin, l'article 8 veut qu'on ne puisse, par des conventions particulières, déroger aux lois qui intéressent l'ordre public et les bonnes mœurs.

On n'a point oublié la distinction qui existe, dans tout gouvernement policé, entre les diverses espèces de lois qui constituent sa législation.

Les unes, dont l'objet intéresse la police d'un état en général plus que les particuliers entre eux, appartiennent au droit public.

Les autres sont du ressort du droit privé.

Rien n'empêche sans doute qu'on ne déroge à certaines dispositions de lois du dernier ordre, parce que les lois purement civiles n'étant établies que pour l'utilité des particuliers, il est permis aux contractans de ne pas s'y conformer, toutes les fois qu'elles ne sont pas absolument impératives.

Ainsi, sous le premier point de vue, la législation qui permettait à l'un des conjoints par mariage de renoncer à la communauté de biens dans les localités de la France où elle était établie, qui ne s'opposait pas à ce qu'on assimilât aux meubles une partie des propres, pour la faire entrer dans cette communauté, et qui tolérait d'autres stipulations du même genre, pourra le tolérer encore.

Mais tout état bien ordonné ne souffrira pas qu'on agisse en contradiction avec aucune des lois du premier ordre.

Ainsi, sous ce second point de vue, la législation n'attribuera pas d'effets civils au mariage que des motifs religieux feraient célébrer exclusivement devant un ministre du culte catholique; elle ne permettra pas qu'on rappelle dans un acte des qualifications abolies, qu'on y stipule des choses contraires à la nature du gouvernement.

C'est dans ce sens que plusieurs dispositions des lois romaines, réputaient nulle toute convention contraire aux lois.

C'est encore dans ce sens que toutes les législations se sont accordées pour proscrire les conventions contraires aux bonnes mœurs (a).

(a) Pacta quæ contra leges vel contra bonos mores fiunt, nullam vim habere, indubitati juris est.

Les lois, essentiellement conservatrices des mœurs, ne peuvent consacrer l'immoralité.

Chacun des articles du projet de loi que je viens d'analyser est donc fondé sur le droit romain, ou sur notre ancien droit, ou sur le sentiment des premiers publicistes, ou enfin sur la nature de notre gouvernement.

Notre état politique, nos usages et nos mœurs ne permettaient guère d'adopter un autre système.

On eût voulu que ce système fût plus rapproché de la méthode des lois anciennes !

On a surtout paru surpris de voir placées dans un projet de loi civile quelques dispositions relatives au commerce.

L'ordonnance de 1667, qu'on a invoquée, ne contient-elle pas un exemple semblable, puisqu'elle a tracé quelques règles relatives à l'instruction des procès entre négocians, quoique sa destination particulière ait eu pour principal objet d'organiser la marche des contestations civiles?

Devait-on donc s'astreindre, dans la rédaction du nouveau Code, à des formes trop serviles? et fallait-il sacrifier à une vaine méthode des vues politiques dont il est si facile d'apprécier l'utilité?

Consultez, d'ailleurs, et notre ancien droit et le droit de la plupart des gouvernemens européens; il sera facile de se convaincre que, s'ils sont en grande partie composés du droit romain, on ne s'est pas, dans leur formation, rigoureusement astreint aux divisions marquées dans les Institutes, le Digeste et le Code.

On y verra que, raisonnant d'après la nature des choses, les législateurs n'ont pu se renfermer strictement dans les principes du droit civil proprement dit, quand ils ont établi le Code civil du pays dont ils formaient la législation; mais qu'aux dispositions de lois exclusivement pro-

(Dig. lib. 2, tit. 14, cod. ff. 2, t. 3, l. *de pactis*, etc. — Pothier, *Traité des obligations*, tom. I, chap. I, § 1, art. 3.)

pres aux habitans de ces pays, dans leurs relations respectives, ils ont été forcés d'ajouter d'autres dispositions que nécessitaient leurs rapports avec les étrangers, sans rechercher si cette portion de leurs lois appartenait au droit naturel ou au droit des gens, ou plutôt persuadés que l'application des principes abstraits devait être constamment subordonnée à la situation politique et aux besoins de l'État.

Au reste, si l'on pouvait considérer comme une innovation la disposition du projet qui a trait aux affaires de commerce, l'innovation ne serait-elle pas trop utile, pour que le Tribunat pût y refuser son assentiment ?

Le projet de Code civil, publié il y a quelques mois, a été généralement approuvé dans son ensemble ; cependant attaqué dans beaucoup de parties, s'il eût fallu déférer aux modifications multipliées qu'on a proposé d'y faire, le travail primitif serait méconnaissable.

Cette réflexion ne serait-elle pas applicable au projet que nous discutons ?

Ce projet m'a paru sage et concis dans ses dispositions. J'en vote l'adoption.

OPINION DU TRIBUN THIESSÉ,
CONTRE LE PROJET.

Tribuns, le peuple français, en déléguant le pouvoir législatif dans les deux constitutions de 1791 et de l'an III, avait consacré une formule, à laquelle seule il devait reconnaître que la loi émanait de l'autorité qu'il avait établie.

Cette formule se divisait en deux parties. Dans la première était l'intitulé de la loi, qui constatait qu'elle avait été formée par le concours des corps politiques institués pour la décréter.

La seconde consacrait, dans des termes invariables,

l'ordre que donnait le pouvoir exécutif de la faire publier et exécuter dans tout le territoire de la France.

Ces deux parties constituaient ce que nous appelons la formule de la *promulgation* des lois.

L'intervalle qui sépare le 18 brumaire du 4 nivose an VIII ayant été marqué par un gouvernement provisoire, il fallut modifier la formule consacrée par la constitution de l'an III, et promulguer au nom des *Consuls* ce qui l'avait été avant au nom du Directoire.

Là se bornait toute modification, parce que la source du pouvoir émanant toujours du peuple, on continua d'intituler les lois : *Au nom de la République française.*

Il y a bien cependant une addition qu'on trouve, non pas à la fin de toutes, mais de quelques-unes des lois publiées à cette époque; c'est à la suite de la promulgation des *Consuls : Au nom de la République française;* une autre promulgation du ministre de la justice : *Au nom des Consuls de la République* (a); mais cette addition, dont on a fait usage quatre fois seulement, prouve par cela même qu'elle n'est due qu'à la précipitation, aux embarras, à l'incertitude qui marquent toujours le passage d'une forme de gouvernement à une autre.

Par la constitution de l'an VIII, qui délègue le pouvoir législatif au gouvernement, au Tribunat et au Corps législatif, la formule de la promulgation des lois n'a pas été consacrée pour la suppléer.

Le Tribunat a arrêté une formule qui constate qu'il a concouru à la formation de la loi, qu'il y a concouru de la manière dont l'a voulu la constitution (b).

Le Corps législatif, de son côté, a également consacré une formule qui constate qu'il a décrété la loi, qu'il l'a décrétée aussi dans les formes constitutionnelles (c).

(a) Voyez les bulletins, n° 324, 327, 333, 354.
(b) Voyez l'article 42 du règlement du Tribunat, du 27 nivose an VIII.
(c) Voyez les articles 35 et 36 du Corps législatif, du 27 nivose an VIII

Enfin, le gouvernement a pris aussi un arrêté sous ce titre : *Formule pour la promulgation des lois,* dans laquelle il mentionne en substance le concours du Tribunat et du Corps législatif (a).

Ces trois sections du pouvoir législatif avaient le droit de rédiger des formules qui constataient qu'ils avaient concouru à la formation de la loi. Mais mieux eût valu, sans doute, qu'au lieu de rédiger chacun la sienne, les trois élémens du pouvoir législatif réunis en eussent décrété une qui leur eût été commune. Par ce concours se serait formée une loi qui aurait déterminé ce qui était de l'essence et des formes de la promulgation des lois.

Nous disons que cela eût mieux valu, parce qu'en principe les trois arrêtés isolés ne liant pas réciproquement les trois corps élémentaires du pouvoir législatif, chacun pouvait réciproquement les méconnaître : et c'est ce qui est arrivé.

La formule adoptée par le Tribunat, insérée dans chaque procès-verbal, qui constatait l'émission de son vœu, n'a point été incorporée dans celui par lequel le Corps législatif décrétait la loi, et la formule du Corps législatif, incorporée dans chaque loi qu'il décrétait, était retranchée du corps de la loi par le gouvernement, qui pourtant l'avait laissé subsister dans les cinq premières qu'il a promulguées (b).

Il résulte de cette exposition, que la formule arrêtée par le gouvernement est la seule qui maintenant soit incorporée dans les lois, à partir de la loi du 8 pluviose an VIII, dans le troisième bulletin (c), sous le n° 19.

Il est vrai que, pour suppléer, en quelque sorte, dans la loi, l'omission de la formule adoptée par le Tribunat, le Corps législatif rappelle dans la sienne que la discussion a eu lieu

---

(a) Voyez le bulletin 44, n° 306.
(b) Voyez les cinq premières lois dans les bulletins 1 et 2 : la dernière est à la date du 26 nivose an VIII.
(c) Voyez le bulletin 6, n° 19.

conformément à la constitution, et que le gouvernement, en retranchant l'une et l'autre, fait aussi mention que le projet a été communiqué au Tribunat, et que le Corps législatif l'a décrété.

Mais pourtant il faut reconnaître qu'il y a dans cet ordre de choses une espèce d'irrégularité. En effet, la loi étant formée définitivement par le décret du Corps législatif, qui intitule loi ce qui d'abord n'était intitulé que projet, il semble que cette loi devrait être imprimée et promulguée telle qu'elle sort des mains du Corps législatif; il semble que, dans un acte de ce caractère, nulle omission, nulle modification, soit dans l'essence, soit dans les formes, soit dans les termes consacrés par la formule, ne peuvent avoir lieu sans quelque inconvénient; n'y eût-il que celui qui résulte de la certification *conforme* du ministre de la justice, qui pèche ainsi contre l'exactitude.

Ce qui précède servira peut-être à faire sentir ce que doit être une loi sur la promulgation, sur l'envoi, sur la publication des lois.

Il n'est pas besoin de rappeler que chaque loi doit faire mention, en titre du pouvoir qui l'a décrétée, de l'autorité au nom de laquelle elle est proclamée, et enfin du nom du magistrat qui, la proclamant, donne l'ordre de la publier et de la faire exécuter.

Ce ne sont pas seulement les principes de nos constitutions modernes qui le veulent ainsi; elles ont cela de commun avec ce qui s'observait en France, avant elles, et avec ce qui s'observe dans tous les états de l'Europe.

Mais la formule qui contient ces trois choses, de qui doit-elle émaner? Les deux précédentes constitutions avaient décidé que ce serait du peuple lui-même; parce que, déléguant à des corps politiques le droit de faire la loi, il paraissait avant tout nécessaire de leur tracer les signes auxquels il consentait de la reconnaître.

La constitution de l'an VIII n'a pas pris cette précaution ; mais par cela seul qu'elle établit trois élémens à concourir à la formation de la loi, elle appelle ces trois élémens à la rédaction d'une formule qui doit leur être commune.

Les termes de cette formule doivent être rédigés de telle sorte, qu'on y voie toujours que toutes les branches du pouvoir législatif ont concouru à l'émission de chaque loi, qu'elles y ont concouru dans les formes déterminées par la constitution.

Elle doit être invariable, cette formule, parce que, tant que le pouvoir législatif n'est modifié, ni dans son essence, ni dans ses formes, la formule qui constate sa présence ne peut jamais cesser d'être la même.

Elle doit être exclusive, parce que, dans l'ordre politique, nul acte, ne pouvant être comparé à la loi; ne peut par conséquent être promulgué avec les formes législatives qui appartiennent seulement à celle-ci.

Si ce n'était pas la loi, mais le gouvernement qui rédigeât seul cette formule, le plus grave inconvénient qui en résulterait, ce serait d'admettre une branche du pouvoir à certifier seule la présence des deux autres. C'est comme participant à la législation que nous envisageons ici le gouvernement.

Si nous l'envisagions comme pouvoir exécutif, il le pourrait moins encore, puisque la constitution lui donnant, sous ce rapport, le pouvoir de faire des réglemens pour l'exécution des lois, il faut que les lois précèdent ces réglemens ; il faut donc avant tout faire une loi sur la promulgation des lois.

Je parle ici dans les principes du gouvernement lui-même, et à cet égard on peut lire une délibération du Conseil d'État du 5 pluviose an VIII.

Il s'agissait de savoir si la loi serait loi, du jour où elle serait décrétée par le Corps législatif, ou si au contraire elle ne prendrait date que du jour de sa promulgation.

La section de législation, consultée sur cette question, disait (a) :

« La promulgation est nécessaire, sans doute, mais seu-
« lement pour faire connaître la loi, pour la faire exécuter :
« c'est la première condition, le premier moyen de son
« exécution ; et voilà pourquoi elle appartient au pouvoir
« exécutif. Le gouvernement a une part à la législation,
« mais seulement par la proposition de la loi ; et quand il
« la promulgue, ce n'est plus comme partie intégrante du
« pouvoir législatif, mais seulement comme pouvoir dis-
« tinct et séparé, comme pouvoir exécutif; et il faut bien
« se garder de confondre cette promulgation avec la sanc-
« tion que le roi constitutionnel avait en 1791, ou avec
« l'acceptation que le Conseil des Anciens avait par la
« constitution de l'an III. Cette sanction et cette accepta-
« tion étaient parties nécessaires de la formation de la loi,
« et ne ressemblaient en rien à la promulgation. Aussi la
« loi datait-elle, en 1791, du jour de la sanction, et, sous
« la constitution de l'an III, du jour de l'acceptation par
« les Anciens, et non du jour de sa promulgation, soit par
« le roi constitutionnel, soit par le Directoire exécutif.

« Ainsi, sous la constitution actuelle, elle doit dater du
« jour de son émission par le Corps législatif, *dernière con-*
« *dition essentielle à sa formation.* »

Ces motifs, approuvés par le Conseil d'État, furent adoptés ensuite par le Premier Consul.

Ce n'est donc pas comme participant à la législation, mais comme pouvoir exécutif, que le Premier Consul promulgue les lois : or, rien de ce qui fait partie intégrante des lois ne peut y être incorporé sans le consentement des trois branches du pouvoir législatif. S'il en était autrement, il s'ensuivrait qu'il faudrait retrancher de suite du Code des délits les peines prononcées contre les ministres qui revê-

(a) Voyez le bulletin 6, n° 37—5 pluviose.

tiraient des formes de promulgation législative des actes non décrétés ; parce que, si la formule de promulgation de la loi cessait d'être une loi, sa violation ou son emploi dans d'autres actes cesserait d'être un délit.

Je n'ai plus qu'une observation à faire sur ce point. Si le gouvernement réglait par des arrêtés la formule de la promulgation, comme il l'aurait réglée sans le concours du pouvoir législatif, il pourrait sans son concours aussi la changer ou la modifier ; or, les lois seraient aujourd'hui publiées sous telle forme, et demain sous telle autre. Les motifs de ces changemens seraient même inconnus au peuple français : car le gouvernement n'est pas assujéti à publier les arrêtés qu'il prend. Et pour citer à cet égard un exemple qui ne soit pas étranger à la matière, on peut vérifier que l'arrêté du 29 nivose an VIII, qui consacre la formule de la promulgation des lois, n'a été rendu public qu'au mois de vendémaire an IX (a) : en sorte que le public a ignoré, pendant neuf mois, non seulement la cause, mais l'acte qui changeait la forme de la promulgation des lois ; car, je le répète, les cinq premières lois de la session de l'an VIII ont été publiées toutes entières : ce n'est que dans les autres qu'on a omis la partie intégrante de la loi qu'y insérait et qu'y insère encore le Corps législatif.

Je conclus de tout ceci que le projet qui nous est présenté ne consacrant aucune formule de promulgation, il doit par cela seul être rejeté.

Cette omission n'est pas la seule ; on n'y voit pas davantage que les lois seront adressées aux administrations, qu'elles le seront aux tribunaux : en sorte que nous ignorons si on les y enverra en effet, si l'envoi aura un caractère officiel. Il est difficile de se faire à l'idée d'ordonner à un juge de prononcer conformément à la loi, sans contracter avec lui l'obligation, avant tout, de la lui remettre.

(a) Voyez le bulletin 44, n° 306.

DE LA PUBLICATION DES LOIS.

On craint, dit-on, les anciens abus de l'enregistrement, nés de la nécessité d'adresser autrefois les édits dans les cours; mais on ne considère ni les temps ni les personnes. Qu'y a-t-il de commun entre les moyens de résistance de nos tribunaux et ceux de ces grandes corporations judiciaires qui, réunissant à de vastes propriétés les prérogatives féodales, ajoutaient encore au droit de vie et de mort qu'ils avaient sur les sujets du monarque, la prétention de partager la puissance législative. La résistance de ceux-ci ébranlait l'état jusque dans ses fondemens; ceux-là, au contraire, ont besoin de tout l'appui du gouvernement. C'est de leur consistance, de leur dignité, qu'il faut s'occuper; et je ne sache pas qu'en leur ôtant jusqu'au moyen de lire publiquement la loi à leurs audiences, on augmente par là le sentiment de la considération profonde dont ils devraient jouir pour prix de leurs pénibles et honorables travaux.

Ces deux omissions du projet, le défaut de formule de promulgation, le défaut d'envoi des lois dans les tribunaux, sont, à mon sens, les principales, quant aux dispositions de détail, qui seraient la suite nécessaire de ces deux principales dispositions, et qui, par conséquent, sont omises aussi. On peut consulter la loi du 3 novembre 1790, qui contient les trois parties de la promulgation, de l'envoi et de la publication des lois; elle est un modèle en ce genre, sauf le principe pourtant qu'on y avait adopté de faire publier les lois jusque dans les municipalités. Si, sur ce point, la loi offre un excès, le projet nous offre l'excès contraire. La première voulait que les lois fussent publiées partout; celui-ci dispense de les publier nulle part. Je pencherais, au milieu de ces deux excès, pour la disposition de la loi du 12 vendémiaire an IV, qui déclare exécutoires les lois du jour où elles sont publiées dans chaque chef-lieu de département. Ce tempérament me semble fondé sur la nature de notre législation et sur le caractère officiel qu'on doit donner à l'exécution de la loi. Par la nature de notre législation, la proposition publique de la loi, sa discussion préliminaire, son émission solennelle, l'emploi de l'imprimerie pour la faire circuler d'une manière uniforme à la vérité, mais réelle, sur tous les points de la France, doivent rassurer sur la crainte qu'elle soit ignorée. Avec de pareils moyens, ce ne serait pas la connaissance, mais l'ignorance de la loi, qui serait une fiction.

Il faut convenir cependant que, quelque étendue, quelque réelle que fût la connaissance de la loi par ces moyens de publicité préliminaires, cela ne suffirait pas : avant d'en faire l'obligation de tous, avant d'ordonner aux juges d'en faire la règle de leurs jugemens, il faut lui imprimer les caractères de fixité, de solennité qui lui conviennent. Si la loi n'était pas adressée aux tribunaux d'une manière officielle, caractéristique, et digne d'eux; si, à leur tour, ils ne la publiaient pas pour qu'elle devînt, à une époque fixe, la règle de l'obéissance des citoyens, les uns et les autres ne trouveraient plus la source du pouvoir auquel ils obéissent que dans l'authenticité des gazettes.

Je n'ai plus qu'une observation à faire sur le premier article du projet.

Par la constitution, les lois sont publiées le dixième jour après leur émission. La promulgation se fera selon ce principe. Mais comme la promulgation est un fait, comme le projet la confond avec la publication, et que désormais ce ne serait plus qu'une seule et même chose, il s'ensuit que ce fait sera constaté pour chaque loi par un acte qui fera mention de l'heure de cette publication unique : cela est nécessaire, puisque les effets de la publication se feront ressentir, non pas jour par jour, mais heure par heure. Or, comme à toute heure il s'ouvre des successions; comme les lois sur les déchéances, sur les prohibitions, auront leur terme, non pas à l'expiration d'une journée, mais à la fin d'une heure marquée, il s'ensuit que, pour distinguer ce qui est légitime d'avec ce qui ne l'est plus, il faudra, de tous les points de la France, se procurer le procès-verbal de publication de chaque loi pour en connaître la date; car on ne voit pas que ce procès-verbal doive être ni imprimé, ni envoyé aux tribunaux, ni publié en manière quelconque, pour devenir, non pas simplement l'instruction, mais la règle de tous.

On a dit que le délai d'exécution ne commencerait à courir qu'à l'expiration de la dernière heure du dixième jour. Ce n'est là qu'une conjecture et non pas une disposition du projet : en le supposant, la promulgation ne serait plus un fait; elle serait supposée par un principe, à moins qu'on ne s'asservît à promulguer chaque loi à minuit. Autant vaudrait qu'on déclarât qu'il n'y aura pas de promulgation, et qu'en ajoutant une fiction de plus, on la réputât faite à la fin de la dernière heure du dixième jour.

Restent les sept maximes générales qui terminent le projet.

Les examiner toutes, et fixer seulement les conséquences les plus immédiates qu'on peut en tirer, serait, à mon sens, un travail assez long pour fournir plusieurs volumes. Il n'y a guère qu'une opinion sur le danger de légaliser les maximes générales, et nous devons rendre grâces au gouvernement de ce que, dès la première séance du Conseil d'État, il les a reléguées dans le domaine de l'enseignement.

En effet, si la science du droit elle-même, en nous traçant des règles générales, les a toutes modifiées par celle-ci, qu'il n'y a pas de règle sans exception, comment oser débuter par des règles générales dont les exceptions ne sont pas encore posées? Ce n'est que quand la loi est complète qu'on peut savoir ce qu'est la règle, ce que sont les exceptions; avant cela, vous donnez au juge, contre votre intention, le droit de confondre l'une et l'autre. Mais, alors même que la règle et l'exception seraient chacune mises à leur place, les maximes générales en seraient-elles plus utiles ou moins dangereuses ? Je ne le crois pas, parce que l'expression de la généralité ne renfermant pas les exeptions, elle semble les exclure, et alors elle devient fausse ; elle est inutile, parce que, quand le principe et l'exception sont posés dans la loi, la loi apprend, d'une manière exacte et détaillée, ce que la maxime ensuite ne pourrait plus vous redire que confusément et par surabondance.

Qu'il me soit permis de jeter un coup-d'œil sur la maxime en apparence la plus évidente, la moins susceptible de controverse. C'est celle-ci :

La loi ne dispose que pour l'avenir; elle n'a point d'effet rétroactif.

Certainement les lois rétroactives ont des effets ravageans ; et jamais, je l'espère, je ne donnerai mon assentiment à de pareilles lois.

Mais, par cela seul qu'on dit que la loi ne dispose que pour l'avenir, n'est-il pas évident que c'est là un principe du législateur qui l'a faite, et non pas un principe du juge qui l'exécute ?

Je m'explique : je suppose que, dans un pays quelconque, dans celui-là même où il y aura une loi qui dira : la loi n'a point d'effet rétroactif ; je suppose que, postérieurement à cette loi, le législateur rende une loi qui rétroagisse, penserez-vous que le juge sera le maître de ne pas exécuter cette dernière loi ? Penserez-vous qu'il pourra dire : Il y a une loi antérieure qui défend la rétroactivité ; donc, je méconnaîtrai toute loi qui sera contraire à ce premier principe ?

D'autres appelleront peut-être cette résistance salutaire, et diront que ce sera un frein pour le législateur, qui, étant sûr de la désobéissance, ne violera jamais le principe de la non-rétroactivité. Il serait trop long de développer les conséquences de cette doctrine ; il suffit de l'exposer pour y faire réfléchir.

Mais n'avez-vous pas vu, mes collègues, que, dans le même travail où l'on pose le dogme de la non-rétroactivité que je respecte, on projette déjà de le modifier. Il y a des cas, dit-on, où la rétroactivité serait juste, humaine et nécessaire. Par exemple, dans le cas où un homme est condamné par contumace, exécuté par effigie; dans le cas où la mort civile est la suite de son exécution, où ses biens passent, à titre de succession, soit au fisc, soit à ses héritiers : dans ce cas, on propose, comme vous l'avez vu, de rétroagir. Si le condamné, reparaissant, est acquitté, sa vie civile ne recommencera pas alors du jour de son absolution ; mais elle sera réputée n'avoir jamais été interrompue ; la succession, ouverte d'abord, sera révoquée, et ses héritiers ou le fisc seront obligés de lui restituer ce qu'ils avaient possédé à titre de déshérence ou d'hérédité.

Le principe de la non-rétroactivité a donc aussi ses exceptions. Ces exceptions-là, il appartient au législateur de les déterminer ; c'est donc à lui à s'en faire un principe, et non pas au juge, qui doit toujours exécuter la loi, soit qu'elle se conforme à ce principe, soit qu'elle le détruise ou le modifie.

Ici, mes collègues, vous me permettrez de vous faire part d'un doute qui me tourmente depuis que j'ai entendu hier à cette tribune une phrase fertile, selon moi, en conséquences sur lesquelles il est bon de ne pas s'étourdir.

Un orateur, et c'est parce que j'ai beaucoup de confiance dans ses lumières, dans son expérience, que je l'ai suivi avec la plus grande attention : un orateur, après avoir dit qu'il fallait se hâter de décréter les maximes générales consacrées dans le projet qu'on nous présente ; après avoir dit qu'attendre, pour les y insérer, l'achèvement de tous les Codes, c'était retarder de plusieurs années leurs salutaires effets, a ajouté, en parlant de la rétroactivité des lois, qu'il existait encore plusieurs lois révolutionnaires infectées de ce vice, et qu'il lui tardait de voir les juges affranchis du rigoureux devoir de prononcer conformément aux dispositions de ces lois.

Cela veut-il dire qu'il forme le vœu de voir bientôt le gouvernement proposer le rapport de ces lois révolutionnaires infectées du vice de la rétroactivité? Cela veut-il dire, au contraire, que la maxime projetée, une fois décrétée en loi, abolit de fait, par sa seule puissance, toutes les lois qui ont rétroagi? Cela veut-il dire que les dispositions de ces lois seront abandonnées au discernement des juges, qui n'y auront plus d'égard, s'ils y trouvent la rétroactivité que vous allez condamner par l'adoption du principe général? Si cela était, si on avait lieu de le craindre, non seulement par ce trait de lumière échappé, mais encore parce qu'un jurisconsulte fameux, qui a apporté à la rédaction du Code le fruit de sa longue expérience, a professé cette doctrine dans les nombreuses consultations qu'il a signées sur la matière, oh! alors il faut envisager les effets de cette crainte que je ne peux plus me dissimuler. Je ne parlerai plus de l'effet rétroactif de la loi du 9 nivose an II, en tant qu'il se reportait au 14 juillet 1789, puisqu'il a été rapporté par la loi du 9 fructidor an III. Mais vous vous rappellerez, tribuns, qu'on a prétendu qu'il y avait aussi rétroactivité dans les lois qui, bornant l'effet des substitutions à celles qui étaient *ouvertes* avant le 25 octobre 1792, abolissaient celles qui, quoique faites avant cette époque, ne s'ouvriraient qu'après. On a prétendu qu'il y avait rétroactivité dans l'effet des lois qui, consacrant l'égalité des partages, privaient quelques-uns des co-partageans mariés des droits légaux d'aînesse ou de masculinité; qu'il y avait rétroactivité là où les actes, les coutumes avaient assuré aux enfans, soit en naissant, soit avant de naître, des droits légitimaires que le système d'égalité actuelle leur refusait. Si la maxime générale qu'on vous propose d'adopter, tribuns, avait l'effet de laisser désormais à l'entendement des juges le droit de décider ce point: Y a-t-il ou n'y a-t-il pas rétroactivité dans telles ou telles lois? serait-il donc extraordinaire que beaucoup d'entre eux partageassent à cet égard la doctrine que soutiennent beaucoup de bons esprits, et qui même a été reproduite plusieurs fois, et avec beaucoup de chaleur, dans plusieurs de nos assemblées législatives?

Il suivrait de cette concession, que désormais les substitutions, créées depuis long-temps pour le maintien de l'illustration des familles, continueraient d'être régies pendant plusieurs générations encore par le principe de l'ancien droit; que les droits de primogéniture et de masculinité qui s'ouvriraient pendant un demi-siècle, seraient réclamés par tous les contemporains nés avant le 4 avril 1791. Que sait-on si, même pour les successions déjà ouvertes, partagées, les juges, prenant pour exemple la loi du 3 vendémiaire an IV, n'ordonneraient pas de nouveaux partages, sur le fondement que toute rétroactivité blesse le principe que vous auriez légalisé?

O mes collègues, si nous décrétions tout cela : sans nous en douter! peut-être l'époque de la consécration du principe de la non-rétroactivité, serait celle de la plus épouvantable des rétroactions.

Ces observations me fournissent deux réflexions : la première, c'est que l'impossibilité d'embrasser d'une seule vue toutes les conséquences qui dérivent d'une maxime générale nous expose à décréter ce que nous n'apercevons pas.

La seconde, c'est qu'à la fin des révolutions, surtout, il faut se prémunir contre ces maximes illimitées; il faut se garder de les livrer sans frein à toutes les déductions de l'entendement humain. Certes, s'il fallait raisonner sur l'abolition des droits féodaux, sur celle des titres personnels, sur les effets de la nuit immortelle du 4 août 1789; il ne serait pas facile de répondre à ceux qui diraient : J'avais des rentes féodales : j'avais des titres dignitaires; j'étais né noble et privilégié; des duchés, des marquisats, m'étaient transmis pour moi et pour les miens, par des substitutions authentiques. Vous pouviez abolir tout cela pour l'avenir, mais sans rétroagir; il n'était pas au pouvoir d'une loi révolutionnaire de me ravir ni les redevances déja stipulées en ma faveur sous l'autorité des lois, ni mes titres personnels, ni mes propriétés espérées.

Quoique ce raisonnement soit sans réplique, il est pourtant vrai qu'on ne peut l'admettre sans convenir qu'il aurait fallu, pour fonder l'égalité et la République, maintenir les vassaux dans le servage, la noblesse dans ses fiefs, et s'en remettre, si cela causait quelques débats, à l'impartialité des parlemens, qu'on ne pouvait pas non plus dépouiller du droit de juger tous les dissentimens civils et politiques, du droit de vie et de mort, qu'ils avaient aussi acheté par des contrats authentiques et sous la protection des lois.

Je vote contre l'adoption du projet.

OPINION DU TRIBUN HUGUET,
POUR LE PROJET.

1   Tribuns, la promulgation, ou, si l'on veut, les enregistremens et les publications des lois par les diverses autorités, ont été de tout temps un moyen employé, moins pour les faire connaître à chaque citoyen, que pour fixer d'une manière légale et authentique la date à laquelle elles doivent être obligatoires, et par conséquent la date à laquelle elles devaient être présumées connues.

En effet, vouloir que la loi soit, de fait, connue de tous les citoyens, c'est vouloir une chose impossible et hors de toutes les combinaisons humaines. On présenterait le système colossal de faire faire trente millions de bulletins de lois pour les adresser à chaque individu personnellement, qu'encore les 29 trentièmes des citoyens ne connaîtraient pas davantage les lois, soit parce qu'ils ne pourraient ni ne voudraient les lire, soit parce que généralement ils ne pourraient les comprendre, ou au moins en saisir le véritable sens.

Les lois, ou plutôt encore les conséquences des lois, sont généralement connues des individus, non par les délais, les publications et les enregistremens, mais lorsqu'elles les atteignent, soit dans leurs personnes, soit dans leurs intérêts; c'est une vérité pratique qu'il est impossible de méconnaître.

Or, puisqu'il doit vous être démontré qu'il n'est pas dans votre puissance de faire connaître les lois à tous les citoyens, vous devez donc vous attacher et vous renfermer dans le système de la présomption.

Celui qui vous est offert par l'article premier du projet de loi qui vous est soumis, est le seul qui doit vous convenir, parce qu'il améliore ce qui a existé jusqu'à présent, et qu'il perfectionne, autant qu'il est possible de perfectionner une fiction, un système de présomption.

Il veut que la loi soit obligatoire et présumée connue à compter du jour de la promulgation faite par le Premier Consul, en y ajoutant, pour les distances, une heure par lieue.

Pour moi, j'avoue que j'aurais mieux aimé que la loi fût obligatoire à compter tout simplement du jour de la promulgation c'est-à-dire dix jours après qu'elle aurait été rendue; car enfin il n'est toujours question que d'établir une présomption, et en vérité ces délais ne lui donneront pas plus de faveur. La publicité sera toujours nulle, ou du moins elle n'atteindra jamais son but, parce qu'il est dans la nature des choses que cela soit ainsi. Je suis loin cependant de ne pas vouloir de ces délais; s'ils ne sont pas utiles à mes yeux, ils ne peuvent pas nuire : ils ont au moins l'avantage d'aider à la fiction et au système seul admissible de la présomption.

De quoi les adversaires du projet se plaignent-ils? De ce que les délais sont trop courts pour que les lois soient connues; de ce qu'il n'y a plus d'enregistrement et de publication dans les tribunaux et dans les corps administratifs. Mais voyons quelle utilité il y aurait à prolonger ces délais, si beaucoup plus longs ils seraient plus utiles, et de quelle nécessité pourraient être pour la publicité réelle de lois, ces enregistremens et publications que l'on semble regretter.

Sous la monarchie, les lois se faisaient en secret dans le Conseil d'État, elles s'enregistraient également en secret dans les parlemens; jusqu'alors les citoyens n'en avaient aucune connaissance, ils n'en avaient pas même d'idée. Elles s'envoyaient ensuite dans les bailliages et justices inférieures : dans plusieurs l'enregistrement se faisait dans la chambre du Conseil, c'est-à-dire encore en secret; dans d'autres, au commencement d'une audience où il n'y avait presque personne. C'était une vaine formalité.

Ensuite quelquefois dans les grandes villes où siégeaient les parlemens ou les intendans, on faisait, un mois ou deux mois après ces enregistremens, imprimer et afficher quelques-unes de ces lois, car toutes ne l'étaient pas. Ainsi affichées, elles étaient lues et comprises tant bien que mal par les citoyens. Voilà quelle était l'ancienne forme; et cependant, à compter du jour de ces enregistremens, les lois étaient présumées connues de tous les citoyens; et il faut en convenir, malgré le vice apparent de ces actes de publicité, il n'en résultait jamais aucun inconvénient, ou ils étaient très-rares.

Les hommes de lois, ceux qui par état et par intérêt étaient obligés de les connaître ou de les appliquer, en achetaient des exemplaires, les étudiaient, et par leurs conseils, ou, en en faisant faire l'application par les tribunaux, les faisaient connaître aux citoyens. Voilà ce qui se pratiquait.

Depuis la révolution les lois ont acquis un plus grand caractère de publicité, mais seulement parce quelles se proposaient, se discutaient et se faisaient dans les séances publiques des Corps législatifs ; car les actes d'enregistrement et de publication dans les tribunaux étaient aussi défectueux et aussi nuls que sous la monarchie. La loi faite, le pouvoir exécutif l'envoyait aux tribunaux pour la publier et l'enregistrer, et voici comment se faisaient ces publications. Le greffier donnait lecture du titre seul de la loi, c'est-à-dire, par exemple, il disait : *loi, décret sur l'ordre judiciaire.* Le commissaire du gouvernement alors se levait, demandait acte de la présentation et de la publication de la loi, et il requérait qu'elle fût enregistrée pour être exécutée selon sa forme et teneur ; et c'était de ce jour-là que la loi était obligatoire et présumée connue de tous les citoyens.

En l'an IV, on sentit la nullité d'une pareille publication ; on regarda même qu'il était impossible d'améliorer ce système ; que, quelque parti qu'on prendrait, la publicité, autre que celle donnée dans le Corps législatif, n'aurait jamais d'effets réels, et qu'il était impossible d'atteindre ce but. Alors on supprima cet enregistrement et ces publications regardés comme ridicules ; et, par la loi de vendémiaire an IV, on se contenta de décider que les lois seraient obligatoires et présumées connues des citoyens, du jour que le commissaire recevrait le numéro du Bulletin des lois et qu'il en accuserait la réception au ministre de la justice. Voilà ce qui se pratique depuis l'an IV.

Que fait aujourd'hui le projet de loi ? il vient améliorer ce système, il vient le perfectionner autant, comme je l'ai déjà dit, qu'il est possible de le faire, lorsque la base n'est et ne peut être qu'une fiction et qu'une présomption.

Ce que j'y vois de favorable, et qui est, à mes yeux, une grande amélioration, et j'ose même dire une perfection, c'est que l'époque à laquelle les lois seront obligatoires ne sera plus incertaine ; sa fixation ne dépendra plus des hommes, de leurs négligences ou de leurs volontés ; il n'y aura plus d'embarras pour les citoyens pour connaître la date des enregistremens, la date des publications.

Juges, notaires, hommes de lois, simples citoyens, domiciliés à cent lieues de Paris, obligés par état de suivre les progrès de la législation, ou voulant, par besoin ou par loisir, connaître les lois, sauront qu'une loi a été présentée tel jour par le Conseil d'État au Corps législatif, qu'elle a été renvoyée au Tribunat, où elle a été discutée en public, qu'elle a encore été de nouveau discutée au Corps législatif, qu'enfin elle a été décrétée; qu'à compter de ce jour, elle a sommeillé pendant dix jours, conformément à l'article 37 de la constitution, et qu'à l'époque de l'expiration de ces dix jours elle a dû nécessairement être promulguée par le Premier Consul : ce que veut également la constitution. Or, comme ces citoyens sont, comme je l'ai dit, domiciliés à cent lieues de Paris, ou à cinquante myriamètres, ils calculeront que dans cent trente-six heures après les dix jours, elle sera réputée obligatoire dans le lieu qu'ils habitent; rien ne peut déranger ces calculs : ils sont certains et positifs; dans dix ans d'ici, comme aujourd'hui, chaque individu saura, avec la date d'une loi, sans avoir recours à des mentions infidèles, à des recherches souvent inutiles et toujours embarrassantes, que cette loi a été obligatoire dans tel département à compter de tel jour, et même de telle heure.

Mais, dit-on, ce projet de loi ne parle pas du Bulletin des lois; sera-t-il toujours envoyé aux tribunaux ? Oui sans doute : ce projet de loi ne rapporte pas la loi qui établit le Bulletin; il faut bien que les lois soient envoyées, et vous le voyez même dans la discussion qui a eu lieu au Conseil d'État, et dont des exemplaires imprimés vous ont été distribués : on y parle de ce Bulletin des lois; on y parle même d'un réglement qui sera fait à cet égard pour les envois des lois, et pour fixer les distances.

Mais, dit-on, le ministre ou le gouvernement peut

mettre du retard dans l'envoi de ces lois. Mais quel intérêt le gouvernement aurait-il de le faire ? quel est ce soupçon ? Prenez donc bien garde à la position où nous sommes aujourd'hui. Lorsque c'était le Corps législatif qui avait l'initiative de la loi et sa confection, on pouvait craindre que le gouvernement d'alors n'en retardât l'exécution : mais aujourd'hui c'est le gouvernement qui, mu par ses besoins, propose la loi. Il est donc impossible de croire qu'ensuite il en empêche ou en retarde l'exécution; mais il le voudrait, on pourrait le craindre, que c'est précisément par cette raison qu'il faut nous hâter d'adopter le projet de loi, parce qu'il remédie lui-même à cet inconvénient : car, d'après les dispositions du projet, il ne peut plus et n'est plus maître d'en retarder l'exécution, il s'est enchaîné lui-même.

En effet, j'ai connaissance qu'une loi a été adoptée tel jour par le Corps législatif, que dix jours après elle a dû nécessairement être promulguée, parce que le veut ainsi la constitution; et comme je demeure à cent lieues, les cent trente-six heures étant expirées, j'ai le droit, dans mes intérêts personnels, d'en demander l'exécution dans les tribunaux ou devant les corps administratifs, et ils ne peuvent refuser ma demande : je suis, dans mon action, indépendant de la mauvaise volonté ou de la négligence des agens du gouvernement.

Mais, dit-on encore, il est possible que des juges reçoivent la loi après l'expiration des délais voulus pour la rendre obligatoire, et qu'alors, dans l'ignorance de cette nouvelle loi, ils jugent conformément aux anciennes.

Mais il y a, dans cette observation, une erreur. C'est précisément les juges qui ont le moins besoin de connaître à heure fixe les lois, c'est précisément pour eux que la négligence dans l'envoi de la loi a moins d'inconvéniens. Les juges ne peuvent juger les procès qui sont pendans devant eux que conformément aux lois qui existaient lors de l'ouverture de l'action. Les lois nouvelles ne sont point applicables aux anciens procès; il y aurait alors un effet rétroactif : et comme les actions sont formées au moins un mois, deux mois et quelquefois six mois ou un an avant qu'ils puissent juger, le retard de quelques jours dans l'envoi des lois ne peut avoir à leur égard aucun inconvénient. Voilà pour les juges civils; il en est de même pour les juges criminels : ils ne doivent point faire, dans leurs jugemens, l'application des nouvelles lois, mais bien de celles qui existaient à l'instant du délit.

Mais, dit-on encore, à l'égard des particuliers qui font des testamens et des donations, et autres actes, il est bien essentiel pour eux qu'ils aient le temps de connaître les lois, pour s'y conformer.

Mais c'est encore parcourir le même cercle. Ne sommes-nous pas obligés de convenir qu'il est impossible que la loi soit connue de tous les individus? Or, dès que cela est impossible, cet inconvénient-là subsistera toujours, et de longs délais, des publications, des affiches multipliées, tout cela ne pourra jamais y remédier, parce qu'encore une fois ces délais, ces enregistremens, ces publications, et surtout ces affiches, ne produisent rien et ne sont d'aucune utilité pour la connaissance des lois. Un maçon était condamné à une amende pour contravention aux réglemens de la maçonnerie, et à cinq cents exemplaires du jugement; il observa au juge que le but des cinq cents exemplaires était vraisemblablement pour faire connaître le jugement à ses confrères, pour qu'ils pussent en profiter et éviter une pareille condamnation. Il dit au juge : Vos cinq cents exemplaires sont inutiles; j'ai bien cinq cents confrères, mais il y en a quatre cents qui ne savent pas lire. Le juge trouva l'observation juste, et il ne le condamna qu'à cent exemplaires. Il en est de même de l'affiche des lois, les quatre cinquièmes sont inutiles.

Au surplus, ces inconvéniens d'actes et de testamens

faits en ignorance des lois, sont des inconvéniens particuliers toujours très-rares; car, jusqu'à présent, on n'en a point connu de graves : mais, dans tous les cas, ils ne peuvent être en balance avec l'intérêt général et une mesure fixe et commune; et si vous vouliez vous arrêter à tous les petits inconvéniens, vous ne feriez jamais rien en législation; il faudrait renoncer pour toujours au Code civil. Ne perdez pas de vue que c'est le meilleur, et non le plus parfait des moyens, que vous devez chercher : le plus parfait est impossible à trouver; on n'a pas même pu nous en présenter un autre à la place.

On a dit encore que le projet de loi présentait de l'inexactitude sur le moment où la loi pourra être connue, que le premier terme n'est pas fixé, qu'on ne voit que la fin, qui est encore susceptible de variation et d'instabilité. Mais il me semble qu'ici on affecte de méconnaître l'évidence.

Le projet de loi, au contraire, est fait pour que le terme auquel la loi pourra être connue soit fixe, certain et stable.

Ce n'est point par des raisonnemens que je dois répondre à cette objection, c'est par un calcul simple et clair.

Le voici.

La loi est rendue le 15 frimaire, le 25 elle est nécessairement promulguée par le Premier Consul, parce que le veut ainsi la constitution; l'habitant du département du Rhône saura, d'une manière invariable, qu'au moyen de ce que Lyon est le chef-lieu, et qu'il est distant de cent lieues de Paris, la loi est obligatoire dans son département le premier nivose, à quatre heures de relevée, c'est-à-dire quinze jours après que la loi a été rendue : voilà du positif qui n'est sujet à aucune variation, qui ne dépend point de la volonté des hommes ou de leur négligence.

Mais, observe-t-on encore, on date bien les actes du jour où ils sont passés, mais il en est peu que l'on soit obligé de dater de l'heure ou du moment : et ici il le faudrait, ce qui est un assujétissement impraticable. Il faut convenir que cette observation est bien futile. On date tous les actes du jour, j'en conviens; cependant on dit quelquefois : Avant ou après midi.

Mais on les date du jour; c'est dans ce jour que les délais de la nouvelle loi sont expirés, et qu'elle est devenue obligatoire. L'acte daté de ce jour en contravention à la loi nouvelle, mais conforme à l'ancienne, n'en est pas moins valable, parce qu'au moyen précisément de ce que l'heure n'y est pas, la partie contractante est admise à dire qu'elle l'a fait avant l'échéance des délais : car qui dit le jour, dit les vingt-quatre heures ; et pour peu qu'on puisse présumer qu'il a pu être fait avant l'échéance des délais, la présomption est en faveur de l'acte. C'est ce que veut une jurisprudence invariable, et c'est ce qui se juge tous les jours. On aurait dû ne pas feindre de méconnaître ces principes.

Mais on parle de ces inconvéniens avec une telle confiance qu'il semblerait qu'ils doivent se renouveler tous les jours, à toute heure et à tout moment.

Prenez donc garde que ces inconvéniens seront très-rares, comme ils l'ont été jusqu'ici dans la forme actuelle; car, dans celle-ci, il y a également des heures. C'est à midi que les lois sont enregistrées; de manière qu'un acte daté après midi le jour de l'enregistrement est également nul.

Pour ajouter foi sincèrement à tous ces prétendus inconvéniens et à leur multiplicité, il faut croire d'avance que notre législation sera versatile, que le Code civil fait aujourd'hui sera changé demain. Il faut oublier surtout que cela est impossible, puisque le Corps législatif n'est assemblé que quatre mois de l'année : enfin, il faut oublier que la discussion des lois est publique; que la loi est rendue publiquement douze jours auparavant pour les citoyens domiciliés dans le tribunal de Paris, et quinze jours pour ceux domiciliés dans le département du Rhône.

On a jeté un ridicule sur ce que les délais étaient plus longs pour Rouen que pour Auxerre qui est plus éloigné, mais cela vient de ce qu'il fallait nécessairement prendre une base de divison, et que les arrondissemens des tribunaux d'appel étaient plus convenables.

On a dit encore que ces délais courraient malgré le débordement des eaux, la cessation des communications, un incendie, l'invasion d'un département par l'ennemi; mais c'est ici la force majeure des cas fortuits, pour raison desquels il y a nécessairement des exceptions commandées par les circonstances. Et parce que ces cas sont possibles, il faut que dans une loi générale on y ait égard! de sorte que, si l'on peut présumer que le débordement des eaux ou la guerre puisse durer trois ou quatre mois dans une partie de la République, il faudra, suivant ce système, que les lois ne puissent être exécutées dans toute la France que trois ou quatre mois après la promulgation. Ce raisonnement, suivant moi, n'est pas admissible.

On a parlé des colonies, des pays outre-mer; mais on a donc oublié que, d'après la constitution même, il y aura pour ces pays des règles et un mode d'administration particuliers : on voit cela encore dans la discussion qu'il y a eu au Conseil d'État.

Enfin, on a encore dit que les arrondissemens des tribunaux d'appel pourront varier; mais les distances, je l'espère, ne varieront pas.

Je crois avoir suffisamment examiné les objections qui ont été faites contre l'article premier du projet de loi qui nous occupe.

Tribuns, n'oubliez pas que, sur le système de la publication des lois, il est impossible d'en trouver un qui soit parfait; que c'est le meilleur que vous avez à choisir; que les moyens pratiqués jusqu'à présent ont toujours été nuls, sans cependant présenter d'inconvéniens graves; que celui qui vous est présenté est de fait une amélioration; car il fixe irrévocablement, arithmétiquement, l'époque à laquelle les lois doivent être présumées connues, et cette fixation est absolument indépendante de la volonté des hommes, ce qui est un avantage qu'on n'a pas encore eu jusqu'à présent.

Je passe à l'examen des autres articles de la loi proposée.

L'article 2 dit : La loi ne dispose que pour l'avenir : elle n'a point d'effet rétroactif.

Sur cet article on a fait, il faut l'avouer, une singulière objection. On a prétendu que cet article ne devait pas faire matière d'une loi, parce que c'était plutôt un principe de droit et de morale qu'une disposition législative. C'est un article, a-t-on dit, à renvoyer au titre des règles de droit, si l'on juge à propos d'en faire un.

Je vous avoue que je ne conçois pas comment on a pu dire qu'un principe de droit et de morale ne pouvait être une disposition législative, comme si toutes les lois civiles ne devaient pas être une manifestation d'un principe de droit et de morale. On ne devrait donc pas dire le mort saisit le vif, le plus proche héritier succède, l'enfant mineur ne peut contracter, établir les tutelles, la puissance paternelle ; car tout cela sont des principes de droit et de morale. Quoi qu'il en soit, que ce soit un principe de droit ou de morale, un précepte ou une règle de droit, je maintiens qu'il faut enfin en faire une disposition législative. On a tant de fois heurté ce principe, cette règle, qu'il est nécessaire de le convertir en article de loi. On reprochait à un juge d'avoir donné un effet rétroactif à une loi. Il n'y a pas de loi positive qui me le défende, répondait-il. Cette disposition est donc nécessaire. Un de mes collègues craint que cette maxime, convertie en disposition législative, ne devienne un prétexte pour faire revivre les substitutions, les droits féodaux, etc. ; mais ces droits ont été abolis pour le passé comme pour l'avenir. C'est la loi elle-même qui a eu cet effet rétroactif, et le juge ne doit qu'y obéir. Au surplus, en convertissant cette maxime en loi, ce serait même donner à cette disposition un effet rétroactif.

L'article 3 porte que la loi oblige ceux qui habitent le territoire. ₃

On a critiqué cet article; on a prétendu qu'il n'était point exact, puisque, d'après les dispositions mêmes d'un autre projet de loi, il y avait des exceptions : on aurait donc voulu que l'on eût ajouté à l'article, sauf les exceptions.

Mais comme on n'a pas dit, dans l'article, que la loi oblige sans exception, l'observation est nulle ; on ne veut donc pas voir que c'est la règle générale que l'on a posée, et qu'ensuite les exceptions pourront venir naturellement.

L'article 4 porte : La forme des actes est réglée par les lois du pays dans lequel ils sont faits ou passés. _{ap. 3}

Le rapporteur de la commission a reconnu que c'était une maxime de droit non contestée, mais que cet article appartenait au projet de loi relatif aux étrangers. Il ne nous a pas dit pourquoi, et je ne puis le deviner. Quant à moi, je vois que cette maxime est donnée pour règle aux juges français. Au surplus, que cet article soit ici, ou soit ailleurs, je n'y mets pas d'importance, pourvu que cette maxime vraie, qui, quoi qu'on dise, a été souvent contestée, soit enfin une disposition législative.

L'article 5 dit : Lorsque la loi, à raison des circonstances, aura réputé frauduleux certains actes, on ne sera pas admis à prouver qu'ils ont été faits sans fraude. _{ap. 5}

Contre cet article, les adversaires du projet de loi, après en avoir critiqué la rédaction, critique qui, à mon sens, n'est pas juste et me paraît déplacée, prétendent qu'il doit être renvoyé au Code commercial au titre *des faillites*, ou au Code judiciaire au titre *des preuves*, parce que, disent-ils, d'après l'exposé même des motifs, il ne se rapporte qu'au cas particulier d'un acte fait dans les dix jours qui précèdent une faillite.

Je leur réponds que ce cas particulier n'a été cité dans

les motifs que comme un exemple, mais qu'il y en a bien d'autres. J'en puise un dans le projet de loi qui nous occupe : un individu fait un contrat dont les dispositions sont contraires à une loi promulguée, et dont les délais sont expirés : eh bien ! ce citoyen sera-t-il admis à prouver qu'il était de bonne foi, qu'il n'y a point de fraude, parce qu'il ignorait la loi ? Ainsi cet article est donc utile et doit recevoir votre assentiment.

4   L'article 6 dit : « Le juge qui refusera de juger sous prétexte du silence, de l'obscurité ou de l'insuffisance de la loi, pourra être poursuivi comme coupable de déni de justice. »

5   L'art. 7 dit : « Il est défendu aux juges de prononcer sur les causes qui leur sont soumises, par voie de dispositions générales et réglementaires. »

Votre commission n'a point critiqué ces deux articles quant au fond ; et, prenez-y bien garde, elle n'a pas même critiqué la rédaction ; elle a seulement formé le vœu pour que ces articles soient renvoyés au Code judiciaire ; c'est une opinion qu'elle a émise. Moi, j'ai une opinion contraire ; je pense qu'ils doivent précéder et être en tête du Code civil, ainsi que je le démontrerai dans un instant. Au surplus, je crois qu'au milieu de ces opinions diverses, en reconnaissant l'utilité de ces dispositions, vous conviendrez que leur place est au moins indifférente, et que, dans tous les cas, ce n'est point un motif de rejet.

Nos collègues Chazal et Garat ont critiqué l'art. 6 ; ils ont prétendu qu'il donnait au juge un droit d'arbitrage dans le cas du silence de la loi, ce que même on n'avait pas voulu accorder au Sénat conservateur lors de la discussion de la constitution. Je soutiens que, d'après toutes les entraves occasionées par tous ces référés au corps législatif, les conséquences funestes et ruineuses qui en résultaient pour les plaideurs qui éprouvaient des dénis de justice, l'impossibilité d'ailleurs où on avait toujours été et où on sera toujours de pouvoir, dans la législation civile, prévoir toutes les questions que font naître les divers procès, il était temps de faire cesser ce scandale et de rendre aux juges le droit de juger, lors du silence de la loi, suivant leur équité naturelle. Ils ont joui de ce droit jusqu'à l'époque de la révolution, et encore ce n'est que quelques tribunaux qui ont imaginé ces référés qu'aucune loi n'autorisait, et qui avaient l'inconvénient d'arrêter le cours de la justice et les transactions sociales. De même qu'en Angleterre il y a une cour d'équité, eh bien, cet article, en rendant à nos tribunaux les droits qu'ils avaient, les fera aussi dans ce cas tribunaux d'équité.

Notre collègue Chazal nous a dit que cet arbitrage avait beaucoup d'inconvéniens, surtout pour les juges criminels, il s'est trompé, il ne peut être question que des juges civils : car les juges criminels ne jugent point, ils ne font que l'application de la loi.

On a encore critiqué le dernier article, l'article 8, qui porte : « On ne peut déroger, par des conventions particulières, aux lois qui intéressent l'ordre public et les bonnes mœurs. »

Ici c'est la rédaction seule que l'on a critiquée : on a d'abord prétendu que les axiomes latins, *privatorum pactio juri publico non derogat*, et *jus publicum privatorum pactis mutari non potest*, étaient traduits par cet article ; mais qu'on les avait changés.

Qui a dit au rapporteur qu'on avait voulu les traduire littéralement ? Sans doute il est évident que c'est le même esprit, le même sens, mais on y a donné une explication et une définition plus étendues, par ces mots, *l'ordre public et les bonnes mœurs*, que ne rend pas le *jus publicum* des axiomes cités.

On a dit que cet article manquait de précision et de clarté ; je dois ici en répéter les termes.

« On ne peut déroger par des conventions particulières

« aux lois qui intéressent l'ordre public et les bonnes
« mœurs. »

A mon avis, rien n'est plus positif. Mais, dit le rapporteur de votre commission, ces expressions peuvent paraître suffisamment intelligibles dans les discours ordinaires. Or, ici il me semble qu'il se condamne lui-même : comme les lois doivent se rapprocher des discours ordinaires pour être entendues et comprises par tous les citoyens, la rédaction en est donc bonne.

com. Enfin, il me reste à répondre aux objections générales qui ont été faites sur le projet entier. On a prétendu qu'il n'était pas assez grand, assez noble pour être le frontispice
1 du Code civil ; que l'article premier s'appliquait à toutes les lois, tant civiles que criminelles, et que par conséquent il ne pouvait être à la tête du Code civil, pour lequel il n'avait pas des dispositions exclusives ; qu'il devait en être
2 détaché ou au moins être placé à la fin ; que l'article 2 était
3 un précepte ; que l'article 3 aurait dû parler des excep-
ap. 3 tions ; que l'article 4 devait être classé dans la série des
ap. 5 contrats et des obligations ; que l'article 5 devait être placé
4-5 dans le Code commercial ; que l'article 6 et l'article 7 ap-
6 partenaient au Code judiciaire ; enfin que l'article 8 n'était pas mieux placé, qu'il devait être à la fin du Code.

D'abord, quant à moi, j'avoue que je trouve sa rédaction assez claire et assez positive pour être entendue de tout le monde, que c'est même sa simplicité qui fait sa noblesse ; et qu'un début grand et majestueux nuirait au surplus de l'ouvrage.

1 Ensuite je dis qu'avant de faire le Code civil, il est nécessaire de savoir d'avance comment s'exécuteront les lois, d'en connaître les effets et l'application en général, car il faut connaître le but où l'on veut tendre ; il faut au moins d'avance pressentir le résultat d'un travail que l'on entreprend ; il faut au moins savoir et d'avance de quelle manière et dans quelle forme s'exécuteront les lois que l'on

va faire et présenter au peuple. Eh bien ! l'article premier me l'indique tout naturellement. Mais, dit-on, il n'est pas seulement applicable au Code civil, il l'est à toutes les lois. Eh bien ! pour cela, il ne faut pas le mettre en tête du Code? Mais je ne vois pas pourquoi. Il est juste même qu'il y soit, puisque le Code civil sera un recueil considérable de lois, et qu'à ce titre il mérite cette préférence.

Avant de faire le Code civil, il est nécessaire de savoir si les dispositions législatives qu'il renfermera seront pour le passé ou pour l'avenir ; l'art. 2 apprend que c'est pour l'avenir, parce que la loi n'a point d'effet rétroactif.

Avant de faire le Code civil, il est essentiel de savoir qui sera obligé de s'y soumettre ; l'art. 3 me l'apprend.

Inquiet d'avance de savoir si le Code civil pourra prévoir et embrasser tous les points législatifs, et dans le cas où il ne le ferait pas, quelle en serait la conséquence, l'art. 6 me dit que les juges alors y suppléeront, en jugeant suivant leur équité naturelle et de suite, et qu'alors le tribunal devient une cour d'équité.

Ainsi toutes les dispositions du projet doivent être placées en tête du Code civil, parce qu'elles y sont utiles et indispensables.

Mais est-ce bien à nous à juger du classement des lois et de la distribution par matière d'un ouvrage législatif ? avons-nous sur ce un droit constitutionnel ? J'avoue que je ne le pense pas. Je suppose que le gouvernement n'ayant pas eu le temps de nous présenter un troisième titre du Code, et que par des circonstances alors connues, et attendu une urgence indispensable et nécessaire à son administration, il nous présentât le quatrième titre, serions-nous fondés à rejeter ce quatrième titre parce qu'il ne serait pas présenté dans son ordre ? Je ne le pense pas encore. De quoi sommes-nous chargés ? de discuter des points législatifs. Le classement, l'ordre des matières ne nous regardent point ; nous n'avons ni l'initiative ni la rédaction. Je vous soumets cette observation. J'ai essayé de remplir ma tâche autant que le temps me l'a permis, et je me résume.

Je trouve l'article premier, qui présente le système de la promulgation des lois, autant complet qu'il était possible aux hommes de le faire dans un système qui ne présente, par sa nature, que des probabilités, que des présomptions. C'est le meilleur que l'on devait choisir, et on l'a choisi. Il fixe irrévocablement l'heure à laquelle les lois doivent être obligatoires et présumées connues : cette fixation est une sécurité pour les citoyens, parce qu'elle sera désormais indépendante de la volonté ou de la négligence des hommes, et qu'un citoyen, dans son cabinet, sans recherches, sans embarras, pourra connaître, par un calcul simple et facile, la date qui rend obligatoires les lois. Quant aux autres articles, quelques-uns, il est vrai, ne renferment que des maximes et des préceptes de droit et de morale; mais je désire les voir convertir en loi, en dispositions législatives, pour que désormais ils ne puissent plus être méconnus. Je trouve que les articles en sont bien ordonnés, bien classés; qu'il était utile et indispensable de les mettre en tête du Code civil; que la rédaction en est claire, bonne et précise. Et quand il serait vrai qu'elle ne pourrait convenir qu'à des discours ordinaires, eh bien, j'applaudis à ce style; j'en rends grâce aux auteurs, parce qu'elle sera plus à la portée de tout le monde.

Croyez-vous, tribuns, que les législateurs arrivant de leurs départemens, pressés d'avoir un Code civil depuis long-temps promis et attendu, comme on vous l'a dit, chercheront à savoir si tel ou tel article de loi doit être placé là ou là, si le style en est plus ou moins paré ou brillant? Leurs fonctions et les vôtres ne sont point dans le style; comme eux, vous n'êtes point chargés de rédiger, et vous n'avez, à cet égard, aucune responsabilité. Ils s'attacheront, comme vous devez le faire, à la bonté matérielle des dispositions; et pourvu qu'elles s'entendent et qu'elles soient conformes à la volonté et aux mœurs nationales, votre devoir et le leur est rempli.

Allons en avant sur le Code civil; ne nous arrêtons pas au premier pas ; ambitionnons l'honneur d'y avoir participé, et ne restons pas immobiles dans une si belle carrière ; parcourons-la avec dignité ; écartons toutes ces subtilités avec lesquelles on peut tout attaquer et tout contredire.

C'est avec la raison et un sens droit, que l'on fait les lois et qu'on les discute : l'esprit souvent égare.

Je vote pour le projet de loi.

OPINION DU TRIBUN MAILLIA-GARAT,
CONTRE LE PROJET.

Tribuns, le gouvernement a dit par la voix de ses orateurs et dans l'exposition de ses motifs, que le projet de loi soumis en ce moment à votre discussion était le premier de ceux qu'il a préparés et qu'il présentera successivement pour la composition d'un corps complet de lois civiles.

A en juger par ces paroles et par l'ordre même de sa présentation, ce projet, s'il pouvait devenir une loi, devrait donc être considéré comme l'introduction caractéristique, comme la loi préliminaire de ce Code civil qui est depuis si long-temps un des premiers besoins de la nation française.

Cette observation, qui est bien simple, suffit pour rendre évident ce qu'il y a de contradictoire entre le titre de ce projet et sa destination, entre son caractère, qui est *général*, et la place qu'on veut lui donner dans *une branche particulière* de législation.

Cette contradiction, son inconvenance, n'ont échappé à personne, et la discussion vous les a déjà prouvées : mais elles peuvent avoir des dangers dont on n'a pas été, je crois, assez frappé.

Elle serait, sans doute, une erreur bien grande et bien

fatale, cette opinion qui regarderait comme choses indifférentes, l'ordre et la succession où les lois doivent être rangées pour devenir des Codes réguliers et complets : l'art de la classification des lois fait partie de celui de coordonner les lois avec les rapports qu'elles sont destinées à maintenir ; ou, pour mieux dire, c'est le même art.

Approprier chaque loi à la nature de l'objet sur lequel elle statue, ou ne pas confondre dans leur classification les lois d'une nature différente, peuvent être deux opérations ; mais l'une est la conséquence de l'autre.

Faites passer dans l'ordre des lois administratives une loi du Code civil, dans la classe des lois civiles une du Code criminel ; vous ne jetez pas seulement la confusion dans les idées qu'il faut se faire des lois pour avoir la certitude, en ne suivant qu'elles, de suivre toujours la justice : mais les rapports que ces lois déterminent deviennent incertains, leur application arbitraire ; les intérêts que ces lois garantissent sont alarmés, froissés, troublés par cette confusion ; l'inquiétude des individus devient de proche en proche un malaise général, et l'agitation des citoyens, un ébranlement de la société.

Dira-t-on que tout est chimérique dans une pareille supposition ? Je voudrais pouvoir me le persuader : — mais ces longs malheurs auxquels nous avons assisté, et qui sont encore récens, peuvent être des exemples ; et, pour les hommes qui sont capables d'éclairer et non de proscrire l'avenir par les témoignages du passé, une des causes les plus profondes des désordres qui ont amené la révolution, comme de ceux qui la prolongèrent trop cruellement, se retrouve dans cet oubli des différens caractères des lois, et dans la confusion perpétuelle des classes différentes auxquelles chaque loi appartient par son caractère.

Si ces observations, vraies sans doute, on les trouvait trop peu applicables au projet de loi qui les réveille en moi, je n'en serais point surpris : il en est peut-être des lois comme des événemens, tribuns; on ne peut souvent se faire une juste idée de leur caractère, parce qu'on en est trop près, et qu'à cette place on est accessible à beaucoup d'impressions différentes qui tour à tour en exagèrent ou en affaiblissent l'importance.

Mais quelle serait, je vous le demande, l'impression naturelle qui vous saisirait en ouvrant le Code civil d'une nation étrangère, et en y voyant pour frontispice *une loi sur la publication, les effets et l'application des lois* EN GÉNÉRAL?

Le titre seul de cette loi, *d'un ordre général*, placée ainsi en tête d'un *ordre particulier* de législation, vous ferait penser, ou je me trompe fort, que ce peuple n'a pas de lois fondamentales, ou que le caractère de ces lois suprêmes commence à y dégénérer.

Ne seriez-vous pas blessés, tribuns; et cependant ne serait-il pas naturel qu'un étranger portât un pareil jugement des Français, en ouvrant leur Code civil et en y voyant pour frontispice la loi dont nous discutons le projet?

Ce jugement dont vous avez pu apprécier ainsi la justesse, ne peut-il pas indiquer, jusqu'à un certain point quel serait l'effet insensible, mais général, de cette loi d'*un ordre supérieur*, de cette loi qui est véritablement de celles qu'on appelle *organiques*, et qui deviendrait, par une classification vicieuse, une loi du Code civil?

Personne n'est plus convaincu que moi de l'importance des lois par lesquelles sont déterminés et garantis les rapports que les citoyens ont entre eux; mais je sais aussi qu'il y a telle manière d'exagérer leur importance, qui peut altérer tous leurs principes, en obscurcissant la source d'où ils doivent couler, en affaiblissant l'esprit des lois constitutionnelles.

L'ignorance exagère tout, et cependant c'est l'ignorance qui, s'arrêtant aux formes extérieures, prononce sur tout la première, prononce sans cesse des jugemens qui sont des erreurs.

Et c'est pourquoi la classification des lois, qui est une partie essentielle de leurs formes, si elle est vicieuse, peut engendrer très-rapidement les plus funestes préjugés.

Il y aurait un moyen infaillible, tribuns, de frapper votre esprit des funestes effets que pourrait avoir cette loi, à la place qu'on veut lui donner dans le Code civil; ce serait de vous offrir toutes les fausses conséquences que pourraient en tirer la logique de l'ignorance et la mauvaise foi des passions. Mais je me garderais bien d'encourir au milieu de vous, par ce genre de supposition, le reproche d'agiter de vaines alarmes sur une terre où la paix est descendue.

Puis-je vous cacher cependant, et pouvez-vous ignorer qu'il est une espèce d'hommes qui méritent un tout autre nom que celui d'ignorans, et qui professent du ton le plus dogmatique, le plus absolu, que toutes les lois dont un peuple ait vraiment besoin se bornent à un Code civil; que la nature et les formes des autres lois sont indifférentes; que les lois politiques, surtout, sont sans objet; que leur existence est toujours une illusion, et l'opinion qui les réclame une manie coupable et fatale?

Ces maximes du pouvoir arbitraire, et leurs fauteurs, n'auront jamais d'accès dans aucun des pouvoirs que la constitution a organisés, et s'ils pouvaient jamais acquérir quelque influence réelle, ils trouveraient dans chaque membre de cette assemblée un dénonciateur qui les dévouerait à la vengeance des lois et à l'horreur de la nation. Mais ce sentiment même, qui nous est commun à tous, mes collègues, est un motif pour tous de rejeter le projet d'une loi avec laquelle ces maximes perverses, et les passions qu'elles fomentent, pourraient trop facilement s'allier.

Je ne me propose point d'entrer, tribuns, dans l'examen particulier des différens articles de ce projet pour relever tous les vices de sa rédaction, le rapport de votre commission a rempli ce soin d'une manière que je ne pourrais pas assez heureusement imiter : c'est l'esprit général, et par conséquent, l'effet général de ce projet, que je cherche et que je vais attaquer dans les dispositions qui me le montreront.

Et d'abord, tribuns, je suis arrêté par les expressions et par le sens du premier article de ce projet. *Les lois*, y est-il dit, *sont exécutoires* EN VERTU *de la promulgation qui en est faite par le Premier Consul.*

Ai-je besoin de m'appesantir en grammairien sur cette expression EN VERTU, pour faire apprécier sa valeur, pour en montrer toute l'étendue? Non sans doute; et tout le monde m'entendra quand je dirai que la composition et l'usage de ce mot suffisent pour faire voir ici, dans l'emploi qu'on en fait, une véritable hérésie politique, une atteinte réelle à notre constitution.

Non, la promulgation n'est pas un caractère constitutif de la loi, ce que signifierait l'expression *en vertu :* la promulgation n'est qu'une forme extérieure de la loi ; elle est le premier moyen, le premier acte de son exécution, et non la condition *virtuelle*, génératrice de l'obéissance qu'on lui doit. Les lois sont exécutées ou *exécutoires en vertu* de ce qu'elles sont lois ; les lois sont lois *en vertu* des conditions auxquelles l'acte constitutionnel a soumis la formation de ces actes suprêmes : ces conditions *virtuelles* de la formation des lois, et par conséquent, de l'obéissance qu'on leur doit, sont la proposition du gouvernement, la communication au Tribunat, le décret du Corps législatif; ce n'est qu'*en vertu* de cette triple condition qu'il peut être promulgué de nouvelles lois, dit la constitution. Vous le voyez donc, tribuns, la promulgation n'est pas une forme intrinsèque, mais extérieure de la loi.

C'est donc à tort qu'un membre du Conseil d'État a prétendu que la promulgation *complète le caractère de la loi :*

ce qui peut compléter le caractère d'un acte, c'est une des conditions qui le constituent : or, la promulgation n'est pas mise par la constitution au nombre des conditions *en vertu* desquelles il peut être promulgué des lois nouvelles.

S'il pouvait rester un doute à cet égard, je demanderais si, après le délai de dix jours ordonné par la constitution pour dénoncer une loi qui lui serait contraire, le gouvernement peut en refuser, peut en retarder la promulgation? Non, sans doute, le texte de la constitution ne permet pas ici une réponse négative.

Tout décret du Corps législatif, dit la constitution, *le dixième jour après son émission, est promulgué par le Premier Consul, à moins qu'il n'y ait eu recours au Sénat pour cause d'inconstitutionnalité.*

Donc, après l'expiration de ce délai, la loi est loi, tous ses caractères constitutifs sont complets; toutes les conditions *virtuelles* de sa formation sont remplies : elle est exécutable ou *exécutoire*, comme disent les jurisconsultes.

Cela est tellement vrai, que, si, après l'expiration du délai constitutionnel, la promulgation de la loi était refusée ou différée, le ministre dépositaire du sceau de l'État et chargé de l'envoi des lois, aurait encouru la peine de la responsabilité; et le Tribunat serait obligé de l'accuser devant le Corps législatif. Il faut donc dire tout simplement : Les lois sont exécutées *après* la promulgation, et non *en vertu* de la promulgation qui en est faite par le Premier Consul.

Mais je crois qu'on a donné, surtout à cet acte, un caractère et des effets qui ne lui appartiennent pas, parce qu'on ne s'en est pas fait des idées assez bien déterminées.

Les uns ont voulu voir une différence entre le mot de *promulgation* et celui de *publication*; et cette différence existe en effet : mais elle est dans l'emploi relatif qu'on fait de chacun de ces mots, et non dans l'action qu'ils expriment.

Promulguer, ainsi que l'indique assez l'étymologie visible du mot, veut dire publier; mais on a affecté le mot de *promulgation* aux actes législatifs, pour caractériser la publication de ces actes, qui se font au nom de tous, pour tous, et sur tous; et c'est ce que désigne la composition même de ce mot : elle indique bien l'action du pouvoir qui publie la loi, et l'objet de l'action.

Il paraît qu'on est tombé dans cette indétermination d'idées et dans ces fausses distinctions de mots, parce qu'on a pris pour l'acte de la promulgation les formes dont il doit être revêtu, et par suite ses moyens pour ses effets.

L'acte de la promulgation n'en est pas telle ou telle partie, mais tout ce qui le constitue : ainsi les formules usitées en tête de l'acte, l'apposition du sceau national, la signature du Premier Consul et celle du secrétaire d'État, l'envoi aux différentes autorités compétentes pour l'exécution, et enfin l'affiche pour les citoyens; c'est cet ensemble de formes, de moyens et d'effets qui est l'acte de la promulgation.

S'il y a dans l'acte et l'effet de la promulgation une succession nécessaire de temps, l'acte et l'effet n'en seront pas moins indivisibles; c'est la même chose successivement opérée; c'est une suite d'actes qui se rapportent tous au premier, qui en dérivent et qui en dépendent : il faut que tous aient été accomplis pour que l'acte soit complet.

De là naît la nécessité de fixer un délai uniforme, et qui soit relatif à la grandeur de l'objet et à l'étendue des effets de la promulgation.

Si la République était dans une seule de ses villes, le délai d'un jour pourrait suffire; plusieurs jours sont nécessaires pour que son vaste territoire soit placé, en quelque sorte, sous l'acte de la promulgation et sous l'empire de la loi.

On a dit que la majesté de la volonté nationale exigeait qu'elle fût obéie à l'instant qu'elle est connue : c'est un seutiment vertueux, que le respect qu'on a exprimé pour cet acte souverain ; mais l'idée qu'on se fait de sa majesté est une erreur.

La majesté de la loi est surtout dans la manifestation solennelle par laquelle elle se fait connaître à tous pour commander à tous.

Ces détails prolongés dans lesquels je suis entré pour essayer de déterminer le véritable caractère de l'acte de la promulgation, pourront vous prouver, je crois, que les dispositions qui s'y rapportent dans ce projet de loi, donnent tout à la fois au projet un caractère contraire à la constitution et à l'acte des moyens indignes de son objet.

4 Il est dans ce projet de loi, tribuns, une disposition plus absolue, plus abusive, plus funeste encore, sur laquelle je dois appeler toute votre attention ; c'est cette disposition par laquelle *le juge pourra être poursuivi comme coupable de déni de justice, parce qu'il aura refusé de juger sous le prétexte du silence, de l'obscurité ou de l'insuffisance des lois.* Elle peut paraître étrange, cette disposition, qui efface, en quelque sorte, le Code civil, avant qu'il soit présenté.

Qu'est-ce donc, me suis-je demandé, chez une nation civilisée, c'est-à-dire régie par des lois, qu'est-ce que cette justice, par laquelle sa puissance intervient dans les démêlés qui s'élèvent entre des particuliers ? Cette justice, qui est l'intervention même de la société pour le maintien des rapports qui la composent, peut-elle être donc autre chose que l'application des lois qui ont déterminé ces rapports ? Non, tribuns, la justice de la société n'est et ne peut être que ce que prescrit la loi, que le texte même de la loi.

Mais si le texte de la loi est tellement obscur qu'il cache au juge ce qu'elle a prescrit ; si l'objet sur lequel on la réclame n'est pas assez déterminé par elle pour que son application puisse l'embrasser, vous exigez que le juge rende un arrêt lorsqu'il doit être sans détermination ; et, bien plus, lorsque la loi se tait vous voulez qu'il la fasse parler ? Juger est donc autre chose qu'appliquer la loi.

Et quelle raison donne-t-on de ce dangereux système ? *Il y avait des juges*, dit-on, *avant qu'il y eût des lois.* Et comment sait-on si bien ce qui se passait dans ces temps reculés qui n'ont pas d'histoire ? Oui, sans doute, il y a eu des sauvages et des barbares avant qu'il y eût des hommes civilisés ; il y a eu aussi des maîtres avant qu'il y eût des magistrats : est-ce à dire que nous devons donner, que nous donnons le nom de juges à ceux qui prononcent entre les particuliers, là où les lois n'ont pas prononcé ? Non, sans doute, tribuns ; parmi nous ce sont des arbitres, et en Turquie c'est le despotisme.

Mais s'il y avait des juges qui jugeassent sans suivre les lois, dans ces temps qu'on connaît si bien, et où *il n'y avait pas de lois*, il y a apparence qu'on a fait des lois pour être jugé par elles et non par eux, pour que le juge fût l'agent et non le maître de la loi, pour qu'il fût l'organe de la loi et non pas la loi elle-même.

Concluons donc que désormais, du moins, et pour nous, un juge ne peut être, comme le dit Montesquieu, *que la bouche qui prononce les paroles de la loi.*

Les rédacteurs du projet du Code civil se sont trop défiés d'eux-mêmes, lorsqu'ils ont pu consentir à donner sur les lois dont ils avaient la première conception, ce terrible droit de les interpréter, de suppléer à leur insuffisance, et même à leur silence ; mais il ne faut pas que cet abus de leur modestie prévaille sur le caractère de la loi et sur les droits des citoyens.

Pour faire connaître et apprécier ce droit de l'interprétation des lois, pour faire frémir sur ses effets et les citoyens, et ces hommes modestes qui ont pu lui sacrifier d'avance leur ouvrage, il suffit de rappeler les expressions par lesquelles l'un d'eux a défini l'interprétation dans le discours préliminaire d'un des projets de Code civil qui nous ont été distribués.

Quand la loi est claire, y est-il dit, *il faut la suivre;* quand elle est obscure, il faut en *approfondir* les dispositions; si l'on manque de loi, il faut consulter l'*usage* ou l'*équité*. L'équité est le retour *à la loi naturelle,* dans le *silence, l'opposition* ou l'obscurité des lois positives.

Quand la loi est *claire,* il *faut* la suivre : c'est donc à dire que lorsqu'elle n'est pas aussi claire qu'elle devrait l'être toujours, il *faut* ne pas la suivre; et cette clarté de la loi qui est une condition *sine quâ non* de son application, c'est le juge qui en décide et qui, selon ses idées sur ce qui constitue la clarté d'une loi, peut la suivre ou la faire? Car, d'après le droit de l'interprétation, que dis-je! d'après le projet de loi que nous discutons, il faut que le juge juge toujours, ou il est coupable d'un déni de justice.

Je m'arrête, tribuns, et je ne veux pas continuer ainsi l'analyse de chaque partie de cette définition; on pourrait croire que je veux donner à cet examen un caractère trop différent, sans doute, de mes intentions : j'ai voulu seulement, et j'ai dû prouver les dangers de l'interprétation, par les paroles mêmes de celui qui faisait de sa doctrine une loi nécessaire du Code civil. Il ne faut pas croire qu'on puisse faire de ce droit terrible une définition meilleure que celle de ce jurisconsulte justement célèbre : non, cette définition du droit de l'interprétation est un énoncé exact et complet de ses effets; et, il faut le dire à la louange de son auteur, sa conscience a asservi son esprit.

Il n'est donc pas vrai que le juge qui s'abstiendrait de juger dans le silence de la loi, qui s'abstiendrait à cause de son obscurité ou de son insuffisance, fût coupable d'un déni de justice; il refuserait le droit d'une injustice, l'impunité d'un attentat aux droits des citoyens et à la sainteté de la loi.

Mais si le juge refuse un arrêt par l'un de ces motifs, où les citoyens pourront-ils donc implorer et obtenir justice?

Je réponds d'abord qu'une bonne législation doit prévenir ces cas, qu'elle peut au moins les rendre extrêmement rares;

En second lieu, que le refus de juger, fait par un juge quelconque, et ainsi motivé, est un jugement susceptible d'appel et puis de cassation comme tous les autres; l'appel, le renvoi à un autre tribunal, donnent des juges nouveaux qui, s'ils se refusent à prononcer un arrêt, comme les premiers, prouvent la justice du refus et le besoin d'une nouvelle loi : mais comme la loi ne peut avoir d'effet rétroactif, ceux qui sont en discussion sur un objet qu'elle n'a pas déterminé, peuvent attendre la loi qui interviendra comme la règle volontaire de leur débat.

Enfin, que, si la nature de la discussion ou l'impatience de la terminer, ne leur permet pas cette attente, ils sont alors comme s'ils étaient dans ces temps où *il n'y avait pas de lois;* ils prennent des arbitres.

L'abus des référés aux législateurs, dont on paraît si justement effrayé, a cessé d'être à craindre avec les causes qui l'avaient fait naître parmi nous.

Dans ce passage d'un régime ancien à un nouvel ordre, qui s'appelle une *révolution,* tous les rapports ordinaires de la société sont inévitablement atteints par le mouvement qui la renouvelle; il faut des lois qui suivent ces rapports dans leur changement: s'il est bien difficile qu'une grande révolution s'opère tout d'un coup et sans combats, il n'est pas moins difficile que les combats aient toujours les mêmes causes, et les victoires les mêmes caractères; les rapports de la société sont tourmentés et altérés, comme ses élémens, par les passions qui l'agitent; la plupart des lois, comme les événemens, peuvent être tour à tour des excès différens; et le juge, tremblant d'appliquer une loi née d'une circonstance qui n'est déjà plus, ou de s'exposer à la vengeance des passions qui, d'un instant à l'autre, font une circonstance nouvelle, interroge le législateur pour rassurer sa conscience ou sa faiblesse.

Telles sont les causes multipliées et variées qui produisirent l'abus des référés; et le changement des temps, comme celui de toute notre organisation intérieure, ne permet plus de craindre qu'elles se renouvellent.

Si l'expérience cependant, expérience qui ne pourrait pas être tardive, prouvait que la législation n'est pas assez complète pour prévenir l'abus des référés au législateur, ce serait là sans doute pour lui l'objet d'un sérieux examen; ce serait là, peut-être, le sujet d'une institution spécialement destinée à prévenir cet abus, ses dangers, et bien appropriée à cette destination. L'Angleterre nous offre l'exemple d'une institution de ce genre dans ses cours d'équité, dont la cour de chancellerie est la principale. S'il était possible qu'une législation toute renouvelée, et préparée avec tant de soin, tant de scrupule, par des esprits si éclairés, puisqu'ils ont été choisis, pût nous rendre, d'un moment à l'autre, cet établissement indispensable, il suffirait, pour le réaliser, que la loi donnât une attribution nouvelle au tribunal de cassation, ou lui traçât seulement un usage nouveau de celles qu'il a déjà. D'autres moyens encore propres à ce but, et qui feraient sortir de cette espèce d'interrègne de la loi de grandes impressions, une morale qui consacrerait son auguste caractère, seraient toujours au pouvoir du législateur, et bien faciles à son génie : mais, en attendant, tribuns, gardez-vous de croire que vous puissiez consacrer par votre adoption le projet d'une loi qui anéantit le bienfait et l'existence des lois civiles qui vont être décrétées.

Mais cette doctrine du droit de l'interprétation des lois, ses auteurs croient qu'elle est indispensable, parce qu'ils n'ont pas assez distingué les maximes du gouvernement monarchique sous lequel ils ont acquis leur réputation de grands jurisconsultes, des principes du gouvernement républicain sous lequel ils sont appelés à mériter la gloire de législateurs.

Ce n'est pas, tribuns, par mes faibles paroles, mais par la nature des choses et par l'autorité de Montesquieu, que je vais établir et rendre sensible la nécessité de cette distinction et de ses effets. Je suis heureux de pouvoir opposer à l'exposition des motifs du projet que nous discutons l'*Esprit des lois,* cet ouvrage qui semble un extrait du grand livre des destinées.

Après avoir observé que, *dans les états despotiques, il n'y a point de loi,* que *le juge est lui-même sa règle,* Montesquieu ajoute : *Dans les états monarchiques, il y a une loi; et là où elle est précise, le juge la suit; là où elle ne l'est pas, il en cherche l'esprit. Dans le gouvernement républicain, il est de la nature de la constitution que les juges suivent la lettre de la loi; il n'y a point de citoyen contre qui on puisse interpréter une loi, quand il s'agit de ses biens, de son honneur ou de sa vie.*

Remarquez, tribuns, que les paroles de Montesquieu accordent beaucoup moins à l'arbitraire du juge monarchique, que n'en donnent aux juges, dans notre république, les motifs et le texte du projet de loi que je combats.

Ce n'est pas le nom de Montesquieu seulement, c'est la nature des choses, qui établit cette différence dans l'application des lois d'une monarchie et d'une république.

Ces différences de rangs, d'origines, de conditions, qui caractérisent une monarchie; ces innombrables et arbitraires classifications, où les hommes et les choses y sont jetés, créent dans cette espèce de société une infinité de rapports différens d'où naissent la multiplicité et la diversité des lois.

C'est *dans ces lois* qu'*il ne faut pas être étonné,* dit Montesquieu, *de trouver tant de règles, de restrictions, d'extensions qui multiplient les cas particuliers, et semblent faire un art de la raison même.* C'est cet art qui est la jurisprudence, l'art de l'interprétation des lois.

Il faut avouer qu'à ces principes généraux de la diversité des lois dans toutes les monarchies, la monarchie française en joignit qui lui étaient particuliers, et qui produisirent cet assemblage bizarre des Codes les plus contraires, cette confusion légale dont le rapport de votre commission vous a présenté le tableau.

Assurément dans ce chaos, qu'on appelait une législation, et que ne pouvaient éclairer quelques belles ordonnances dictées par le génie des l'Hopital ou des d'Aguesseau, le fil de l'interprétation devenait un guide nécessaire pour celui qui osait monter sur un tribunal; et l'arbitraire du juge pouvait y être la justice.

Mais le remède même aggravait bientôt, aggravait sans cesse le mal qu'il devait pallier; et l'immense collection des arrêts des parlemens, le plus souvent différens dans des causes semblables; les recueils innombrables des nouveaux jurisconsultes, aussi d'accord entre eux que les arrêts des parlemens, étaient devenus autant de sujets de contradiction pour les particuliers, autant de causes de pénibles incertitudes ou de moyens d'arbitraire pour le juge (a).

Et je le demande à ceux de mes collègues qui, dans cette profession si pénible, si honorable, et dont l'utilité est le

---

(a) Entre autres faits qui peuvent prouver dans quelle situation affreuse une pareille législation mettait nécessairement et les magistrats et les particuliers, j'en citerai un dont j'ai été témoin, et dont je reçus une impression qui ne s'est jamais effacée ni affaiblie.

Lorsque je suivais les écoles de droit, je suivais aussi le barreau pour apprendre à connaître les lois en voyant leur application. Une cause qui avait beaucoup d'éclat avait appelé un public nombreux à une audience de la grand'chambre du parlement de Bordeaux : l'avocat qui plaida le premier fonda la justice de sa cause sur trente arrêts de différens parlemens, sur plus de trente décisions des plus célèbres jurisconsultes; le second avocat fonda la justice de sa cause sur trente arrêts de différens parlemens, sur plus de trente décisions des plus célèbres jurisconsultes. Enfin, dit-il avec un accent de probité qui faisait entendre toute son âme, à ce nombre au moins pareil d'autorités, j'ajoute tout le poids de l'autorité du Dumoulin, qui doit faire pencher de mon côté la balance de la justice : il perdit son procès. J'étais sans doute trop écolier pour apprécier alors tout ce qu'il y a de mérite dans les ouvrages de Dumoulin; mais je fus confondu de voir qu'il y eût tant de raisons pour gagner un procès, tant de raisons pour le perdre, et si peu de moyens pour reconnaître la justice.

premier salaire, ont réfléchi sur le caractère de ces lois qu'ils invoquaient pour ceux qui ne les connaissaient pas; je le demande à tous ces jurisconsultes incapables d'inventer des difficultés pour se rendre nécessaires, et de craindre ce bon sens, cette expression simple de la loi, qui pourraient prévenir beaucoup de procès et en rendre la poursuite moins incertaine ; je leur demande s'ils n'ont pas gémi mille fois sur cette législation dont les fils innombrables et sans cesse rompus, pouvaient à peine être démêlés par tous les efforts de leur esprit, et offrir, de loin en loin, à leurs investigations scrupuleuses, un but où se reposât leur conscience; je leur demande s'ils n'ont pas appelé, avec toute la France, une législation qui réparât enfin les effets et prévînt à jamais le retour de l'interprétation des lois du droit de suppléer à leur insuffisance et à leur silence. Et c'est au moment même où cette législation nous est offerte, qu'on donne à l'application des lois un principe qui doit les détruire !

Dans une république, tribuns, dans la république française surtout, la simplicité et l'uniformité des lois sont une conséquence nécessaire de l'égalité absolue qui fait la base de la constitution ; les lois peuvent y atteindre et déterminer avec précision les rapports qui naissent naturellement entre des citoyens unis par des besoins communs et par des intérêts réciproques : dans un tel état, l'interprétation des lois, le droit de suppléer à leur insuffisance ou à leur silence, ne pourraient que troubler les déterminations de la loi, et ébranler toutes ses garanties.

Il faut, sans doute, que les citoyens puissent être arrêtés dans leurs démêlés par toutes les voies de la conciliation ; c'est un devoir du législateur, et une partie de son génie, de multiplier avec habileté tous les moyens de prévenir un procès : il faut que les arbitres de la confiance, les arbitrages de raison et d'équité naturelles, arrêtent les citoyens et les réconcilient avant qu'ils aient porté leurs débats jusqu'au sanctuaire de la loi. Mais, parvenus là, ils ne doivent avoir que la loi pour juge ; le juge n'y peut être *que la bouche de la loi.*

Pour autoriser le droit de l'interprétation dans cette partie de la législation qui s'appelle *civile*, on a distingué ses caractères de ceux qui sont propres à la législation criminelle : cette distinction qu'on se croit obligé de faire, est un aveu de l'abus, des dangers de l'interprétation des lois, et non une preuve que l'usage puisse en être bon, ni qu'il soit indispensable dans aucun genre de loi.

Les caractères de ces deux branches particulières de la législation générale sont différens sans doute ; et il est bien impossible de penser à les confondre : mais la différence de ces caractères doit porter sur les formes de la procédure ; elle doit donner un caractère distinct aux actes propres à l'objet de chacune de ces procédures ; mais elle ne peut pas porter sur l'application de ces lois : cette différence des formes dans les deux procédures ne peut pas en devenir une dans la manière de juger : car, dans l'une comme dans l'autre procédure, c'est toujours de l'application de la loi qu'il s'agit, c'est cette application qui est le jugement.

Montesquieu n'a pas fait cette distinction sur la manière d'appliquer la loi en matière criminelle et en matière civile, dans un état libre ; la monarchie française ne la faisait pas davantage ; l'interprétation et son arbitraire régnaient sur les siéges de la Tournelle comme sur ceux de la grand'-chambre des parlemens.

Il n'y a point de citoyen, dit Montesquieu, *contre qui on puisse interpréter une loi, quand il s'agit de ses biens*, etc. Cette expression, *ses biens*, désigne, sans doute, les lois civiles : et si elles ont encore bien d'autres objets qui doivent nous les rendre plus chères ; c'est une preuve que Montesquieu n'a pas désigné celui-là au hasard : et c'est qu'en effet, la propriété fait partie de l'existence du citoyen ; c'est un des plus grands intérêts de la formation et du maintien de la société; et je suis étonné, je vous l'avoue, tribuns, qu'on n'aperçoive pas à quel point cette différence qu'on veut mettre dans la manière de juger au civil et au criminel, et la distinction sur laquelle on l'établit, peuvent affaiblir le principe de la propriété, ce principe si vrai, si nécessaire, si fécond dans les sociétés modernes.

C'est pour les lois civiles comme pour les lois criminelles, que Montesquieu dit encore : *Les jugemens doivent être fixes à un tel point, qu'ils ne soient qu'un texte précis de la loi ; s'ils étaient une opinion particulière du juge, on vivrait dans la société sans savoir précisément les engagemens que l'on y contracte.*

Montesquieu y avait pensé, sans doute, pendant les vingt années qu'il a passées à faire son ouvrage ; et puisque cet esprit si sage dans sa grandeur n'a pas fait cette distinction, puisqu'il n'en a pas même aperçu le motif, il m'est permis de penser qu'elle n'est pas aussi fondée sur la nature des choses qu'on paraît le croire ; il m'est permis, peut-être, de la prendre plutôt pour une erreur de la jurisprudence que pour un principe de la justice.

Mais Delolme, qui a fait si bien connaître et apprécier toutes les parties de la constitution anglaise, cet écrivain, dont l'esprit paraît si juste, surtout parce qu'il est très-modéré, après avoir exposé les attributions de ces cours d'équité créées par la loi, et spécialement destinées à suppléer à son insuffisance ou à son silence, juge cependant cette institution avec une rigueur qui peut étonner et ébranler la théorie la plus hardie sur l'interprétation des lois.

Vu la précision des idées qu'on se forme aujourd'hui, dit Delolme, *du pouvoir des magistrats et des juges, on peut à peine se figurer que cette espèce de tribunaux, quelque utiles qu'ils soient, puissent être autorisés.*

Et ce qu'il y a de bien remarquable, c'est que les publicistes anglais tiennent pour maxime que *la cour* DE CHAN-CELLERIE, qui est la première des cours d'équité, *ne saurait porter atteinte aux biens, mais à la personne.* On peut être fort surpris de trouver cette opinion parmi les publicistes d'une nation qui a un sentiment si scrupuleux, si inquiet même de la liberté : je crois cependant que cette opinion est fondée sur l'observation vraie des intérêts et des passions qui s'agitent dans la société. Il n'est pas rare que la fortune et les biens d'un homme n'inspirent l'envie et ne poussent à la recherche des moyens de l'en déposséder; mais, dans cette faiblesse trop malheureuse, le cœur humain est au moins très-difficilement capable de se porter jusqu'à une violence homicide.

Il ne suffit pas, tribuns, d'opposer à cette distinction et à ses dangereuses conséquences, l'autorité d'un des premiers génies de notre nation, celle de Delolme, des publicistes et des exemples de l'Angleterre; il faut qu'elles soient jugées et dissipées par la nature même des choses; et, pour cela, ce sera assez de l'examen le plus simple comme le plus facile.

En matière civile comme en matière criminelle, c'est toujours sur un fait que la loi et le juge prononcent.

En matière civile, le fait se complique, il est vrai, plus qu'en matière criminelle; c'est un acte dont il faut connaître les formes que la loi a déterminées.

Ainsi la loi civile fait, en quelque sorte, le patron de tous les faits, sur lequel le juge doit et peut l'appliquer.

En matière criminelle, l'existence du fait est décidée par le jury avant que le juge y applique la loi.

Si les jurés avaient été établis en matière civile, comme l'assemblée constituante fut au moment de le faire, le juge n'aurait eu qu'à appliquer la loi au fait, dont l'existence aurait été constante par la déclaration du jury.

Eh bien! dans la procédure actuelle, le juge, en matière civile, applique la loi en même temps qu'il est juge du fait.

C'est une raison pour que la loi fixe avec plus de précision les caractères qui constituent le fait au civil.

C'est une raison pour que le juge soit plus religieux à reconnaître l'identité du fait particulier du procès, avec le patron général que la loi en a tracé.

Mais ce n'est pas une raison pour qu'il puisse voir dans la loi plus qu'elle ne dit, pour qu'il puisse régulariser un acte qui n'a pas les caractères de la loi.

Il n'est donc pas vrai, tribuns, qu'en matière civile plus qu'en matière criminelle, l'application des lois d'une république puisse être soumise à l'interprétation de leurs organes. Et si la force des choses, comme je l'ai dit ; si cette multiplicité de rapports différens qui constituent les monarchies ; si cette diversité confuse de lois nécessaires à la fois et impuissantes pour atteindre à tant de rapports ; si toutes ces causes nous expliquent et semblent justifier l'empire de l'interprétation sur tous les Codes et sur toutes les juridictions des états monarchiques ; sous la constitution qui régit maintenant la France, ce sont là autant de raisons qui nous rendent plus sensible et plus impérieuse l'obligation de fermer à la fois et à jamais tous les sanctuaires de la loi à cette puissance arbitraire.

Mais il est une autre raison, tribuns, de cette différence qu'on aperçoit dans la manière générale d'appliquer les lois d'une monarchie et celles d'une république : c'est la différence même qui existe dans l'origine des lois de ces deux états.

Dans la monarchie, les lois sont l'ouvrage d'un seul homme, ou de je ne sais quoi ; là, elles peuvent venir d'une introduction plus ou moins autorisée, d'une transmission plus ou moins constatée, de l'usage, d'une violence qu'on appelle droit de conquête, d'un privilége, d'une exception, enfin de tout et de rien ; elles ont mille sources égarées et pas une origine véritable. Le titre incertain de la loi, son arbitraire pour être loi, peut excuser et, si l'on veut, même autoriser l'arbitraire du juge pour l'appliquer.

Mais l'origine de la loi, dans une république, ne permet à aucune puissance humaine de la changer ou de la modifier dans son exécution, de suppléer à son insuffisance et encore moins à son silence, de parler quand elle se tait, de la faire agir quand elle n'existe pas; en un mot, de la faire au lieu de l'appliquer : car tel est l'effet du droit de l'interpréter, telle est la conséquence ou plutôt le texte même du projet que je combats.

La loi dans une république est une émanation de la souveraineté ; c'est l'ouvrage du peuple par lui-même ou par ses représentans, par les pouvoirs que sa constitution a établis pour faire la loi; la loi, c'est la volonté nationale, ainsi que l'a dit son premier magistrat dans le Conseil d'État : et c'est pourquoi elle est la seule puissance que des hommes libres puissent connaître ; c'est pourquoi ceux qui concourent à faire la loi s'appellent citoyens, c'est-à-dire membres de la cité, individus dont la réunion compose la république, et qu'elle reconnaît pour ses membres aux conditions que sa Charte constitutionnelle a fixées ; ils sont sujets de la loi, parce qu'ils ont concouru à la faire, et ils ne peuvent être appelés que citoyens, précisément parce qu'ils ne peuvent être sujets que de la loi.

Mais après avoir rappelé ainsi le caractère de la loi et des citoyens qui ne reconnaissent qu'elle, ai-je besoin d'ajouter que la loi doit être sacrée pour le juge, qu'il ne peut imposer qu'elle, et non ce qu'il en pense, aux citoyens qui la réclament; qu'il doit rester dans le silence lorsqu'elle n'en est pas sortie ?

Le juge qui jugerait dans le cas où l'exige le projet de loi que je combats, commettrait le crime qu'il serait chargé de punir, causerait le dommage qu'il serait chargé de réparer : le citoyen ne peut être sujet à la loi que parce qu'il l'a enfreinte, et le juge l'enfreindrait pour l'appliquer. Assurément, si l'on est coupable pour enfreindre une loi, comment qualifiera-t-on le crime de celui qui supposera l'existence d'une loi pour agir sur quelqu'un ou sur quelque chose? C'est ce crime qu'exige le projet de loi et qu'il exige d'un juge.

Il faut le répéter, tribuns, c'est surtout ce principe de l'origine souveraine de la loi, qui fait de son texte la règle précise et impérative des jugemens dans une république; cela est tellement vrai, que, partout ou la loi a eu ce grand caractère, elle a eu cet empire suprême et irrésistible. Assurément, la république romaine n'avait pas les mêmes élémens que la constitution anglaise, et ce n'est pas la simplicité de leurs élémens qui peut caractériser l'une ni l'autre : mais en Angleterre, comme à Rome république, l'on voit ce véritable attribut de la loi d'être l'ouvrage du peuple par lui-même, ou par ses représentans constitués, produire le même effet, l'empire absolu et unique de la loi. C'est aussi dans l'histoire de la république romaine; c'est dans l'étude de la constitution anglaise, et dans l'observation de ses effets, que Montesquieu a surtout puisé ses principes incontestables sur le caractère et l'application des lois; et ces principes sont ceux de tous les publicistes un peu éclairés par l'observation des faits, un peu instruits de ce qui se pratiquait autrefois et de ce qui se pratique aujourd'hui chez les nations libres; de ces publicistes, qui n'ont pas appris dans leurs recherches vertueuses à se jouer par de vains sophismes des droits des hommes et de la souveraineté des nations. Ces principes eurent toute leur vigueur chez les Romains, tant que la république y eut toute sa vie, et lorsqu'ils s'y affaiblirent, lorsque le préteur introduisit la formule des actions, la république romaine était déjà dans cette pente qui allait la précipiter dans le gouffre de la monarchie absolue.

Assurément Rome n'était plus dans la force de ses institutions et de ses vertus à l'époque où vécut Cicéron; et cependant, dans l'accusation contre Verrès, ce grand homme met au nombre de ses principaux griefs l'interprétation que le concussionnaire avait faite d'un article de la loi Voconienne.

C'est par ce respect absolu, par cette observation même minutieuse de la loi, que l'Angleterre se dédommage de l'imperfection des siennes, et la corrige, pour ainsi dire; car s'il est trop vrai que l'usage d'une mauvaise loi est funeste, l'effet seul de l'interprétation est mille fois plus fatal : on peut éviter jusqu'à un certain point de tomber dans les cas d'une loi mal faite; mais rien ne peut garantir de l'application d'une loi qu'on interprète, encore moins d'une loi qui est appliquée sans qu'elle existe.

Cette fierté d'un homme qui est sûr de n'obéir qu'à la loi, cette confiance qu'elle lui donne dans tous les actes de la vie, ce respect qu'elle lui inspire pour ses semblables et pour lui-même, sont les sentimens les plus féconds pour le bonheur des individus et pour les prospérités de l'État : c'est l'observation de ces sentimens et de leurs effets sur l'existence des Anglais, qui fait aimer, qui rend touchante jusqu'à la pédanterie qu'ils mettent dans leur recherche du texte de la loi. Ailleurs on est pédant aussi, mais dans l'interprétation des lois; et c'est la pédanterie des Anglais qui vaut mieux.

Les Anglais ont redouté la puissance royale; ils l'ont entourée de barrières qui n'ont pas été toujours assez hautes; mais ils ont bien plus redouté les abus de la puissance judiciaire; et c'est en effet avec ces abus, que ceux du pouvoir exécutif, l'arbitraire vers lequel il tend sans cesse, peuvent former la plus terrible alliance. Cette alliance secrète et cachée, comme les moyens par lesquels elle agit, peut rendre le pouvoir exécutif absolu, peut mettre entre ses mains l'État, la fortune, la vie des citoyens, sans qu'ils se soient aperçus du changement de la constitution. Voilà ce que les Tudors avaient appris aux Anglais. Ces insulaires si fiers eurent des rois qui affectèrent le despotisme ; et ils purent les supporter, parce que le despotisme qui se montre n'est pas long-temps à craindre pour des âmes fortes ; là où elles le voient elles sont bien sûres de l'abattre quand elles en seront lasses, quand elles le voudront ; et cette certitude les rend patientes : mais le despotisme qui se glisse à l'ombre des lois est partout et ne peut être surpris nulle part.

A l'époque où nous sommes, dans le moment où tous les pouvoirs que la constitution a établis commencent leur existence, et veulent la cimenter par le respect du caractère qui les distingue, il nous est difficile, sans doute, de prévoir ces entreprises obscures du pouvoir exécutif, cet envahissement ténébreux dont l'interprétation des lois peut devenir pour lui le moyen dans leur application : mais les lois civiles, comme les lois constitutionnelles, sont faites pour la durée de ce temps qui altère tout ; et la sagesse du législateur consiste à placer dans son ouvrage des principes qui préviennent, qui atténuent, et non qui fortifient l'effort continuel de ce grand destructeur.

La sagesse du législateur lui fait apercevoir dans des exemples étrangers ce que sa situation particulière ne peut pas lui faire craindre pour lui-même ni pour ses contemporains ; et l'exemple de l'Angleterre peut nous apprendre tout ce qu'une nation libre doit craindre des abus de la puissance judiciaire, c'est-à-dire des effets de l'interprétation des lois dans leur application ; c'est dans la recherche des moyens propres à prévenir ces abus, à les reconnaître, à les punir, que les Anglais semblent avoir épuisé toute la profondeur de leur forte intelligence, et toutes les ressources de leur sagacité laborieuse : et c'est bien là le sentiment d'une nation vraiment libre, et dont la liberté est devenue le développement des plus heureuses industries, qui ne veut pas que sa propriété, ses travaux et leurs produits, toute son existence enfin, soient mis à la merci d'une volonté individuelle, à la merci de la pensée particulière d'un juge sur la loi ; mais plutôt et uniquement confiés à la loi, et textuellement garantis par sa toute-puissance. L'usage d'une mauvaise loi est funeste sans doute ; mais l'interprétation peut faire un usage désastreux de la meilleure loi ; et quel abus peut se comparer à ce seul effet de l'interprétation des lois, qui est de faire vivre au milieu de la société, comme si elle était sans lois ? C'est un fléau sans bornes, une contagion qui n'a pour symptômes que ses ravages, un mal qui se cache et agit dans le remède même qui devrait le guérir ; c'est l'arbitraire sous les formes de la loi, et l'anarchie sous les apparences de l'ordre.

Ainsi, par les effets de cette seule disposition de la loi dont nous discutons le projet, de cette disposition qui donne à l'organe de la loi le droit de suppléer à son insuffisance, et même à son silence, vous pouvez voir, tribuns, tous les rapports de notre organisation constitutionnelle se dénaturer de proche en proche ; ce n'est pas seulement la détermination de ces rapports et leurs garanties qui deviennent diverses, incertaines, précaires ; mais les droits mêmes du citoyen et son égalité, le caractère du Corps législatif et ses bienfaits, les attributions du tribunal de cassation et son action salutaire, qui s'égarent, s'effacent, se perdent avec la loi devant le pouvoir arbitraire du juge.

L'égalité du citoyen consiste à n'être soumis qu'à la loi ; par le droit donné au juge de suppléer à son insuffisance et à son silence, le citoyen devient sujet d'une volonté particulière ; pour lui le juge n'est plus un magistrat ; c'est un homme qui, d'un instant à l'autre, peut exercer un pouvoir personnel sur son état, sur ses biens, sur toute son existence ; un homme dont il faut redouter et flatter les passions.

La permanence et les sessions périodiques du Corps législatif sont un principe d'un état républicain et une disposition de notre acte constitutionnel, pour que les lois soient toujours coordonnées avec ces rapports qu'elles doivent maintenir, et que le temps, le mouvement même de la société, peuvent varier, multiplier : l'expérience de chaque année doit apprendre au législateur quelles lois sont insuffisantes, quelles lois sont nécessaires; et ainsi la législation se répare toujours sans efforts, et se renouvelle, pour ainsi dire, sans changer. *Les lois humaines*, dit Montesquieu, que je dois citer sans cesse pour écarter de moi jusqu'au soupçon d'exagérer les vrais principes ; *les lois humaines tirent avantage de leur nouveauté, qui annonce une attention particulière et actuelle du législateur pour les faire observer.*

Par le droit donné au juge de suppléer à l'insuffisance et au silence de la loi, *l'attention particulière et actuelle du législateur* devient sans objet pour les Français républicains; la jurisprudence des tribunaux se substitue au pouvoir du corps législatif : il y a plus, le caractère de la législation se corrompt nécessairement par les effets divers de l'interprétation; mais comme le juge n'a jamais besoin d'une loi pour rendre un arrêt, le même abus qui rendrait nécessaire la correction des lois, la rend toujours impossible : ainsi le corps législatif perd à la fois, et la plus grande partie de ses attributions, et le droit qui pouvait le mieux faire apprécier son existence, et bénir le retour de ses sessions périodiques.

Et que l'on ne dise pas que les droits du Corps législatif sont stipulés et garantis par la défense faite aux juges *de prononcer sur les causes qui leur sont soumises par voie de dispositions générales et réglementaires;* j'aperçois fort bien comment cette défense réserve dans toute leur intégrité les attributs du pouvoir qui a l'initiative des lois; mais je ne vois pas qu'elle réserve rien à l'exercice du pouvoir qui a seul le droit de les décréter.

Quant aux citoyens, ils perdent tout au lieu de gagner quelque chose à cette défense *de prononcer par voie de dispositions générales et réglementaires.* Puisqu'il faut dépendre de la volonté du juge au lieu d'être soumis à la loi, c'est un avantage, sans doute, que le juge s'impose et vous fasse connaître la règle par laquelle il lui plaira de vous juger; il vaut mieux qu'à l'exemple du préteur romain, il dise à l'avance comment il interprète la loi où comment il y supplée, que d'être en proie à une interprétation variable comme les pensées qui peuvent se succéder dans son esprit, que d'être en proie à un arbitraire de tous les instans.

Pour le tribunal de cassation, qui est destiné à casser les jugemens contraires aux lois et à marquer ainsi continuellement aux tribunaux cette route où ils doivent suivre la justice, quel usage pourra-t-il faire de son pouvoir sur des jugemens rendus dans le silence de la loi ? Ils sont trop dignes d'exercer cette autorité tutélaire des droits de la loi, les magistrats qui composent le tribunal de cassation, pour imiter jamais le juge dont on leur soumettrait un semblable arrêt : ils s'abstiendraient, et ils ne voudraient pas compromettre leur propre caractère en oubliant celui de la loi, qui doit être leur règle positive, invariable, pour la défendre.

Je ne suppose rien, tribuns; je tire des conséquences, et il ne faut pas croire qu'elles soient exagérées ; ce n'est que l'aperçu des résultats nécessaires du droit donné au juge de *suppléer à l'insuffisance et au silence des lois.* Ces résultats sont certains, si les juges reçoivent un pareil droit. Dira-t-on qu'ils pourraient le recevoir et ne pas en abuser ? Mais ici l'usage est l'abus : l'exercice seul du droit réalise toutes les conséquences que j'en ai tirées. Dira-t-on que les juges ne l'exerceront pas ? et pourquoi donc le leur donner ? Mais que dis-je moi-même ? La loi dont nous discutons le projet punit le juge qui refuserait, qui suspendrait l'exercice du droit qu'elle lui donne; elle le déclare coupable *d'un déni de justice.*

S'il était donc possible, tribuns, que le projet soumis à votre discussion devînt une loi, une seule de ses dispositions amenerait successivement la désorganisation du système total de la constitution et de la République française ; et ce malheur affreux ne serait pas le seul. Cette disposition fait plus que d'effacer le Code civil auquel on l'associe ; elle fait de ce Code un nouvel aliment de tous les abus qu'il était destiné à guérir : la diversité des jurisprudences s'en augmente ; l'empire des coutumes renaît en France sous le nom d'usages ; il y a autant de justices en France qu'il y a de manières différentes d'interpréter les mêmes lois. Tout devient commentaire pour cette interprétation, et tout ce qui s'appela la législation de la monarchie, et toutes les lois révolutionnaires, et toutes les passions cherchent des titres et trouvent des droits dans ce chaos de contradictions.

Quels effets, tribuns ! à quels dangers ils exposent la fortune et toute l'existence des Français ! quel abus mortel pour le développement de tous les genres d'industrie, pour les relations du commerce national ! Si la diversité des jurisprudences et la mauvaise administration de la justice furent comptées autrefois en France au nombre des principales causes qui rendaient sa situation intérieure si différente de la prospérité intérieure de l'Angleterre, que ne faudrait-il pas redouter de la perpétuité d'une pareille cause que d'autres aggraveraient encore ? N'est-il pas vrai que la foi des transactions s'affaiblit par l'incertitude des formes et l'instabilité des actes ? n'est-il pas vrai qu'alors ce mouvement de travaux et d'industries, qui met, pour ainsi dire, les hommes et les choses dans une circulation continuelle, se décourage, s'arrête ; que la propriété territoriale s'appauvrit par le dépérissement des autres, que la terre même perd ses produits avec ses moyens d'exploitation ?

Eh quoi ! ces rapports de la famille et de la nature, ne sont-ce pas les lois civiles qui les consacrent et les garantissent ? Ces rapports si doux, et dont on nous parle avec un accent religieux, ces affections profondes qui en naissent et dont on veut que les inspirations salutaires soient nos méditations mêmes sur le Code qui doit, en quelque sorte, en être dépositaire, on veut d'avance les faire sortir de ce dépôt sacré ! Prêts à les confier à la sainteté de la loi, on les place dans la dépendance du juge ! Enfin, tribuns, on substitue à la simplicité des lois de la République la confusion des jurisprudences monarchiques, à l'uniformité des rapports la diversité des garanties, à l'égalité des droits les préférences de l'arbitraire, et au règne de la justice l'autorisation de tous les abus.

Sous tous les rapports qui composent la société, au nom de toutes les affections qu'elle protége et qui l'affermissent, par tous les intérêts qu'elle garantit, comme propriétaires, comme négocians, comme citoyens, comme hommes, les Français ne veulent et ne peuvent être soumis désormais qu'à la loi; et, interprète de leurs sentimens, le Tribunat doit rejeter un projet de loi qui les priverait de tous les avantages de leur indépendance et du prix de tous leurs sacrifices.

Je vote ce rejet.

OPINION DU TRIBUN CURÉE,
POUR LE PROJET.

Tribuns, en vous développant les motifs qui ont déterminé le vœu de la commission, notre collègue Andrieux a montré un trop bon esprit pour n'avoir pas porté lui-même le fort de la difficulté, et le point principal de la discussion qui nous occupe, sur la partie véritablement essentielle du projet, c'est-à-dire sur l'article qui est relatif au mode de rendre les lois publiques et exécutoires.

En effet, les véritables débats entre nous ne peuvent être que là : car des remarques grammaticales n'en sauraient exciter de bien sérieux; et quant aux considérations tirées, ou de l'incohérence de certains articles, ou de l'inconvénient de quelques définitions, ou du peu de rapport qu'il y aurait entre le projet que l'on nous présente, et l'ouvrage auquel il servirait d'introduction, toutes ces considérations doivent être examinées, discutées, et elles l'ont été déjà avec force. Mais, après cela, quel est l'examen essentiel d'où le Tribunat doive faire dépendre un vœu d'adoption ou de rejet? n'est-ce pas l'examen du mode tracé dans le projet pour donner à la marche des lois, une fois rendues, cette notoriété qui avertit tous les intérêts, prévient toutes les surprises, et ne laisse aucun prétexte raisonnable à la proposition d'erreur ou d'ignorance?

Or, si le projet remplit cette condition, l'aura-t-on attaqué d'une manière solide, en disant d'abord qu'il n'est pas à sa place là où il est? et pourquoi? parce que la matière de la publication des lois n'appartient pas plus au Code civil qu'au Code judiciaire, qu'au Code criminel, qu'au Code commercial. A quelle branche de la législation voulez-vous donc qu'elle se rattache; car il faut bien qu'elle se trouve quelque part? Il fallait en faire le sujet d'une loi séparée, laquelle aurait développé l'article constitutionnel sur la promulgation des lois. C'est là précisément ce que fait le projet dans l'article proposé. Il est vrai que cette loi se trouve en tête du Code civil, mais la raison en est bien simple; c'est qu'on va commencer par le Code civil l'ouvrage complet de la législation française; c'est que le Code civil, attendu depuis si long-temps, sera le premier mis à exécution; c'est que, sous ce point de vue, il est de la plus haute importance de régler avant tout la manière dont s'exécuteront des lois qui vont toucher tous les rapports sociaux. Je conviens avec vous que le principe de la promulgation et de la publication des lois rentre dans la sphère constitutionnelle, qu'il est du ressort de la loi politique; mais aussi, convenez avec moi que tout ce qui tient au mode que l'on emploie pour marquer, soit les délais, soit les autres circonstances à la suite desquelles la publication d'une loi est présumée avoir été entendue de tous les citoyens, en sorte que les tribunaux soient obligés d'appliquer à cette loi les transactions civiles, les actions civiles qui dépendraient de son empire ; convenez, dis-je, que tout cela est intimement lié au Code civil, à la loi civile. Le projet qui nous occupe est donc à sa place en tête du Code civil; et par là tombe un des reproches que lui fait le rapporteur de votre commission.

Maintenant examinons la marche qui a été suivie pour déterminer ce qui forme, ce qui constate la présomption juridique d'après laquelle la loi est censée être connue de tous, comme si elle avait été notifiée à chacun, et voyons si le mode qu'on a adopté à cet égard est, je ne dis pas sans inconvéniens, ce que je regarde comme impossible, mais s'il est du moins sans les inconvéniens qu'on a voulu nous faire appréhender.

Aux termes de la constitution, le Premier Consul promulgue les lois, c'est-à-dire, donne le signal qui avertit la République entière qu'une loi a été rendue.

Tel est le principe d'où on est parti pour proposer de décréter qu'à l'échéance de certains délais, la loi serait présumée avoir été connue dans toutes les parties de la France, en conséquence de la promulgation qui aurait été faite par le Premier Consul dans le siége du gouvernement. Cette disposition est simple et tout à la fois pleine de dignité. Le rapporteur de la commission reconnaît qu'elle est la suite immédiate et nécessaire de l'art. 41 de la constitution, mais il ne fallait pas s'arrêter là. L'article 37 de la constitution parle aussi de la promulgation des lois : or, c'est en laissant de côté cet article 37, que le rapporteur a pu se donner carrière et convaincre d'une absurdité palpable la disposition projetée. En effet, que l'on omette cet art. 37, dès-lors l'argument de notre collègue Andrieux est insoluble, et voici comme on peut le réduire à un seul mot en se servant de la phrase même où est conçu l'article proposé.

La promulgation faite par le Premier Consul, laquelle n'est point connue, sera réputée connue, etc.

Mais c'est là ce que je nie, que la promulgation du Premier Consul ne soit pas connue, ne forme pas un terme fixe, un point de départ incontestable, et pour vous prouver mon assertion, je vous ramène à l'art. 37 qui dit : tout décret du corps législatif, *le dixième jour après son émission, est promulgué par le Premier Consul.* Vous voyez que la promulgation du Premier Consul est fixée constitutionnellement au dixième jour. Donc cette promulgation vous présente dans le dixième jour un point de départ certain et incontestable.

Maintenant demanderez-vous quelle sera l'heure de ce dixième jour à compter de laquelle commencera à courir le délai dont il s'agit? je vous répondrai qu'en matière de législation, de contrats, en un mot, qu'en matière de délais, qui dit le dixième jour veut dire tout le dixième jour : en effet, l'article constitutionnel porte que tout décret du corps législatif, le dixième jour après son émission, est promulgué par le Premier Consul : ainsi le dixième jour qui suit l'émission de la loi appartient tout entier à l'acte de sa promulgation? ainsi les délais que l'on fera dépendre d'un pareil acte auront leur premier terme dans le dernier point de la durée du temps où cet acte a pu être fait. Et n'importe que le Premier Consul, qui a le dixième jour tout entier pour faire sa promulgation, puisse la porter à une heure plutôt qu'à une autre; car à moins d'un réglement de sa part qui attache l'exercice de la faculté que lui donne la constitution à telle partie du dixième jour, ce qui alors ferait cesser toute autre présomption ; à moins, dis-je, d'un pareil réglement, et jusqu'à ce qu'il existe, il demeurera constant par le droit commun que la promulgation d'un décret le dixième jour après son émission, embrassant toute la durée de ce jour, les délais que l'on ferait partir de cette promulgation ne commenceraient qu'à la dernière heure de ce dixième jour.

Il est donc évident que le premier terme que nous cherchons, celui du départ de la loi en conséquence de la promulgation faite par le Premier Consul dans le siége actuel du gouvernement, présente, quoi qu'on ait pu dire, une époque certaine et déterminée.

L'arrivée de la loi aux tribunaux d'appel est l'autre terme, et celui-là est établi sur des données positives. Le rapporteur en convient, tout en se plaignant de l'instabilité dont est susceptible cette fixation. Mais fallait-il donc qu'un tableau qui marquât les distances pour chaque tribunal d'appel fît partie et fût un appendice de la loi projetée ? La chose, je ne crains pas de le dire, eût été trop absurde ; cette détermination des distances est un acte de simple réglement. La loi déterminera qu'il y aura tels délais à raison de telles distances ; mais après cela l'opération pour mesurer et déterminer ces distances est de simple exécution, et ne peut être que la matière d'un réglement.

Or, ce réglement une fois porté, rien ne sera plus simple et plus facile que de connaître l'époque et la date précise à laquelle chaque loi aura commencé à être exécutoire dans les divers ressorts des tribunaux d'appel, et c'est là le but principal que l'on devait s'efforcer d'atteindre.

Au reste, si dans le système que l'on vous propose, comme il arrive dans tous les systèmes destinés à être réalisés, il s'élevait des difficultés que n'eût pas prévues la sagesse du législateur, soyez persuadés qu'elles seraient bientôt aplanies par la seule marche du temps et des choses.

Quoi qu'il en soit, le mode que l'on nous présente m'a semblé beaucoup mieux entendu que celui qui existe. Faire marcher la loi vers son exécution successive, et cela à raison de délais déterminés sur une échelle fixe des distances du point central où siége le gouvernement, aux divers points où sont placés les tribunaux d'appel, est un mode qui, à mon avis, a quelque chose de plus positif et de plus certain que n'est un simple envoi et une simple réception du Bulletin des lois au chef-lieu du département, seule formalité pratiquée aujourd'hui pour rendre la loi obligatoire.

J'ai fortement insisté sur l'article premier du projet, parce que j'ai été convaincu que tout le projet dépendait de cet article. Je vais, en finissant, toucher quelques réflexions sur les autres points de la discussion qui nous occupe. Parmi les articles qui suivent le premier, ceux même qu'on a trouvés incontestables, on les a condamnés dans le projet, comme déplacés. Mais, je vous le demande, où donc des règles de droit peuvent-elles être mieux à leur place, qu'à l'entrée d'un corps de droit? On a cité, pour faire sentir cette incohérence dont on se plaint, le principe d'après lequel la loi ne peut avoir d'effet rétroactif. Tribuns, ce principe, véritable *palladium* de tout ordre social, a été si souvent et si ouvertement violé à de certaines époques, qu'on ne saurait aujourd'hui ni assez l'inculquer, ni le répéter assez souvent. Il appartient, dit-on à l'ordre judiciaire : eh bien! qu'on le répète encore dans le Code judiciaire; il n'y aura pas à cela un grand inconvénient.

Un des préopinans s'est élevé contre l'article 5, qu'il a attaqué comme étant erroné dans son principe, et inique dans ses effets. Pourquoi ? parce qu'il tend à priver les citoyens de la faculté qu'ils ont naturellement d'être toujours admis à prouver, contre la loi elle-même, qu'un acte qu'elle a réputé frauduleux dans certaines circonstances, encore qu'il soit dans ces mêmes circonstances, n'est pas néanmoins frauduleux.

Jusqu'à aujourd'hui tous les jurisconsultes avaient reconnu des présomptions de la nature de celles qui ont fait porter la maxime exprimée dans l'article 5, des présomptions qu'ils appelaient *juris* et *de jure*, des présomptions qui ne laissaient pas de lieu à la preuve contraire. On veut détruire cette doctrine ; mais jusqu'à ce qu'on y en substitue une autre, je conseillerai aux législateurs de se tenir à des règles qui nous ont été transmises comme incontestables, et comme renfermant en peu de mots l'esprit de beaucoup de lois.

4 Je dirai sur l'article 6, que si des mouvemens oratoires tenaient lieu de raisons, un des préopinans aurait eu raison de s'élever avec force contre la disposition que renferme cet article ; car, dit-il, une de ses suites inévitables serait d'intervertir la nature d'un des pouvoirs constitués, de mettre en matière civile des arbitres à la place de juges, et de substituer en matière criminelle la faculté de faire grâce ou de commuer la peine au devoir rigoureux d'appliquer le Code pénal au fait déclaré constant. Mais il y a quelque chose de plus fort que tout cela, et notre collègue n'aurait pas manqué de s'en apercevoir, s'il eût poussé un peu plus loin son raisonnement : c'est que ces juges dont on intervertirait de la sorte le caractère constitutionnel, seraient obligés de se prêter à cette interversion sous peine de forfaiture.

J'aurais désiré que le temps m'eût permis de discuter avec quelque étendue cette partie du discours de notre collègue, et de vous démontrer combien ses raisonnemens sont forcés, ses conséquences outrées et toutes ses craintes chimériques. Mais, comme votre commission ne les a pas exprimées, ces craintes ; comme elle n'a pas vu dans l'article, l'étrange bouleversement dont s'est effrayé notre collègue Chazal, nous avons lieu, je pense, d'être rassurés entièrement, même sans discussion plus étendue.

2 à 6 Enfin, pour parler en général des articles qui suivent l'article premier, je dirai qu'en les considérant comme règles de droit et comme principes de décision en une foule de cas où ils peuvent donner le point de l'interprétation de la loi, je les ai trouvés utiles et à leur place. J'aurais désiré

seulement que l'enchaînement en eût été plus considérable.

J'ai prouvé ailleurs que le mode proposé pour assurer la publication et l'exécution des lois est facile, simple et avantageux.

J'en vote l'adoption.

OPINION DU TRIBUN COSTÉ,
CONTRE LE PROJET.

Tribuns, la France n'avait point, n'a point encore une législation nationale.

Les coutumes, les usages des peuples qui composent aujourd'hui ce vaste empire, et qui couvrent son immense territoire; le droit écrit qui dérive des lois romaines; les ordonnances, les réglemens, les actes d'une puissance essentiellement arbitraire, formaient une compilation bizarrement contradictoire, où chacun était tenu de rechercher les dispositions qui régissaient le canton qu'il habitait, et où les juges recueillaient péniblement les principes des décisions incohérentes qui devaient tourmenter en sens inverse, et comme étrangers les uns aux autres, les sujets d'un même royaume, les membres d'une même société.

La révolution, en abolissant partie de ces lois et coutumes, et en en conservant une autre partie, a accumulé une multitude, je pourrais dire innombrable, de nouvelles lois, non moins diffuses et incohérentes : en sorte que la législation en France est devenue un labyrinthe inextricable, un véritable chaos.

Tel était, et l'Europe s'en étonne, tel est encore l'état des choses chez une nation qui compte pourtant quatorze siècles d'existence.

Ce n'est pas que, durant cet espace, les Français, sous la monarchie, fatigués de ce mélange insensé de lois et coutumes, la plupart informes et barbares, n'en aient en divers temps réclamé la réforme ou l'abolition.

Mais la forme d'un gouvernement qui reconnaissait une division de sujets en trois ordres, et qui admettait des distinctions et priviléges fondés sur cette division même, pouvait-elle comporter un plan d'uniformité?

Ce n'est pas encore que, depuis la convocation des notables, les assemblées nationales qui se sont succédées aient méconnu qu'un des grands bienfaits de la révolution devait être un Code général, et qu'elles ne se soient souvent occupées des moyens de le créer;

Mais pouvaient-elles se livrer efficacement à ce travail important au milieu des crises politiques, disons, durant la tourmente révolutionnaire?

Pour consommer ce grand œuvre, il fallait la cessation de toutes divisions intérieures, l'oubli de toutes les haines, il fallait le calme des passions.—Enfin, pour créer une législation raisonnée, uniforme et complète, il fallait atteindre l'époque où nous sommes parvenus avec tant de gloire et de bonheur.

La loi dont nous discutons aujourd'hui le projet est relative à *la publication, aux effets, et à l'application des lois en général.*

Cette première pierre de l'édifice à construire est-elle convenablement préparée?

Est-elle solidement posée?

C'est ce que nous avons à examiner.

Le premier article, en rendant la loi exécutoire dans tout le territoire français, en vertu de la promulgation du Premier Consul, admet un temps progressif, dans lequel la connaissance de cette promulgation peut parvenir aux citoyens des départemens.

D'après le titre même de la loi, cet article doit concerner la publication.

Or, j'y cherche quelle est cette publication; et la loi se tait : — et l'article consacré à la publication n'en indique point le mode, n'en règle point la forme; enfin, ne prescrit point de publication réelle , — et la promulgation de la loi par le Premier Consul est supposée publication dans tous les départemens.

Ainsi, ce qu'on entend par publication ne serait que fiction ; et la présomption dans les départemens, qu'il y a eu promulgation d'une loi à Paris, suffirait pour rendre obligatoire l'acte présumé loi. Non. Ma raison ne peut adopter cette idée.

Le mot *publication* doit avoir une véritable signification.

La publication doit être un acte public, authentique et notoire.

Elle doit être matérielle, et telle qu'elle puisse transmettre la connaissance effective et efficace de la loi.

Enfin, la publication ne peut être une abstraction.

Admettons cependant que je sois dans l'erreur :

Eh bien ! la promulgation par le Premier Consul sera considérée comme publication générale dans tous les départemens.

Fidèle observateur des lois de mon pays, je cherche à les connaître pour m'y conformer.

J'ai su par les feuilles périodiques qu'il a été présenté par le gouvernement un projet de loi, que le Tribunat l'a discuté, le Corps législatif adopté, et que le Premier Consul l'a proclamé loi de la République.

Je demande maintenant où est le texte de cette loi.

Où obtiendrai-je la conviction que ce que les papiers présentent comme loi n'est point tronqué, et est fidèlement rendu?

Et s'il en existe plusieurs versions, où m'assurerai-je quelle est la véritable?

A quel caractère, enfin, reconnaîtrai-je le régulateur de mes actions, la base des actes que je dois contracter ?

Mais, dira-t-on, des dispositions ultérieures suppléeront au silence de la loi sur ce point important; il en interviendra nécessairement qui déclareront que les formalités usitées d'insertion au Bulletin, d'impression, d'affiches, d'envoi aux tribunaux et administrations, seront conservées, ou qui y apporteront les changemens et modifications que la nouvelle législation rendra indispensables.

Vous penserez sûrement, mes collègues, que ces formes salutaires étant inhérentes à la publication, ou étant elles-mêmes la publication, elles devaient faire partie de la loi sur la publication.

Autrement le projet que nous discutons ne serait point ce qu'annonce son titre; ce ne serait point un projet sur la publication des lois.

Il serait absolument sans objet : car il ne contient pas même de disposition qui puisse être le type d'arrêtés ou réglemens propres à régulariser la publication.

Je passe au paragraphe du même article qui détermine l'époque où les lois deviennent obligatoires dans l'étendue de chaque tribunal d'appel, d'après la distance qui se trouvera entre la ville où il siége et celle de Paris.

C'est-à-dire qu'une fixation aussi importante, qui doit être invariable, et porter un caractère de solennité, dépendra d'une combinaison de distance, deviendra affaire de calcul.

Mais toutes les difficultés que présente l'application de ce principe ont-elles été senties?

La paix, un système commercial mieux entendu vont rapprocher les hommes, rendre leurs relations plus étendues, leurs liaisons d'intérêt plus multipliées.

Cet ordre de choses rend utile, sans doute, la connaissance de chacune des époques où la loi est devenue obligatoire dans les diverses parties de la République où l'on peut avoir à traiter.

Or, je le demande, quel homme peut acquérir cette connaissance, les époques devenant aussi multipliées qu'il y a de tribunaux d'appel; et cependant quel préjudice ce défaut de connaissance précise ne peut-il pas lui faire éprouver?

Plusieurs routes conduisent à la même ville; elles diffèrent cependant entre elles de plusieurs myriamètres, et la plus abrégée peut n'être pas celle des courriers de correspondance. Sur laquelle de ces deux routes sera graduée l'échelle qui doit servir de fixation à l'époque où la loi sera obligatoire?

Un pont nouvellement jeté sur une rivière crée une route qui n'existait pas, et rapproche de Paris les départemens qu'elle va parcourir; un chemin percé à travers une montagne évite un long circuit : encore un rapprochement, le passage par bac d'une rive à une autre, le trajet d'un bras de mer, peuvent éviter une route de vingt, de trente myriamètres, calculera-t-on la distance sur la route ainsi abrégée?

Certes, il se pourra que des départemens éloignés de Paris aient des lois avant qu'il en existe dans les départemens les plus rapprochés; et c'est bien là une inconvenance qu'on ne peut consacrer par une loi.

Le même article détermine encore que la promulgation sera réputée connue dans le tribunal de Paris, trente-six heures après sa date : mais le ressort de ce tribunal n'est pas invariablement fixé; il peut être convenable d'en étendre le territoire, et alors les trente-six heures deviendront un délai insuffisant.

Il peut être ouvert, dans certains départemens, quelques nouvelles routes plus directes, et conséquemment plus abrégées que les routes actuelles : une de ces routes qui rapprocherait l'espace qui se trouve entre deux villes où siégent des tribunaux d'appel, changerait les distances qui existent maintenant entre Paris et dix autres chefs-lieux de tribunaux d'appel : voilà donc les délais pour l'exécution des lois changés sur partie du territoire de la République.

Le délai de trente-six heures dans le ressort du tribunal d'appel de Paris n'est ainsi fixé que parce que Paris est le siége du gouvernement. Il n'est pas présumable, mais il est possible que, dans quelques circonstances, il soit temporairement transféré ailleurs ; en ce cas, le délai de trente-six heures ne serait plus fixation pour le territoire qui compose le tribunal d'appel de Paris, mais le deviendrait pour le ressort de la ville où serait le siége du gouvernement.

Je pourrais continuer les citations de circonstances probables qui dérangeront les combinaisons établies sur les distances actuelles.

Mais il suffit de celles-ci pour se convaincre que le délai progressif jetterait confusion et incertitude où il faut ordre et stabilité.

L'on peut objecter, sans doute, que dans des cas extraordinaires, une nouvelle loi apporterait à cet article les changemens et modifications convenables.

Loin de nous, tribuns, toute idée d'existence future de lois qui changeraient ou modifieraient le Code national.

Qu'il soit fait pour des siècles !

Disons-le donc. En matière de publication, où tout est important, où tout doit être d'un droit rigoureux, l'époque où les lois deviennent obligatoires doit être fixée, invariable, constamment déterminée.

Elle ne peut, elle ne doit être laissée à l'incertitude des combinaisons qui prêteraient d'ailleurs à l'arbitraire.

En vain dirait-on que l'article premier du projet indique suffisamment le moment où ce délai commence.

Le point important est de connaître celui où il finit.

Et comment parvenir à cette connaissance dans un état de choses aussi compliqué ?

Comment, au milieu de tant de confusion, d'incertitude, présumer que la loi, ou plutôt que l'époque où la loi est obligatoire est connue des citoyens ? Comment les punir de ce qu'ils ignorent, ce qu'ils ne peuvent savoir, et ce qu'ils ne sont pas à portée de connaître ?

Comment appliquer la règle rigoureuse de cet axiome de droit : *Ignorantia juris neminem excusat.*

Je dis donc, mes collègues, l'article proposé n'est point admissible pour obtenir le caractère de loi ; il doit être réformé.

La dignité des lois et l'intérêt de tous réclament une publication effective et une fixation d'époque, telle que les lois deviennent obligatoires au même instant sur tous les points de la République.

En vain, opposerait-on à ce vœu de délai uniforme qui me paraît si généralement exprimé, la crainte que la connaissance de la loi, parvenue dans les départemens éloignés de Paris long-temps avant sa publication, ne donnât lieu, en certaines circonstances, à quelques abus.

Quelque système que l'on adopte, ces abus ne pourront jamais être extirpés : car on ne pourra empêcher, quelques précautions que dicte la prudence, que l'existence d'une loi ne soit connue avant sa publication officielle.

Et sans doute il a été reconnu qu'il ne pouvait résulter de bien graves inconvéniens de cette connaissance anticipée, puisque la constitution a admis un délai salutaire de dix jours entre le décret du Corps législatif et la promulgation du Premier Consul.

Or, puisqu'on ne peut empêcher que pendant ces dix jours, précédés d'une discussion solennelle, la connaissance de la loi ne s'étende dans les départemens :

Quel danger à ce que ce délai se trouve prolongé dans les départemens voisins du siége du gouvernement de dix à douze jours, c'est-à-dire du temps suffisant pour faire parvenir la loi dans les départemens les plus éloignés ?

Mais, objecte-t-on, l'exécution de quelques lois sur les finances doit suivre rapidement la connaissance qu'on a de leur promulgation ; autrement ce serait une source féconde de spéculations frauduleuses.

J'allais répondre : Si quelques lois en ce genre, et elles seront rares, exigent en effet une rapidité extraordinaire d'exécution, elles pourront comprendre en elles un mode particulier de mise à exécution.

Mais, retenu par la constitution qui veut dix jours de suspension avant la promulgation pour toutes les lois en général, je répète : Quelque système que l'on adopte, il est des inconvéniens qu'on ne pourra prévenir.

En vain, dit-on, une fixation d'époque unique est impossible.

Peut-on l'étendre aux colonies des Indes orientales, occidentales? le peut-on même aux îles françaises de la Méditerranée et de l'Océan ? — Non.

Mais l'article 91 de la Constitution répond à l'objection quant aux colonies, en déterminant le régime colonial par des lois spéciales.

Quant aux îles françaises en Europe, il est évident qu'il conviendrait de leur appliquer un mode particulier.

Je dis donc, fixation d'époque unique pour le territoire français continental.

J'appelle votre attention, mes collègues, sur l'article 2 : « La loi ne dispose que pour l'avenir, elle n'a point d'effet « rétroactif. »

C'est bien là un précepte ; il doit être inviolable, sacré ; qu'il reste gravé dans nos esprits! mais ce ne devait point être un article de loi.

C'est un précepte, mais pour le législateur ; il n'est point pour le juge.

Il avertit le premier qu'il est contraire à la raison et à la justice de faire des lois rétroactives; mais il ne dispense pas le second, lors même qu'au mépris de ce précepte le législateur rendrait une loi rétroactive dans ses effets ; il ne le dispense point, dis-je, d'en faire l'application.

Ainsi, puisque le juge ne peut mettre le précepte à la place de la loi, et qu'il ne lui est pas donné d'en refuser l'application sous prétexte qu'elle contiendrait ou qu'il la croirait contenir rétroactivité, cet article est superflu, et par là même il est dangereux.

Je passe à l'article 3. — « La loi oblige ceux qui habitent « le territoire français. »

C'est un principe de droit bien incontestable ; mais n'est-ce point s'imposer l'obligation de donner les développemens qu'il provoque, que de l'ériger en article de loi ?

Et puisqu'il est de la règle générale des nations que les lois ne sont faites que pour ceux qui habitent le pays où elles existent, ne suffisait-il pas qu'elle restât gravée dans le Code des droits des nations ?

La rédaction en loi d'un principe qui admet que la loi oblige ceux qui habitent le territoire, et qui ne prévoit aucune exception, apporte l'induction que la loi n'oblige pas ceux qui n'habitent pas le territoire ; dès-lors il peut faire naître les inconvéniens que les préopinans ont retracés.

Mais, dit-on, on placera des exceptions dans d'autres parties du Code. — Je répondrai d'abord, pourquoi ne pas placer l'exception à côté de la règle ? — ou bien, — si l'ordre des matières exige impérativement que l'exception soit placée dans quelqu'autre partie du Code, pourquoi ne pas annoncer comme devant subir exception, une disposition que l'on reconnaît en être rigoureusement susceptible, et, faute de ces expressions, *sauf les exceptions qui seront apportées,* induire en erreur celui qui connaît la loi et qui ne connaît point l'exception ?

Je dirai, en second lieu, ce projet de loi devant être exécuté avant que l'exception puisse être convertie en loi, il y aura donc un espace de temps durant lequel la règle générale assujétira indistinctement tous.

Et il y aura ce double inconvénient : d'une part, les agens en France d'une puissance étrangère seront soumis à la loi de France jusqu'à ce qu'il y ait exception, s'il en doit intervenir ; — et d'autre, les agens français résidens en pays étranger seront soumis à la loi étrangère en attendant l'exception qui doit les concerner.

ap. 3 Portons nos observations sur l'article 4.

« La forme des actes est réglée par les lois du pays dans « lequel ils sont faits ou passés. »

Ou cette disposition s'applique seulement à la France, ou en général à tous les pays.

Si elle s'applique seulement à la France, elle est insignifiante et absolument sans objet, puisque la forme des actes est une dans l'étendue de la République.

Si elle est applicable à tous les pays, elle exige tant de développemens que, considérée isolément et telle qu'elle est présentée, elle est plus dangereuse qu'utile.

La jurisprudence observée jusqu'à ce jour a considéré les actes passés en pays étrangers, devant les officiers publics, comme actes sous seing-privé en France, c'est-à-dire, n'emportant hypothèque et n'étant titre paré.

S'ils continuent d'être considérés comme tels, qu'importe leur forme ?

Entendrait-on qu'en opposition à la jurisprudence actuelle, les jugemens rendus en pays étrangers auront en France force de chose jugée ? Mais, je le demande, cette conséquence peut-elle se tirer des expressions de l'article ? ne devait-il pas plus littéralement exprimer l'intention de la loi ?

Dans quelle incertitude, dans quel embarras vont se trouver les juges et les parties, en attendant la nouvelle loi qui établira plus clairement ces points importans ?

Car chacun donnera à cet article l'extension qui lui sera favorable, précisément à cause du vague qu'il contient : — et ne perdons pas de vue que le projet, s'il est adopté, aura son exécution dix jours après sa conversion en loi; qu'ainsi il doit s'écouler un espace de temps avant que les dispositions qui doivent nécessairement en contenir le développement soient promulguées.

L'article 5 porte :

« Lorsque la loi, à raison des circonstances, aura réputé
« frauduleux certains actes, on ne sera pas admis à prou-
« ver qu'ils ont été faits sans fraude. »

Cet article, tel qu'il est rédigé, et d'après l'application qu'il présente, offre une disposition relative à des cas particuliers.

C'est dire qu'il n'aurait point dû trouver sa place au rang des dispositions qui ne concernent que des cas généraux.

Il y a plus, l'article, par la lettre, semble exclure certains autres cas, qui, d'après l'esprit, paraîtraient devoir y être compris.

Je m'explique :

Pourquoi l'article n'admet-il point à prouver que des actes que la loi, à raison des circonstances, répute frauduleux, ont été faits sans fraude?

C'est par la raison qu'on ne doit point être admis à prouver contre la présomption de la loi, c'est-à-dire contre ce qu'entend, ce que veut la loi.

Mais cette règle ne doit point être spéciale; — elle doit être généralisée.

Par exemple, il est évident que, quand une loi est devenue exécutoire, les actes qu'elle régit doivent être conformes à ses dispositions, et que ceux qui seraient contractés au mépris de ces mêmes dispositions, et en conformité de lois antérieures, doivent être frappés de nullité.

Or, je le demande, serait-on admis à la preuve qu'au moment où l'on a fait l'acte on ignorait la loi, que même il y avait impossibilité physique qu'on la connût ?

Sans doute les tribunaux rejetteraient une pareille prétention, et se fonderaient sur ce que les délais pour la publication une fois expirés, la loi est réputée connue de tous, et est obligatoire.

Si tels étaient les jugemens, et ils ne pourraient être

autres sur pareilles prétentions, il est donc de principe qu'on n'est point admis à prouver contre ce que présume la loi.

Ce n'est donc pas seulement dans le cas prévu par l'article 5, que de telles preuves ne sont point admissibles, mais, en général, dans tous les cas où des actes sont déclarés formellement nuls par la loi, sur une présomption quelconque, lorsque la présomption qu'elle établit est le fondement unique de l'annulation qu'elle prononce.

Il résulte de ce raisonnement que, s'il est rigoureusement juste de ne point admettre de preuves contre ce que la loi présume, l'article 5 est insuffisant, puisqu'il ne s'applique point à tous les cas ; et si on l'envisage uniquement quant à son objet particulier, il n'est point à sa place.

4 Passons à l'examen de l'article 6.

Il porte : « Le juge qui refusera de juger sous prétexte « du silence, de l'obscurité ou de l'insuffisance de la loi, « pourra être poursuivi comme coupable de déni de jus- « tice. »

Arrêtons-nous au premier mot. — *Le juge*.

La disposition ne présente aucune distinction.—Entend-on tous juges indistinctement? Non. — Car, au criminel, les juges ne peuvent juger que lorsque le fait est qualifié de délit par la loi et puni comme tel.

Parle-t-on uniquement du juge civil, l'article ne dit point assez; car il y a mêmes motifs d'appliquer cette disposition au commerce; et le projet étant intitulé : *De l'application des lois en général*, comment cet article ne concernerait-il que les lois civiles en particulier?

Il eût été mieux, ce me semble, que l'article eût exprimé quel juge ou quels juges il entend désigner.

Si, pour ne pas arrêter le cours de la justice, il est sage d'obliger les juges, en cas d'insuffisance, du silence, ou d'obscurité de la loi, de statuer d'après les règles d'équité, la principale raison en est que la loi ne devant avoir d'effet rétroactif, il ne peut être autrement statué.

Car il ne se peut qu'une question, à laquelle il n'y a point de loi applicable, soit déterminée autrement que par un jugement rendu suivant les lumières et d'après la conscience des juges, ou par une disposition rétroactive.

Mais en adoptant le premier parti, c'est-à-dire l'injonction au juge de prononcer sur ces questions suivant l'équité et d'après sa conscience, la loi doit prévenir, autant que possible, les inconvéniens de cette jurisprudence arbitraire contre laquelle plusieurs opinans se sont élevés avec tant de raison.

Et ce serait sans doute un moyen d'atteindre ce but, ou au moins d'en approcher, que d'enjoindre à tout tribunal, toutes les fois qu'il y aurait jugement rendu d'après la conscience et les lumières des juges, en cas de silence, insuffisance ou obscurité de la loi, d'en référer de suite à l'autorité chargée de l'initiative des lois.

Alors le gouvernement, averti à l'instant du mal, serait mis à portée de pourvoir au remède, en provoquant une loi qui statuerait pour l'avenir sur ce qui n'avait point été prévu jusqu'alors.

Ce supplément à l'article 6 en justifierait, selon moi, les dispositions.

Je termine ici mes observations.

Elles contiennent les motifs qui me portent à voter le rejet.

OPINION DU TRIBUN FAVART,
CONTRE LE PROJET.

Tribuns, ce n'est pas sans peine que je prends la parole pour combattre le premier projet de loi qui nous est présenté sur le Code civil, et cette peine a sa source dans l'admiration dont j'ai été frappé pour l'ensemble de ce même Code, où brillent, dans une belle ordonnance, les vrais principes de la morale publique ; mais plus cet édifice est digne des Français, plus il honore ceux qui l'ont élevé, plus il importe à la gloire de ses auteurs, à la gloire des Français même, que le défaut du frontispice disparaisse.

Les développemens donnés par les orateurs qui m'ont précédé me font un devoir, pour ne pas abuser de vos momens, de me renfermer dans la question principale que présente le projet, c'est-à-dire, celle de savoir si le mode de promulgation proposé est admissible.

Je ne rappellerai pas ceux déjà établis par les lois des 2 novembre 1790, 14 frimaire an II, et 12 vendémiaire an IV : je passe sur-le-champ à l'article premier du projet.

« Les lois, dit-il, sont exécutoires dans tout le territoire « français, en vertu de la promulgation qui en est faite « par le Premier Consul.

« Elles seront exécutées, dans chaque partie de la République, du moment où la promulgation pourra y être « connue.

« La promulgation faite par le Premier Consul sera réputée connue dans tout le ressort du tribunal d'appel de « Paris, trente-six heures après sa date, et dans tout le « ressort de chacun des autres tribunaux d'appel après « l'expiration du même délai, augmenté d'autant de fois « deux heures qu'il y a de myriamètres entre Paris et la « ville où chacun de ces tribunaux a son siége. »

Cet article confond la promulgation que fait le Premier Consul, et qui est un droit attaché au pouvoir exécutif, avec la publication qui doit à l'avenir appartenir à l'autorité judiciaire, et dont le but est de faire connaître officiellement la loi à ceux qui doivent lui obéir.

La promulgation qui émane du Premier Consul, et qui ne doit être faite que dix jours après que la loi a été adoptée par le Corps législatif, est une manifestation authentique qu'elle est l'expression de la volonté générale. Cette promulgation est le sceau dont la loi doit être revêtue pour porter aux yeux de tous le caractère de force et de puissance qui lui appartient, et qu'elle doit avoir pour faire ployer la volonté individuelle au joug de la volonté générale.

Mais quand la loi a reçu cette manifestation, quand elle est imprimée de ce sceau, elle ne peut pas devenir obligatoire à l'instant même. Le projet que je combats le dit, puisqu'il renferme la fixation d'un délai entre la promulgation de la loi et le moment où son exécution doit commencer. La loi n'a pas de force exécutrice par elle-même : elle ne peut la tenir que des tribunaux qui en font l'application, qui en ordonnent l'exécution. Elle doit donc être envoyée officiellement aux tribunaux, parce que les tribunaux doivent la connaître officiellement pour l'appliquer et la faire exécuter.

Il faut que le fait de la réception soit constaté matériellement par la présentation qu'en fait le commissaire du gouvernement, et par la publication qui en est faite dans une séance publique, et consignée dans les registres des tribunaux.

Cette publication dans chaque tribunal a un autre objet : elle avertit les hommes voués par état à consulter leurs concitoyens, et les citoyens eux-mêmes, que la loi existe avec tous les caractères qui la constituent loi.

Ce n'est réellement que de ce moment que la loi est censée connue : et il faut qu'elle soit censée connue pour pouvoir exiger, pour pouvoir commander la soumission à sa volonté suprême.

C'est cette forme salutaire et bienfaisante qui distingue la loi d'un peuple libre, des actes arbitraires qui émanent secrètement de la volonté du tyran qui règne sur un peuple d'esclaves.

Le Français n'aurait-il pas le droit de dire qu'il n'est pas soumis à une loi qu'on n'a pas daigné lui faire connaître par tous les moyens possibles qui étaient dans les mains du gouvernement, dont le premier devoir est d'éclairer les consciences avant de commander aux volontés ?

Dire que la promulgation est une publication, c'est confondre les idées. La publication qui se fait par la promulgation est, si j'ose le dire, muette, et n'instruit personne; et il faut que la loi chez un peuple libre retentisse partout où le citoyen doit en aller réclamer la protection. Il faut que le citoyen ait le droit de demander à chaque tribunal le bénéfice de la loi, et qu'il puisse lui dire : vous la connaissez, puisque vous l'avez publiée; faites-moi jouir des droits qu'elle m'accorde, et dont vous avez promis de me faire jouir en m'en faisant entendre les dispositions littérales par la publication que vous en avez faite.

L'article que je discute ne prend aucune précaution pour que la loi arrive dans les tribunaux. Il dit seulement qu'elle sera *réputée connue* dans chaque ressort de tribunal d'appel, trente-six heures après la promulgation du Premier Consul, plus deux heures par myriamètre de distance de Paris aux villes où siégent les tribunaux d'appel.

Mais ce délai est ordinairement écoulé avant que la loi *promulguée* ait passé du secrétariat du gouvernement à celui du ministère de la justice, pour y être visée par le ministre, copiée et transmise à l'imprimerie nationale, pour être insérée au Bulletin. Ce n'est pas moitié du délai indispensable pour que les tribunaux aient reçu officiellement la loi. On veut donc qu'ils soient obligés de l'appliquer avant d'avoir la certitude officielle de son existence et de sa teneur? et comment aussi punir les citoyens de ne s'y être pas soumis avant que personne la connût et pût la connaître dans le pays?

On objecte que déjà la constitution suspend la promulgation de la loi pendant dix jours, depuis son émission, et que les délais accordés de plus par le projet, joints à ces dix jours, sont au-delà du temps nécessaire pour que la loi puisse être connue partout.

La force de l'objection repose sur la supposition que les dix jours d'intervalle prescrits par la constitution entre l'émission de la loi et sa promulgation, sont utiles pour en répandre la connaissance ; or, c'est là une méprise évidente ; les journaux apprennent, il est vrai, à la France entière, dans les dix jours qui suivent l'émission, que le Corps législatif a adopté une loi sur telle matière : mais apprennent-ils aux citoyens ce que cette loi leur commande et ce qu'elle leur défend, ce dont ils doivent s'abstenir et ce qu'ils ont à faire pour s'y conformer ? chacun y voit-il distinctement ses obligations et les peines auxquelles il s'expose en contrevenant à une loi dont le titre seul lui est connu, et dont les journalistes indiquent tout au plus les bases principales, souvent d'une manière inexacte ?

D'ailleurs, la loi ne doit-elle pas être égale pour tous les Français, soit qu'elle punisse, soit qu'elle protége, soit qu'elle attribue des droits, soit qu'elle impose des obligations ? Le parent qui sera appelé exclusivement à une succession le premier nivose, si elle s'ouvre à Paris, ne doit-il pas y être appelé également si elle s'ouvre le même jour à Baïonne ou à Nice ? Ne serait-il pas absurde que la même succession, dont les biens seraient situés, moitié dans le département de l'Yonne, ressort du tribunal d'appel de Paris, et moitié dans le département de la Côte-d'Or, ressort du tribunal d'appel de Dijon, fût recueillie par des héritiers différens dans chaque ressort, parce que le décès serait arrivé le lendemain de la promulgation, à Paris, de la loi qui établirait un nouvel ordre successif ? Ne serait-il pas aussi absurde qu'un crime commis de même le lendemain de la promulgation d'un nouveau Code des délits et des peines, ou d'une simple loi pénale, sur les limites des départemens de l'Yonne et de la Côte-d'Or, fût puni différemment, selon qu'il aurait été commis dans le ressort de Paris, ou vingt pas plus loin, dans le ressort de Dijon ?

Si ces considérations sont décisives pour prouver le vice du projet que nous discutons, combien ne militent-elles pas en faveur du projet présenté au Conseil d'État, dans la séance du 4 thermidor, dont le premier article était ainsi conçu :

« Les lois seront exécutoires dans toute la République, « quinze jours après la promulgation faite par le Premier « Consul.

« Ce délai pourra, selon l'exigence des cas, être modifié « par la loi qui sera l'objet de la publication. »

Que l'on ajoute à cet article les dispositions nécessaires pour que le ministre de la justice fasse passer exactement les lois aux tribunaux ; pour que le commissaire, auprès de chaque tribunal, en provoque la publication dans les vingt-quatre heures, et pour qu'elle soit faite sur-le-champ, le tout à peine de forfaiture : alors nous aurons le double avantage de voir que, le même jour, la loi sera exécutoire dans toute la République, et que chaque tribunal aura une connaissance officielle de la loi avant d'être obligé d'en faire l'application.

Si aujourd'hui les tribunaux ne peuvent plus retarder ni refuser la publication, il ne faut pas en conclure que la publication n'est pas nécessaire, parce qu'elle n'ajoute rien à la loi. Il faut en conclure au contraire que la formalité de la publication n'ayant pas les dangers qu'avait autrefois l'enregistrement, et étant réellement utile, il n'y a pas une seule raison plausible pour la refuser aux tribunaux qui en ont besoin, et aux citoyens qui ont le droit de la demander au gouvernement. La loi est une convention à laquelle participent tous les membres de la société : elle est obligatoire, et parce qu'ils y ont concouru, et parce qu'ils la connaissent.

Ainsi, le mode de promulgation proposé par le proje n'assurant, ni aux tribunaux, ni aux citoyens, la connaissance certaine de la loi avant qu'elle soit obligatoire, i faut nécessairement le rejeter, pour recourir à un mod qui donne la garantie de cette connaissance.

D'après ces considérations, je vote contre le projet.

OPINION DU TRIBUN LAHARY,
POUR LE PROJET.

Tribuns, après avoir sauvé la France de tous les périls qui menaçaient sa liberté et son indépendance; après avoir, par d'innombrables prodiges et d'éclatantes victoires, forcé tous ses ennemis à accepter la paix et à traiter avec elle, il était digne du gouvernement de mettre le sceau à ses triomphes et à ses bienfaits, en lui donnant ce nouveau Code civil si long-temps attendu et si ardemment désiré.

Plus l'entreprise offrait d'obstacles et de difficultés, plus elle doit paraître grande et généreuse, cette idée conçue par le gouvernement dès sa naissance, profondément mûrie au milieu même des soins et des travaux de la guerre, et réalisée, en partie, au même instant où la paix générale est venue couronner tous ses efforts.

Qui donc pourrait ne pas rendre hommage à la paternelle sollicitude de ce gouvernement? qui pourrait surtout ne pas voir, dans cet acte signalé de sa prévoyance et de sa sagesse, le gage des sentimens qui l'animent, et la garantie qu'il s'empresse de donner à tous les peuples contre l'ascendant de la prépondérance qu'il a si justement acquise? En effet (comme l'a observé l'orateur du Conseil d'État dans son discours d'exposition du plan de ce Code), « La prospérité qui naît de la conduite sage d'un gouver-
« nement rappelle aussi ses vertus, et l'on y voit *une sauve-*
« *garde contre l'abus qu'il pourrait faire de l'accroissement de*
« *ses forces.* »

Au reste, je ne me permettrai de prononcer ni sur le plan, ni sur l'ensemble, ni sur les détails du projet de ce Code, qui nous fut distribué, en ventose dernier, pour que nous en fissions l'objet de nos méditations et de nos recherches. Je n'examinerai pas non plus si (contraints de choisir, dans le chaos de toutes les législations, et au milieu des ruines et des décombres de la nôtre, les seuls élémens qui peuvent en composer une digne de *la grande nation*), les rédacteurs ont écarté ce qui était absolument étanger, et recueilli ce qui pouvait s'adapter le mieux à son caractère, à ses mœurs, à ses habitudes, à ses institutions et à sa nouvelle existence politique. Outre que ce serait trop présumer de mes forces que d'entreprendre d'apprécier, sous tous ces rapports, le mérite d'un aussi important ouvrage; outre que nous ne sommes même pas appelés à le discuter dans son ensemble, mais dans ses parties détachées à mesure qu'on nous les présentera, je dois me borner, quant à présent, à la seule tâche qui m'est imposée.

Je crois néanmoins devoir énoncer ici l'opinion que j'en ai conçue, d'après la lecture réfléchie que j'en ai faite et d'après les changemens ou modifications qu'il a éprouvés et qu'il peut éprouver encore. C'est que, si ce projet de Code (qui aura été formé par la réunion de tous les talens, par le concours de toutes les lumières, et qui aura encore subi au Conseil d'État toutes les épreuves d'une profonde et solennelle discussion) n'atteint pas tout le degré de perfection dont il est susceptible, il laissera infailliblement très-peu de choses à désirer, et que nous aurons sans doute bien plus souvent à voter l'adoption qu'à proposer le rejet de ses diverses dispositions.

C'est d'après cette idée, et ne perdant jamais de vue ni le doute méthodique ni la sage défiance qui doivent présider à la recherche de la vérité, que je vais me livrer à l'examen du projet de loi soumis en ce moment à notre discussion.

Ce projet, relatif à la publication, aux effets et à l'application des lois en général, est composé de huit articles, qui tous embrassent les principaux rapports sous lesquels les lois doivent être considérées. La commission à laquelle vous en avez renvoyé l'examen, et qui d'abord avait cru y apercevoir quelques motifs d'adoption, n'y a trouvé depuis que des motifs de rejet; aussi le rapporteur a-t-il attaqué tout à la fois et le fond du projet et les divers articles qui le composent. Il n'en est pas un seul qui ait pu trouver grâce devant son inflexible sévérité. Il est même telle disposition qui, quoique foncièrement bonne, n'a précisément été censurée que parce qu'elle faisait partie du projet de loi, et qu'elle eût été mieux placée ailleurs. Tout, en un mot, a été l'objet de sa critique; critique, à la vérité, très-franche, très-ingénieuse, très-mesurée, mais aussi subtile, je crois, que peu fondée en raison.

« Ce projet, dit le rapporteur, est déplacé à la tête du
« Code civil.

« La plupart des articles qui le composent ne sont pas
« des articles de loi; ce sont des principes énoncés; ce sont
« des axiomes de morale et de jurisprudence.

« Ils ne sont point ordonnés entre eux; ils ne sont rap-
« prochés que par la juxta-position, et l'on pourrait même
« les transposer, dans la série qu'on leur a donnée, sans
« qu'ils y parussent plus ou moins incohérens, plus ou
« moins liés l'un à l'autre.

« Le premier de ces articles, relatif à la publication des
« lois, ne remplit pas son objet, puisqu'il n'établit aucun
« mode de publication; qu'il serait trop compliqué et sou-
« vent impraticable; qu'il obligerait, dans certains cas,
« les magistrats et les citoyens à l'exécution de lois qui
« leur seraient inconnues; qu'il prêterait à des variations
« continuelles, soit dans la date de la promulgation, soit
« dans la fixation des distances; qu'enfin, au lieu de cet
« article insuffisant, une loi unique, mais complète,
« serait nécessaire pour régler le mode de publication des
« lois.

« Quant aux sept autres articles, les uns doivent être
« renvoyés à d'autres projets; les autres ne sont que des

« préceptes, des principes de droit, et non des dispositions
« législatives, et plusieurs offrent des vices essentiels de
« rédaction.

« Enfin, ce projet n'est pas digne de servir d'introduction
« au Code français. »

Les orateurs qui ont parlé dans le même sens, en renouvelant les mêmes objections contre l'ensemble et les détails du projet, lui ont adressé de plus sérieux et de plus graves reproches.

L'un deux, en soutenant, comme le rapporteur, « qu'il n'y a, dans ses diverses dispositions, ni ordre, ni méthode, ni classification, et qu'elles sont toutes ou déplacées ou étrangères à leur objet, a prétendu encore que l'une d'elles est en contradiction directe avec les premières notions de la justice et de la morale, en ce qu'elle *déclare certains actes frauduleux, et n'admet pas la preuve qu'ils ont été faits sans fraude*, quoiqu'il soit pourtant vrai qu'une preuve doit toujours l'emporter sur des présomptions ; que l'article 6 attribue à tous les juges un véritable pouvoir arbitraire dont ils pourraient abuser, soit en matière civile, soit en matière criminelle, puisqu'il leur est ordonné de juger, dans le silence de la loi, suivant les seules règles de l'équité, sous peine d'être poursuivis comme coupables d'un déni de justice ; qu'enfin tous les articles de ce projet, contenant des dispositions constitutionnelles ou réglementaires de la constitution, il n'est pas au pouvoir du Corps législatif de les adopter. »

Un autre orateur a attaqué le projet dans deux de ses dispositions. Il a prétendu « que le premier article contenait une *hérésie politique* et une *atteinte directe à la constitution*, en ce qu'il y est dit : Que les lois sont exécutoires *en vertu* de la promulgation ; tandis qu'elles ne peuvent *l'être que d'après* cette promulgation. Il a prétendu ensuite que prescrire aux juges de juger, quand la loi est muette ou insuffisante, c'était les autoriser non à appliquer, mais à faire la loi, en y substituant leur volonté arbitraire. Il a terminé en soutenant que le projet ne pourrait être adopté, *sans compromettre notre liberté et notre indépendance.* »

Enfin, un troisième orateur a fortement combattu les dispositions contenues dans les premier et deuxième articles. Il a soutenu « que le gouvernement n'avait pas le droit de tracer seul la formule de promulgation des lois, mais seulement celle de ses arrêtés, comme le Tribunat et le Corps législatif peuvent aussi seuls régler celle de leurs délibérations; que la première de ces formules, qui doit être commune aux trois branches de la puissance législative, ne pouvait être déterminée que par une loi, et qu'elle devait tracer celles qu'ont déjà adoptées le Corps législatif et le Tribunat; qu'au reste, cela s'est pratiqué dans les cinq premières lois, à compter du 19 jusqu'au 26 nivose an 8, mais que postérieurement ce mode a été changé par le gouvernement, sans le concours des autres autorités, qui auraient dû participer à ce changement; qu'il est convenable aujourd'hui de rétablir légalement ce mode conservateur de l'indépendance des pouvoirs, et qui doit servir de garantie contre l'abus qui pourrait résulter d'une marche contraire; qu'en un mot, *il faut faire une loi sur la promulgation des lois, et que le projet ne consacrant aucune formule de promulgation, il doit par cela seul être rejeté.* » Passant ensuite à la disposition relative à la rétroactivité, il a manifesté les plus vives alarmes contre l'abus qu'on pourrait faire du principe qu'elle consacrait.

Tel est, en raccourci, le tableau des imperfections, des défauts, des vices, des inconstitutionnalités, je dirai presque des attentats qu'on reproche au projet que nous discutons.

Ici, mes collègues, je ne puis me défendre d'une douloureuse réflexion.

Qui aurait prévu qu'un projet de loi destiné *à servir de portique au majestueux édifice* qui s'élève sur les ruines de notre ancienne législation, aurait la fatalité de rencontrer d'aussi insurmontables obstacles, d'éprouver d'aussi fortes contradictions, de n'être même pas jugé *digne d'y figurer*, et d'en être écarté comme *un intrus* par les *sentinelles avancées* qui doivent en protéger ou en défendre les approches, en diriger ou en surveiller la distribution ? Qui aurait pensé que ces prémices d'une production qui a coûté et qui coûtera encore tant de méditations, de veilles, de travaux, de soins et de sollicitudes, pourraient être envisagées, dans le sein du Tribunat, comme l'ouvrage de la négligence ou de la méprise, de l'imprévoyance ou de l'erreur ?...

A Dieu ne plaise que j'entende inculper ici, ni le rapporteur de votre commission, dont la censure a été si décente et si mesurée, ni les autres adversaires du projet, qui ont été emportés par un zèle outré peut-être, mais qui, par cela même, ne peut qu'honorer leurs sentimens. Je rends, au contraire, un sincère hommage à leurs talens, à leurs vertus, à leurs louables intentions; et s'il était vrai qu'ils eussent dépassé les bornes d'une sage et judicieuse critique, je les plaindrais de s'être égarés, mais je n'en respecterais pas moins la source d'où proviendrait leurs écarts.

Je ne me propose point de suivre pas à pas ces divers orateurs, ni de réfuter toutes leurs objections; je n'en ai ni le temps ni la faculté. Je supprimerai même toute la partie de mon opinion où j'avais tâché de justifier chacun des articles du projet, et cela non seulement pour ne pas abuser de vos précieux momens, mais encore parce que les orateurs qui m'ont précédé à cette tribune ont rempli cette tâche beaucoup mieux que je ne pourrais le faire. Je vais donc exclusivement m'attacher à défendre l'article premier, relatif au mode de promulgation, comme formant l'objet le plus important du projet de loi, et celui que l'on a attaqué avec le plus de force. Je terminerai par quelques réflexions générales.

Discussion sur le premier article du projet de loi.

Et d'abord, pour bien apprécier le nouveau mode de promulgation que consacre ce premier article, on doit bien se garder de remonter aux temps antérieurs. Il faut, au contraire, se fixer invariablement sur les circonstances actuelles, sur les changemens qu'elles nécessitent, et sur ce que prescrit la loi fondamentale de toutes les autres.

Voyons donc quel est à cet égard le vœu de la Constitution : mais, avant tout, convenons une bonne fois que, si l'on doit bannir de notre Code civil toute espèce de définition, il doit du moins m'être permis d'en faire usage dans la discussion à laquelle je vais me livrer; car, en bonne logique, il est impossible de raisonner conséquemment, si l'on ne commence par définir les termes et par bien fixer les idées.

L'article 41 de la Constitution porte : « Que le Premier « Consul promulgue les lois. » Or, qu'est-ce que promulguer les lois, dans l'ordre de choses actuel, si ce n'est leur imprimer le sceau de la publicité pour qu'elles soient notoires, et que personne (qu'on me passe l'expression) *n'en puisse prétendre cause d'ignorance ?* Donc, d'après le vœu de l'acte constitutionnel, la publication de la loi ne doit s'opérer qu'au moyen de la promulgation qui en est faite par le Premier Consul.

En effet, s'il était vrai que la promulgation et la publication des lois ne fussent pas une seule et même chose, et si, comme on l'a prétendu, l'une n'était que la conséquence de l'autre, certes le pacte social n'eût pas manqué de s'en expliquer. Il n'eût pas manqué de dire que la promulgation devait être suivie de la publication, ou que, du moins, elle ne serait, sans cette dernière, qu'une formalité nécessaire pour rendre la loi obligatoire, mais insuffisante pour lui donner le caractère de publicité et pour en commander l'exécution ; car sans doute le pacte social a voulu et dû vouloir que les lois fussent publiées, puisque la publication est indispensablement nécessaire pour les rendre exécutoires.

Mais s'il a voulu et dû vouloir que les lois fussent publiées, et si pourtant il n'a exigé que la promulgation faite par le Premier Consul, il a donc nécessairement entendu que cette promulgation serait la publication elle-même.

Supposerait-on, malgré tout, que ce sont deux choses très-différentes ? Alors, non seulement la Constitution l'eût dit, mais je soutiens qu'elle eût dû le dire, pour empêcher qu'on ne les confondît et pour ôter ainsi tout prétexte de dissentiment sur un objet aussi important.

Cependant elle ne fait aucune mention de ce genre de publication que quelques orateurs prétendent différer essentiellement de la promulgation. Le mot *publication* ne se trouve même pas dans l'article qui attribue au Premier Consul le droit exclusif de *promulguer les lois*. Le silence qu'elle garde à cet égard est donc la preuve la plus parlante, que la promulgation et la publication sont deux choses identiques et absolument les mêmes ; ce qui est d'autant plus vrai, que, dans la supposition contraire, la promulgation n'opérerait rien par elle-même, et blesserait ainsi l'indépendance de celui de qui seul elle doit émaner.

Mais si ce droit réside éminemment dans la personne du premier magistrat de la République ; s'il lui est exclusivement attribué par la constitution, comment pourrait-il en partager l'exercice avec qui que ce fût ? Comment lui serait-il permis même d'y associer les autorités administratives et judiciaires ?

Et cependant ce serait là le résultat nécessaire du droit de publication que les adversaires du projet veulent accorder à ces autorités ; apparemment pour suppléer à la prétendue insuffisance de la promulgation, peut-être même pour y apposer le sceau de la légitimité.

Et en vain diraient-ils, pour éluder cette conséquence,

que la publication n'est pas la promulgation, mais uniquement l'acte extérieur qui la rend publique et notoire.

La difficulté resterait toujours la même.

D'abord, il n'en serait pas moins constant (dans le système que je combats) qu'elles seraient toutes deux tellement liées, tellement cohérentes, tellement inséparables, que l'une ne pourrait exister, ni rien opérer sans l'autre, et que par conséquent les autorités à qui l'on aurait conféré ce droit de publication, ne pourraient l'exercer en aucune manière, sans nécessairement participer à l'acte de promulgation, qui pourtant doit leur être absolument étranger.

Ensuite, qu'entend-on par l'acte extérieur de publication qui doit rendre la promulgation publique et notoire? Quoi! la promulgation, uniquement destinée à donner à la loi le caractère de publicité, aurait besoin elle-même d'être publiée! Elle n'a été imaginée que pour constater ou garantir l'existence de la loi et pour la faire connaitre; et elle devrait emprunter un secours étranger pour se faire *cautionner* elle-même et pour se faire connaître à son tour! Quoi! l'on voudrait que ces autorités secondaires publiassent de nouveau ce que le chef du pouvoir exécutif a déjà rendu public, et promulguassent en quelque sorte promulgation elle-même !.....

Mais voyons donc, collègues, à quel excès de ridicule et à quelles absurdes conséquences nous entraînerait un pareil système !

Il me paraît donc évident, d'après l'esprit et le texte littéral de la Charte constitutionnelle, que la promulgation n'est et ne peut être autre chose, dans la nouvelle hiérarchie, que la publication elle-même, ou que du moins celle-ci est pleinement suppléée par celle-là. Ce qui est d'autant plus incontestable que, s'il en était autrement, il s'y trouverait une lacune sur l'objet le plus important de la législation, et qu'une telle imprévoyance ne peut pas se supposer dans une constitution où brillent à la fois la plus grande sagesse et les plus belles conceptions.

Mais quand on supposerait que le pacte social (en se bornant à déclarer que le Premier Consul promulgue les lois) n'a pas entendu le dispenser de remplir une formalité sans laquelle la promulgation serait vaine ou illusoire, toujours serait-il certain qu'elle aurait du moins réservé au pouvoir législatif la faculté de tracer le mode de publication; qu'ainsi la loi pourrait incontestablement décréter que la publicité qui résulte de la promulgation équivaut à celle que produirait tout autre mode, et que celui-là serait préférable qui réunirait tous les avantages et obvierait à tous les inconvéniens.

Or, tribuns, c'est précisément ce qui vous est proposé par le paragraphe premier du premier article du projet, qui porte : « Que les lois sont exécutoires, dans tout le ter-
« ritoire français, *en vertu* (a) de la promulgation qui en
« est faite par le Premier Consul. »

Ainsi donc, à moins qu'on ne veuille substituer un mode arbitraire à celui que la Constitution a textuellement indiqué, on ne peut disconvenir que la loi ne devienne publique et obligatoire aussitôt qu'elle est promulguée.

A la vérité, il est indispensable d'accorder, à dater de l'époque de cette promulgation, un délai suffisant pour que la loi puisse être connue sur les divers points de la République, au moment où elle doit y être exécutée, et c'est à quoi le même article a sagement pourvu.

Mais il n'en est pas moins incontestable que, ce délai expiré, la publication doit être réputée aussi entière, aussi complète, aussi notoire pour toutes les parties du territoire,

---

(a) Un des préopinans s'est beaucoup récrié sur l'emploi de ce mot. La loi, a-t-il dit, n'est pas exécutoire *en vertu de sa promulgation*, mais *en vertu de ce qu'elle est loi*. Mais c'est là une erreur. La loi est sans doute complète avant sa promulgation, mais elle ne peut être exécutée qu'au moyen de cette promulgation. Ce n'est donc pas *en vertu de ce qu'elle est loi*, mais *en vertu de ce qu'elle est loi promulguée*, qu'elle devient exécutoire. Ainsi, cette objection, qu'on a présentée comme si grave, se résout par cette simple observation.

qu'elle l'est pour le chef-lieu où siége le gouvernement.

Et quand je parle du délai qui doit suivre la promulgation, remarquez bien, tribuns, que je ne dis pas qu'il est indispensablement nécessaire pour que la loi *soit connue*, mais seulement pour *qu'elle puisse l'être*, de manière que chaque citoyen ait à s'imputer de l'avoir ignorée, pouvant facilement se certiorer de son existence et s'assurer de ses dispositions.

Or, je soutiens qu'une telle promulgation, outre qu'elle est dans le vœu de la constitution, donne à la loi tous les caractères de publicité dont elle est susceptible, et qu'ainsi elle produit tout l'effet qu'elle peut et doit produire. D'où il suit que l'envoi de la loi aux autorités judiciaires et administratives, la réimpression, la transcription et l'affiche seraient moins le complément de sa publication qu'une véritable superfétation, qui serait plus dangereuse qu'utile.

Je dis que ce serait là une véritable superfétation : et en effet (comme l'a dit M. *Tronchet*, dans la discussion qui a eu lieu au Conseil d'État), « il faut distinguer ici le fait de « la théorie : la théorie est que les lois ne sont obligatoires « que lorsqu'elles sont connues ; mais, dans le fait, on ne « peut trouver de forme pour donner connaissance de la « loi à chaque citoyen individuellement. »

Cette autorité que me fournit *le premier* de nos *Jurisconsultes* (a), je ne l'invoque pas précisément comme règle infaillible de décision. Mais j'observe que le principe qu'il énonce doit être bien certain et bien incontestable, puisque aucun des conseillers d'état, appelés comme lui à le discuter, n'a entrepris de le désavouer ni de le contredire, et que le gouvernement, en l'adoptant, en a fait une des bases sur lesquelles repose l'article du projet relatif à la publication.

Il faut donc convenir (et en vain voudrait-on le nier,

(a) Le Premier Consul, en présentant M. Tronchet pour candidat à une place vacante au Sénat conservateur, l'a qualifié *premier Jurisconsulte de France*.

puisqu'on serait démenti par l'évidence même), il faut donc convenir, ainsi qu'on l'a soutenu dans l'exposé des motifs, qu'en pareille matière on doit se contenter, à défaut de certitude, *de la présomption morale que chaque citoyen a pu connaître la loi*, lorsqu'il s'est écoulé un intervalle suffisant entre le moment où elle a été promulguée et celui où a dû commencer son exécution ; et c'est aussi par une suite de ce principe, que le troisième paragraphe de l'article premier du projet *fixe le temps progressif dans lequel la connaissance de la loi peut successivement parvenir aux citoyens des départemens.*

« La promulgation, est-il dit, faite par le Premier Con-
« sul, sera réputée connue dans tout le ressort du tribunal
« d'appel de Paris, *trente-six heures après sa date*, et dans
« tout le ressort de chacun des autres tribunaux d'appel,
« *après l'expiration du même délai*, augmenté *d'autant de fois*
« *deux heures qu'il y a de myriamètres entre Paris et la ville où*
« *chacun des tribunaux a son siége.* »

Ce délai, et la manière dont il est calculé et réglé, a essuyé bien des critiques ; mais comme elles ont été amplement réfutées par chacun des orateurs qui ont parlé en faveur du projet, je crois ne devoir y répondre que très-brièvement, pour ne point lasser la patience du Tribunat par d'inutiles répétitions.

Je me bornerai donc à observer que c'est à tort qu'on s'est plaint de ce que l'article premier ne fixait pas *le moment indivisible où une loi pourra être connue* ; car si on le rapproche de l'article 37 de la Constitution (*qui veut que la loi soit promulguée le dixième jour après son émission*) et de la délibération du Conseil d'État du 5 pluviose an VIII, sur la date des lois (*qui décide que la loi doit dater du jour de son émission par le Corps législatif*), on se convaincra que cet article détermine, au contraire, ce moment, et le précise de la manière la plus fixe et la plus invariable.

J'observerai, en second lieu, que cette fixation d'un

délai calculé en raison des distances, me paraît infiniment plus avantageuse et plus conforme à la dignité de la loi (dont l'exécution doit être prompte et rapide), que celle d'un délai uniforme, dont la détermination ou la fixité dépendrait du caprice ou de la négligence des administrateurs et des juges.

J'observerai, en troisième lieu, que, si le mode adopté peut, comme tout autre, entraîner quelques inconvéniens, la sagesse du gouvernement saura les prévenir ou y remédier.

Au reste, ce serait bien en vain que, pour donner à la loi une plus grande publicité, on joindrait à la promulgation faite au chef-lieu où siége le gouvernement, la publication dans les chefs-lieux de département et même d'arrondissement communal, puisque la connaissance n'en deviendrait pas, pour cela, *générale et universelle*, comme il faudrait qu'elle le fût pour justifier ce système : car alors même la loi serait également ignorée d'un grand nombre de citoyens ; elle ne serait connue que de quelques-uns ; et cependant, on ne peut en disconvenir, elle n'en serait pas moins obligatoire pour tous.

Mais dans ce cas (qui est celui de la publication matérielle et locale), je le demande, serait-il raisonnable de prétendre, comme l'a prétendu le rapporteur de votre commission, qu'on ne pourrait *opposer la loi à celui qui ne la connaîtrait pas*, quoiqu'il eût eu tous les moyens possibles pour s'en procurer la connaissance ? Non sans doute ; car on lui répondrait avec raison, qu'ayant à s'imputer de ne l'avoir pas connue, il ne peut alléguer l'*ignorance invincible*.

Pourquoi donc serait-on plus fondé à le prétendre dans le cas de la seule promulgation faite au chef-lieu où siége le gouvernement, puisque, au moyen du délai accordé pour qu'elle puisse franchir toutes les distances, il est une époque fixe et invariable, autant qu'elle peut l'être, où tout citoyen a pu et dû la connaître ?

Qu'on ne dise donc pas que la publication matérielle et locale est tellement de l'essence de la promulgation, qu'elle ne peut être connue sans elle ou que par elle ; car il vaudrait autant dire que la loi ne peut devenir publique et obligatoire qu'au moyen d'un mode de publication qui en donnerait la connaissance individuelle à tous les citoyens. Or, comme cela est absolument impraticable, on est nécessairement forcé de reconnaître que le mode adopté par le projet de loi prévient tous les inconvéniens qui pourraient résulter du mode qu'on propose, et qu'il remplit le seul but que la loi puisse atteindre.

Ces inconvéniens, au reste, tribuns, je n'ai pas besoin de vous les indiquer ; vous devez tous les prévoir, comme vous devez tout faire pour les prévenir.

J'ai déjà dit que l'étrange erreur dans laquelle sont tombés tous les adversaires du projet, provient de ce qu'ils confondent deux ordres de choses absolument différens, et diamétralement contraires, de ce qu'ils appliquent à l'un ce qui n'est propre qu'à l'autre ; enfin de ce qu'ils raisonnent, comme ils pourraient et devraient même raisonner, si nous étions encore ce que très-heureusement nous avons cessé d'être ; et il ne faut, pour se convaincre de cette vérité, que rapprocher ce qui se pratiquait alors de ce qui se pratique aujourd'hui.

En effet, dans ce régime qui n'est plus, la simple émission de la loi ne suffisait pas sans doute pour qu'elle devînt publique et obligatoire ; il fallait encore que ces grandes corporations placées entre le monarque et le peuple pour défendre les droits de celui-ci, et modérer le pouvoir de celui-là ; il fallait, dis-je, que les cours souveraines, qui avaient une espèce de *veto suspensif*, la sanctionnassent, pour ainsi dire, par leur assentiment. Voilà pourquoi elle leur était adressée pour l'enregistrer et la publier ; et non seulement la loi n'était ni censée publiée, ni réputée connue, ni rendue obligatoire, mais elle n'avait même, à proprement parler, la force ou l'autorité d'une loi, qu'autant qu'elle était revêtue de la formalité de l'enregistrement et de la publication.

Et cela est si vrai que, quand elles s'obstinaient à ne pas la remplir, le monarque faisait déployer contre elles l'appareil de la force pour les y contraindre. Preuve évidente que l'enregistrement et la publication étaient alors la seule et véritable promulgation; que la loi ne pouvait être exécutée sans elle, et qu'ainsi il dépendait, jusqu'à un certain point, de ces cours souveraines de suspendre les effets de la loi, et d'en paralyser momentanément l'exécution.

Voilà ce qui se pratiquait dans l'ancien régime (a).

Mais il en est tout autrement dans le régime actuel : l'émission de la loi est pleine et entière; elle a tous les caractères essentiels qui la constituent, lorsqu'elle a été proposée par le gouvernement, discutée par le Tribunat, et adoptée par le Corps législatif.

Je dis plus : aussitôt que ces trois autorités ont concouru à sa formation, chacune en ce qui la concerne, elle se marque à l'instant du sceau de la volonté nationale, indépendamment même de la promulgation qui doit en être faite, et qui n'est nécessaire que pour rendre cette volonté manifeste et notoire, afin qu'elle puisse exercer tout son empire.

(a) Si le temps ne m'eût pas forcé de resserrer mes idées et de restreindre ma discussion, j'aurais pu prendre, dans des temps plus rapprochés de nous, de nouveaux exemples de cette différence qui doit exister entre le mode de promulgation d'alors et celui qu'il convient d'adopter aujourd'hui. Mais je suppléerai à la nouvelle démonstration que je ne peux présenter ici, en rappelant les termes mêmes de la délibération du Conseil d'État, du 5 pluviôse an VIII, insérée dans le n° 6 du Bulletin des lois.

« Le gouvernement a une part à la législation, mais seulement par la proposition de la loi, et quand
« il la promulgue, ce n'est plus comme partie intégrante du pouvoir législatif, mais seulement
« comme pouvoir distinct et séparé, comme pouvoir exécutif: et il faut bien se garder de confondre
« cette promulgation avec la sanction que le roi constitutionnel avait en 1791, ou avec l'acceptation
« que le Conseil des anciens avait par la constitution de l'an III. Cette sanction et cette acceptation
« étaient *parties nécessaires de la formation de la loi*, et ne ressemblaient en rien à sa promulgation:
« aussi la loi datait-elle, en 1791, *du jour de la sanction*, et sous la constitution de l'an III, *du jour*
« *de l'acceptation* par les anciens, et non du jour de sa promulgation, soit par le roi constitutionnel, soit
« par le Directoire exécutif.

« Ainsi, sous la constitution actuelle, elle doit dater *du jour de son émission par le Corps législatif*, dernière condition essentielle à sa formation. »

Et la preuve de ce que je dis ici, je la trouve dans la délibération du Conseil d'État déjà rappelée, et qui porte ces mots : « La promulgation est nécessaire, sans doute, mais « seulement pour faire connaître la loi, pour la faire « exécuter : c'est la première condition, le premier moyen « de son exécution. »

Je la trouve encore, cette preuve, dans la formule même de promulgation déjà adoptée par le gouvernement, et qui est ainsi conçue : « Soit la présente loi revêtue du sceau « de l'État, etc. »

Elle est donc loi avant même d'être publiée, comme elle est publique et réputée connue par le seul fait de la promulgation, combiné avec le délai nécessaire pour que la connaissance puisse en parvenir à tous les citoyens.

Et en effet, tribuns, à quoi se réduit la fonction du premier magistrat de la République, lorsqu'après avoir coopéré à l'émission de la loi comme partie intégrante du pouvoir législatif, il la promulgue ensuite comme pouvoir exécutif? le voici : Il s'interpose, en quelque sorte, entre la puissance législative et le peuple, entre les représentans qui l'exercent et le souverain de qui elle émane, et *lui dit* :

« Vous avez délégué à vos commettans le pouvoir de décré-
« ter la loi ; vous avez tracé vous-même les formes dans les-
« quelles elle devait être émise ; toutes ces formes ont été
« remplies dans celle que je promulgue ; vous en avez pour
« garant et ma signature et l'empreinte du sceau de l'État ;
« vous serez donc tenu d'y obéir aussitôt qu'elle vous sera
« connue, et que le moment sera venu de la mettre à
« exécution. »

Voilà bien, je crois, ce qui se pratique et ce qui doit se pratiquer sous le régime de la constitution de l'an VIII.

Or, je le demande, tribuns, une telle promulgation n'est-elle pas la publication voulue par la Constitution? n'est-elle pas une manifestation de la loi aussi marquante et aussi solennelle qu'elle doit l'être, pour lui donner tout le degré de publicité dont elle est susceptible? n'a-t-elle pas un caractère assez majestueux, assez imposant par elle-même, pour qu'elle doive tout opérer, sans l'appui des formes auxiliaires ou superflues dont on voudrait l'environner, et qui ne pourraient avoir d'autre effet que d'en diminuer l'ascendant, et d'en compromettre la dignité? Enfin, mes collègues, ne vous semble-t-il pas, d'après le rapprochement que je viens de faire, qu'il doit exister une aussi énorme différence, un contraste aussi frappant entre l'ancien et le nouveau mode de publication, qu'il en existe entre l'odieux gouvernement qui n'est plus, et le gouvernement juste qui lui a succédé, entre les formes monarchiques et les formes républicaines?

Etablir une parité entre ces deux ordres de choses, et approprier à l'un ce qui ne peut convenir qu'à l'autre, c'est donc réunir les élémens les plus incohérens, et les plus disparates; c'est méconnaître à la fois et violer la nouvelle hiérarchie des pouvoirs; c'est, en un mot, emprunter d'un régime proscrit une forme abusive, pour l'introduire dans un régime nouveau, auquel elle ne peut ni ne doit s'adapter.

Et comment serait-il possible que le nouveau mode de promulgation ne fût pas suffisant pour répandre partout, dans un temps donné, la connaissance de la loi? et que pourrait, je le répète, y ajouter de plus la publication matérielle qu'on réclame, comme complément nécessaire de la promulgation? A la bonne heure, si la loi était, comme autrefois, secrètement proposée, secrètement émise, secrètement adressée aux autorités, et qu'elles eussent le droit d'en discuter le mérite, d'en arrêter les effets ou d'en suspendre l'exécution : alors sans doute cette publication serait tellement nécessaire, tellement indispensable, qu'il ne pourrait y avoir de véritable promulgation sans elle, puisqu'elle-même devrait, en ce cas, la suppléer, et en tenir lieu.

Mais, sous l'empire de notre constitution, il n'y a rien de mystérieux, rien de secret, rien de caché dans l'émission de la loi. Tout est public, solennel, éclatant, soit dans sa présentation par le gouvernement, soit dans sa discussion au Tribunat, soit dans son adoption par le Corps législatif.

Ce n'est pas tout; un grand nombre de citoyens assistent aux séances de ces deux premières autorités, et sont, pour ainsi dire, autant d'échos qui répètent et propagent au loin ce qu'ils ont vu et entendu.

Il y a plus encore : les journalistes, présens à ces mêmes séances, et attentifs à tout ce qui s'y fait, sont, si je peux m'exprimer ainsi, autant de témoins nécessaires, autant de messagers vigilans qui le recueillent et le transmettent du centre à toutes les extrémités du territoire, en sorte que leurs feuilles sont, pour ainsi dire, de vrais bulletins particuliers que tout le monde peut consulter au besoin, vu qu'il n'est pas de bourg, de village, de hameau où elles ne pénètrent, et où le maire, le juge-de-paix ou tout autre citoyen ne soit instruit et ne puisse instruire ses voisins de ce qui s'opère chaque jour dans l'ordre civil et politique.

Je sais bien que la connaissance qu'on peut se procurer par cette voie n'est pas officielle; mais le gouvernement est-il tenu de faire notifier la loi à chaque citoyen? sa seule obligation ne consiste-t-elle pas à employer le meilleur moyen de la faire parvenir promptement, et à éviter tout ce qui pourrait en dérober ou en retarder la connaissance? Or, ce moyen ne consiste-t-il pas dans l'envoi de la loi aux autorités administratives et judiciaires? La loi leur sera donc envoyée; et comment, sans cela, pourrait-elle être exécutée? Comment les juges pourraient-ils l'appliquer?

Dans de pareilles circonstances, et avec tant de moyens de répandre la connaissance de la loi, est-il présumable qu'elle puisse être ignorée d'aucun de ceux qui auront ou le désir, ou le devoir, ou le besoin de la connaître?

Quant à moi, je l'avoue de bonne foi, je ne saurais me

le persuader ; et dussé-je encourir le reproche de me trop confier *à l'authenticité des gazettes*, s'il est ici une présomption à admettre, j'admettrais bien plutôt l'*impossibilité de l'ignorer*, que l'*impossibilité de la connaître*.

Ainsi donc, non seulement on ne peut pas dire, comme le rapporteur de votre commission, que la *connaissance présumée* qui résulte de la promulgation, est *la connaissance impossible*; mais on ne pourra, au contraire, s'empêcher de convenir, si l'on réfléchit à tout ce que je viens de dire, que tous les caractères de publicité qui précèdent, accompagnent et suivent l'émission de la loi, sont si ouverts, si saillans, si multipliés, qu'il est presque impossible que la loi ne soit aujourd'hui *connue, avant même d'être promulguée.*

Comment ne le serait-elle donc pas, lorsqu'à cette connaissance accidentelle (que donnent les délibérations du Tribunat et du Corps législatif, rendues publiques, et transmises par les journaux) peut toujours se joindre la connaissance pleine, entière et officielle qui résulte de la promulgation ?

Ici, tribuns, j'aurais désiré pouvoir m'élever à des considérations d'un ordre supérieur, et il ne m'eût pas été difficile d'en faire sortir de nouveaux et de plus puissans motifs d'adoption : mais le temps qui nous presse ne m'a pas permis de m'y livrer ; je les abandonne donc à votre sagacité, et je suis certain qu'elle suppléera amplement à tout ce que je suis forcé d'omettre.

J'aurais désiré encore pouvoir réfuter quelques-unes des objections les plus graves des derniers préopinans ; mais, outre que cette tâche m'aurait mené trop loin, j'eusse peut-être compromis la grande cause que j'aurais voulu défendre. J'ai donc cru qu'il était plus sage de vous laisser le soin de les apprécier.

Cependant qu'il me soit permis, tribuns, en terminant cette partie de ma discussion, de vous présenter une observation bien tranchante et bien décisive ; cette observation, la voici :

C'est qu'en substituant au mode constitutionnel de publication un mode puisé dans les formes monarchiques ou étrangères au régime actuel, vous donneriez par cela seul à des autorités subordonnées au pouvoir exécutif une sorte de coopération à l'acte de promulgation qui ne doit émaner que du chef de ce pouvoir ; que vous les feriez, en quelque manière, participer à cet acte suprême, qui pourtant n'est susceptible ni de partage, ni d'extension, ni de modification ; à cet acte enfin qui ne peut être placé sous aucune autre dépendance que sous celle de la constitution, qui en a réglé l'usage et qui l'a exclusivement attribué au Premier Consul.

Or, ne serait-il pas à craindre que ces autorités que vous auriez nécessairement associées à l'exercice d'une telle prérogative, en leur accordant le droit exclusif de publication, ne serait-il pas à craindre, dis-je, qu'elles ne finissent par se croire autorisées, dans des temps de crise, à arrêter, à suspendre ou à retarder l'exécution des lois, puisqu'il leur serait déjà prouvé qu'elles ne peuvent être publiées sans leur attache ou leur participation?

Je pense bien assurément et j'espère même que cela n'arrivera pas ; mais quand il s'agit d'une matière aussi grave et qu'on stipule pour les siècles à venir, il est sage de tout prévoir et de tout régler d'avance.

Maintenant, je le demande, pourrait-on redouter, en évitant un excès, de tomber dans l'excès contraire? Serait-on fondé à craindre que le pouvoir exécutif, qui ne sera pas toujours dans les mêmes mains, n'abusât de sa prérogative, soit en refusant, ou en différant de promulguer les lois, soit en en arrêtant ou suspendant l'exécution, et cela sous prétexte qu'on lui aurait reconnu le droit exclusif de les publier?

Mais, en premier lieu, n'est-ce pas le gouvernement qui

propose des lois, et dès qu'elles sont adoptées, et que le délai constitutionnel est écoulé, n'est-il pas de son intérêt, comme de son devoir, de les promulguer et d'en procurer la plus prompte exécution?

En second lieu, la constitution ne nous fournit-elle pas une assez forte garantie contre l'abus qu'il pourrait faire de son pouvoir, puisque, si l'article 41 lui attribue exclusivement l'acte de promulgation, l'article 37 lui enjoint expressément d'en faire usage le dixième jour après l'émission de la loi?

Peut-être m'objectera-t-on que la constitution nous fournit aussi la même garantie contre les autorités administratives et judiciaires, puisque le chef du pouvoir exécutif peut révoquer les préfets, et faire poursuivre les juges en crime de forfaiture.

Je répondrai que, puisque nous sommes placés entre deux écueils, dont il faut également se préserver, le meilleur moyen de les éviter tous deux, c'est de marcher d'un pas ferme sur la ligne tracée par la constitution, et de ne se porter ni en-deçà, ni au-delà; qu'ainsi il faut s'en tenir au mode de publication qu'elle consacre et qu'elle fait résulter de la promulgation elle-même.

Mais je ne m'aperçois pas, tribuns, que j'abuse trop long-temps de votre attention, et que je devrais d'autant moins m'appesantir sur l'objet que je viens de traiter, que vous êtes, si je ne me trompe, presque tous frappés, comme moi, de l'utilité, de la justice, de la constitutionnalité, et surtout de l'urgence de la loi qu'on vous propose. Je pourrais donc me dispenser d'insister encore sur ce point, qui me semble déjà trop éclairci, pour qu'il ne soit pas superflu de l'éclaircir encore.

Cependant qu'il me soit permis de présenter, en peu de mots, quelques réflexions qui auront le double avantage, et de frapper sur quelques-unes des critiques dirigées contre le projet, et de repousser quelques objections.

Tous ceux qui ont combattu le projet de loi lui reprochent d'être minutieux, incohérent, mal ordonné, mal rédigé, et enfin de n'être pas à sa véritable place, à la tête du Code civil.

Je réponds à ce premier reproche qu'il est désirable sans doute que l'ordre, la méthode, la précision, l'élégance même distinguent nos nouvelles lois de ces recueils gothiques d'ordonnances et de coutumes barbares et inintelligibles ; que cela serait même nécessaire en quelque sorte, soit pour leur attirer le respect et la considération dont elles doivent être environnées, soit encore pour les parer de toutes les beautés et de tous les charmes du langage, afin de les rendre en tout dignes de leur noble destination. Mais il ne faut pas non plus porter jusqu'à l'excès ce désir, d'ailleurs si louable, vu que trop de recherche, de symétrie et d'affectation dans le style, pourrait aussi leur ôter quelque chose de la noblesse et de la gravité qui doivent les caractériser.

Que les lois soient claires, précises, et, si j'ose le dire, familières, pour se rendre intelligibles.

Qu'il n'y ait rien de louche, d'équivoque ou d'insidieux (ce qui les transformerait en autant de piéges, en les rendant susceptibles de plusieurs interprétations) ; et non-seulement nous pourrons, mais nous devrons même sacrifier leur agrément à leur utilité.

Or, il est aisé de s'apercevoir que le projet qu'on nous a présenté n'offre dans sa contexture aucune de ces graves imperfections ; qu'il ne blesse d'ailleurs ni la morale, ni l'équité, ni la justice, ni l'acte constitutionnel, comme l'ont démontré tous les orateurs qui m'ont précédé à cette tribune ; qu'ainsi il est de la sagesse du Tribunat de faire taire ses scrupules sur des incohérences et des défauts de rédaction qui, s'ils existaient dans le projet, ne pourraient, en aucune manière, vicier le fond de ses dispositions.

Le Tribunat s'empressera donc de voter l'adoption d'une

loi que réclament toutes les autres lois, et qui, pouvant s'appliquer à tous les Codes en général et à chacun d'eux en particulier, ne saurait aucunement être déplacée à la tête du Code civil.

Au reste, cette détermination est d'autant plus juste et plus nécessaire, qu'elle nous est impérieusement commandée par les circonstances où nous nous trouvons.

En effet, tribuns, vous ne l'ignorez pas, tous les besoins nous assiégent; presque toutes les ressources nous manquent, et le malaise est devenu général. Le peuple, lassé par douze années de combats et de dissensions, a soif de la justice. Cette justice, qui est la dette du gouvernement, celle du Corps législatif et la nôtre; cette justice ne peut lui être rendue sans de bonnes lois, et la plupart de celles que nous avons sont mauvaises. Hâtons-nous donc de les réformer. Et puisque cette réforme est commencée, puisque l'ouvrage est déjà avancé, puisqu'il n'y a aucun inconvénient majeur qui doive arrêter notre marche, et qu'il sera d'ailleurs si facile de faire disparaître les défauts, les imperfections et les vices même qui s'y seraient glissés; puisqu'enfin le plan de classification du Code a déjà indiqué que celle des articles se ferait par série de *numéros*, et qu'ainsi il ne faudra qu'une nouvelle loi de classification pour réunir ou disjoindre leurs diverses dispositions, pour les rapprocher, les séparer ou les transposer; en un mot, pour tout coordonner et tout mettre en place, hâtons-nous donc encore une fois, tribuns, de favoriser l'émission de ce Code si impatiemment attendu, et n'ayons pas à nous reprocher d'avoir retardé d'un seul moment la jouissance de ce bienfait.

En vain nous dirait-on que les articles du projet ne sont pas des articles de loi, que ce ne sont que des principes de morale, des règles de droit, des axiomes de jurisprudence; qu'il faut faire la part de la science et celle de la législation; que les définitions sont du ressort du savant et non du législateur; qu'enfin le projet, ou pris dans son ensemble, ou considéré dans ses détails, ne peut orner le frontispice du Code; qu'il y est absolument déplacé, que ses divers articles y sont déplacés comme lui; qu'ils sont mal ordonnés entre eux, et qu'il faut tous les rejeter pour les mettre à leur véritable place.

Je pourrais répondre aux adversaires du projet, qui se montrent si passionnés pour la saine méthode, le bon ordre et la belle harmonie : Si vous trouvez tout déplacé à la tête du Code, au point d'en exclure les principes même du droit, de la morale et de la jurisprudence, qu'y placerez-vous donc, et quelles règles, quelles maximes, quelles volontés vous paraîtront dignes d'y figurer? Vous ne trouvez rien de bon, rien de passable dans le projet qui nous est présenté; vous critiquez toutes ses dispositions : sans doute *la critique est aisée*.... mais avez-vous encore rien indiqué qu'on puisse substituer au projet que vous repoussez?

Vous voulez juger d'avance ce que sera le Code qu'on nous prépare, ce qu'il doit être, ce qui lui est propre ou étranger, ce qui lui convient ou ne lui convient pas; mais vous ne pouvez connaître encore tous les élémens dont il se compose. La seule chose qui vous soit connue, c'est le plan de distribution, la division des matières, l'intitulé des livres, des titres et des chapitres; mais vous ignorez toutes les dispositions de détail.

Vous ne pouvez savoir si tel article du projet de loi, que vous trouvez hors de place, ne se coordonne pas intimement avec tel autre article d'un autre projet qui ne vous a point encore été soumis.

Vous ne pouvez savoir si tel autre, que vous trouvez incohérent, n'est pas en rapport direct et nécessaire avec quelqu'un de ceux qui vous seront bientôt présentés.

Vous ignorez si tous ne sont pas liés par la grande chaîne qui embrasse à la fois l'ensemble et les détails.

Enfin, vous ignorez si ce que vous blâmez aujourd'hui

comme incohérent, confus et mal ordonné, vous ne serez pas, demain, forcés de l'admirer comme un chef-d'œuvre de clarté, de régularité et de classification.

Mais je leur ferai une toute autre réponse ; elle est courte, mais elle est énergique :

Incivile est nisi totâ lege perspectâ pronunciare.

Je me résume.

La Constitution confère exclusivement au Premier Consul le droit de promulguer les lois : or, promulguer les lois, dans notre ordre de choses, c'est les publier ; donc la publication des lois ne s'opère que par la promulgation, et elles ne sont toutes deux qu'une seule et même chose.

Si la promulgation ne pouvait opérer son effet que par la publication matérielle et locale, il s'ensuivrait que le premier magistrat de la République serait en quelque sorte dans la dépendance des autorités mêmes qu'il est chargé de diriger et de surveiller, et qu'il entrerait avec elles en partage de sa suprême prérogative ; ce qui serait le comble du ridicule et de l'absurdité.

La loi a tous ces caractères avant même d'être promulguée ; et la promulgation suffit à sa publication, si l'on accorde un délai suffisant pour que la loi puisse être connue au moment où elle doit être exécutée. Or, l'article premier du projet de loi remplit cet objet en « fixant un temps pro-« gressif, dans lequel la connaissance de la loi peut suc-« cessivement parvenir aux citoyens de tous les départe-« mens. »

Ce délai (rapproché de l'article 37 de la Constitution et de la délibération du Conseil d'État, du 5 pluviose an VIII, sur la date des lois) détermine et précise, de la manière la plus fixe et la plus invariable, le moment indivisible où la loi pourra être connue, et celui où elle devra être exécutée dans chacun des divers tribunaux d'appel de la République. Ce délai, calculé en raison des distances, est infiniment plus avantageux et plus conforme à la dignité de la loi (dont l'exécution ne peut être ni suspendue ni retardée) que celle d'un délai uniforme, dont la fixation dépendrait du caprice ou de la négligence des administrateurs et des juges. Sans doute, ce mode, quoique le meilleur, peut avoir ses inconvéniens; mais la sagesse du gouvernement saura les prévenir ou y remédier.

Il n'y a pas de mode de publication qui puisse donner à tous les citoyens une connaissance individuelle de la loi; donc il faut se contenter *de la présomption morale qu'elle a pu être connue*. Cette présomption, admise dans tous les régimes, acquiert dans le nôtre d'autant plus de force et d'ascendant que tout est public, éclatant et notoire dans l'émission de la loi; qu'ainsi elle peut être connue avant même d'être promulguée. La publication matérielle ne pourrait donc rien ajouter à la manifestation résultante de la promulgation, qui seule donne à la loi le sceau de la publicité : elle serait d'ailleurs infiniment dangereuse en ce qu'elle tendrait à faire participer les autorités subalternes à l'exercice d'une prérogative dont elles pourraient étrangement abuser.

com. Tous les orateurs qui ont parlé en faveur du projet ont démontré que ses diverses dispositions étaient bonnes, justes, sages, utiles et constitutionnelles : donc, quand il offrirait quelques légères imperfections, elles ne suffiraient pas pour en fonder le rejet, puisqu'elles pourraient aisément être réparées.

Les besoins du peuple sont pressans; il a trop attendu la réforme de ses lois pour qu'il puisse l'attendre encore. Il lui faut absolument un Code digne de lui, de sa grandeur et de sa gloire.

Donc le projet qui nous est soumis, et qui est destiné à en être le frontispice, doit être adopté avec empressement.

En terminant, tribuns, je ne peux m'empêcher de former un souhait, qui est aussi le vôtre.

Puisse ce nouveau Code, qu'appelaient tous les vœux et

tous les besoins, répondre dignement, soit aux vues libérales de celui qui, le premier, a pu les remplir, soit à l'opinion qu'en ont déjà donnée et la célébrité des jurisconsultes à qui la rédaction en a été confiée, et les lumières des magistrats qui l'ont enrichi de leurs observations, et l'infatigable activité du gouvernement à recueillir et à coordonner tous les matériaux de ce grand édifice! Puisse-t-il asseoir le bonheur du peuple français sur les solides bases de la morale, de l'équité, de la justice, de la liberté civile et de cet esprit de bienveillance universelle, qui est le lien commun des individus et des peuples! Puisse-t-il, enfin, ainsi que l'a, en quelque sorte, présagé l'orateur du Conseil d'État, *captiver le respect des nations* par la sagesse de nos lois, comme nous l'avons déjà conquis par la puissance de nos armes!

Je vote l'adoption du projet.

OPINION DU TRIBUN PORTIEZ (de l'Oise),
POUR LE PROJET.

Tribuns, s'il est un besoin senti par toutes les classes de citoyens; s'il est un vœu fortement exprimé dès le principe et dans tout le cours de la révolution, certes c'est le besoin d'un Code civil uniforme. Ce Code civil est plus vivement et plus fortement réclamé aujourd'hui par tous les citoyens qui veulent connaître les lois protectrices de leur liberté civile et politique, de leur propriété, en un mot, de leurs droits et de leurs devoirs; il est réclamé par les membres de tous les tribunaux, jaloux de répondre à la confiance du gouvernement, et de leurs concitoyens; il est réclamé par tous les administrateurs de la République, dont la marche est sans cesse retardée par l'incertitude de notre législation, par la multiplicité des lois obscures, quelquefois contradictoires, qui nous régissent aujourd'hui. Au milieu des embarras et des obstacles d'une administration naissante, le gouvernement a mis au nombre de ses premiers devoirs celui de satisfaire à ce vœu véritablement national.

Grâces soient rendues à ce gouvernement qui, en dictant la paix au-dehors par ses victoires, veut la consolider au-dedans par des lois sages. Des jurisconsultes éclairés, désignés par l'opinion publique, et nommés par lui, s'occupèrent incessamment de la rédaction de ce Code civil ; il est soumis à l'examen des tribunaux de cassation et d'appel. Une discussion approfondie a lieu bientôt dans le Conseil d'État.

Après les examens, les discussions, les délibérations, paraît enfin le premier titre de cette loi si long-temps désirée.

Cependant la commission du Tribunat chargée de l'examen de ce projet, vous en propose le rejet. Des raisons fortes ont sans doute déterminé le vœu de la commission. Nous allons les apprécier.

« Une loi de huit articles non ordonnés entre eux, et dont « la rédaction en général est vicieuse : est-ce là, s'écrie« t-elle, un portique qui réponde à la majesté de l'édifice ? » Tribuns, après une révolution profonde qui a ébranlé jusque dans ses fondemens et renversé l'ancien édifice social, nous avons erré long-temps sans gouvernail, battus par les vents. Les passions soufflent encore de toutes parts ; commençons par nous abriter, et nous penserons ensuite à embellir notre demeure. Qu'importe le frontispice plus ou moins majestueux de l'édifice ? Sans m'occuper dans la tempête à étudier les proportions de je ne sais quel beau idéal et absolu dont la recherche prolonge la tourmente, je me contente d'un beau relatif qui nous sauve du naufrage.

3 et ap. 3 Mais, dit-on, la rédaction est vicieuse en général ; et cependant on ne cite que les articles 3 et 4 : encore n'accuse-t-on pas le quatrième d'être mal rédigé ; mais seule-

ment la rédaction pourrait, ce semble à la commission, être meilleure. En lisant ces articles, on cherche vainement le vice de rédaction. Les observations de la commission frappent sur le fond, et non sur la rédaction. Ici la commission s'est méprise. Cet article 3 est clair, précis, et exprimant avec netteté ce qu'il veut dire.

Abordons franchement l'article premier. Je croirai avoir beaucoup gagné si je suis parvenu à obtenir que l'on m'entende avec l'esprit dégagé des préventions que le rapport de la commission a fait naître, qu'il a dû faire naître peut-être ; mais, je ne crains pas de le dire, l'exposé de la commission n'est pas exact. Elle a oublié ce principe en législation, que, pour juger du sens d'une loi et de son esprit, il faut la juger par toute la suite, et par la teneur entière de toutes ses parties, sans en rien tronquer. Or, c'est ce qui est arrivé à la commission. Vous allez en juger par l'article du projet, rapproché du passage du rapport qui le concerne, et des articles constitutionnels relatifs à la question. Je prie mes collègues de remarquer que l'article premier contient trois dispositions principales et bien distinctes. L'erreur de la commission vient de les avoir confondues.

Le premier article porte :

« Les lois sont exécutoires dans tout le territoire fran-
« çais en vertu de la promulgation qui en est faite par le
« Premier Consul. »

Cette disposition est conforme à l'article 41 de la Constitution.

Un autre paragraphe porte : « La promulgation faite par
« le Premier Consul, etc. »..... Écoutons l'article 37 de la Constitution, que l'on n'a pas rappelé dans la loi, parce qu'on a cru qu'elle devait toujours être présente à vos esprits.

Art. 37. « Tout décret du Corps législatif, le dixième

« jour après son émission, est promulgué par le Premier
« Consul, à moins que, dans ce délai, il n'y ait eu recours
« au Sénat pour cause d'inconstitutionnalité. Ce recours
« n'a point lieu contre les lois promulguées. »

Au moyen de ce rapprochement tout devient clair. La loi est nécessairement promulguée le dixième jour par le Premier Consul. Or, la promulgation faite par le Premier Consul sera réputée connue dans tout le ressort du tribunal d'appel de Paris, trente-six heures après sa date ; et dans les ressorts des différens tribunaux, à des époques proportionnées à leurs distances respectives de Paris.

Maintenant, que veut dire la commission, quand elle parle de l'échéance d'un délai dont le premier terme n'est pas fixé, dont on ne voit que la fin, encore très-susceptible de variation, d'instabilité ? Il est évident que la commission tombe dans une erreur grave. Le premier terme est réellement bien fixé, d'autant plus irrévocablement fixé, qu'il est pris dans la constitution même.

Tribuns, si l'article premier du projet n'eût contenu que les deux paragraphes dont nous venons de parler, peut-être l'article n'eût pas éprouvé de difficulté, parce que cette disposition fondamentale et principale offre dans sa plénitude, le moyen, le but et les effets de la publication des lois, telle que ses auteurs l'ont conçue. Mais l'article premier contient un troisième paragraphe, qui, considéré par la commission isolément, abstractivement et sans rapport avec les autres, a causé toute l'erreur. En voici la teneur... Elles (les lois) seront exécutées dans chaque partie de la République, du moment où la promulgation pourra y être connue.

« Quand commencera cette époque où les lois devront
« être exécutées nécessairement ? Ce sera, suivant le projet
« de loi, dans chaque partie de la République, DU MOMENT
« où la promulgation POURRA y être connue. »

« Remarquez ces mots : DU MOMENT, et POURRA.

« Et quel sera LE MOMENT, l'instant fixe et indivisible auquel une loi POURRA être connue ? »

Je relis l'article.... donc les lois ne sont pas exécutées, quand la promulgation ne pourra y être connue.

Je demande si cette partie de l'article n'a pas pour objet les cas particuliers dont on a parlé dans le rapport et la discussion, les cas d'inondation, de pays occupés par l'ennemi, surtout les îles, les colonies, dont le régime est déterminé par des lois spéciales, aux termes de l'article 91 de la Constitution : car, en règle générale, la loi sera connue par le moyen indiqué plus haut, et il n'y en aurait point d'autre dans le cours ordinaire des choses. Mais c'est précisément parce que des cas particuliers, provenant de cause majeure, viennent intervertir l'ordre général, que le législateur, intervenant à son tour, dit : La loi ne sera pas exécutée dans telle partie de la République, parce que la promulgation n'a pas pu y être connue. Pour moi, je vois là l'effet de la prévoyance du législateur.

On nous prie de remarquer ces mots.... *du moment* et *pourra*.... Je les ai pesés et j'y donne mon assentiment. Quelque parti que l'on prenne, il faudra se contenter de la présomption morale que chaque individu a pu la connaître. Prenez un jour, une heure : il en résultera toujours pour les esprits subtils qu'ils pourront subdiviser à l'infini, et qu'on n'obtiendra jamais le point fixe et indivisible que demande la commission ; et on pourra toujours demander avec elle quel sera le moment, l'instant fixe et indivisible auquel une loi pourra être connue.

Au surplus, pour ce qui concerne les cas particuliers, qu'il faut supposer faire la matière d'un litige, il est évident que c'est à la sagesse du gouvernement à y pourvoir par un réglement, et à la conscience du magistrat à apprécier jusqu'à quel point l'ignorance a été ou a pu être invincible.

« Il n'est pas possible, dit le judicieux Domat (a), que
« l'on fasse connaître les lois à chacun en particulier; il
« suffit, pour leur donner la force de lois, que le public en
« soit averti, car alors elles deviennent des règles publi-
« ques que tout le monde doit observer; et les inconvéniens
« qui peuvent arriver à quelques particuliers, faute de les
« avoir connues, ne balancent pas leur utilité. »

Pardon, tribuns, si j'insiste sur le premier article; mais la commission a déclaré que c'est celui qu'il est le moins possible d'adopter, et qui doit lui seul déterminer le rejet du projet de loi.

La commission trouve dans le mode de publication proposé plus d'arbitraire que dans le mode actuel. Il y a donc de l'arbitraire dans le mode actuel, au jugement même de la commission? Je ne partage pas son opinion. Le mode proposé me paraît préférable à ce qui s'est pratiqué depuis la constituante jusqu'à présent. En effet, par la loi du 9 novembre 1789, les lois étaient mises à exécution, dans le ressort de chaque tribunal, *à compter du jour où les formalités étaient remplies :* ces formalités étaient la transcription sur les registres, la lecture, la publication et l'affiche. Ces formalités furent supprimées par l'article 2 de la loi du 12 vendémiaire an IV, qui y suppléa par un bulletin officiel. Les lois, d'après celle du 12 vendémiaire, ont leur force, dans l'étendue de chaque département, du jour auquel le bulletin officiel qui les contient est distribué au chef-lieu du département. Dans ces deux hypothèses, une commune distante de vingt, trente lieues du chef-lieu, est soumise à l'empire d'une loi que, moralement parlant, souvent elle pouvait ne pas connaître. Je ne répéterai pas ici ce qui a été dit sur l'abus et l'usage dérisoire que l'on faisait de la publication de la loi, et l'indécence avec laquelle on s'en jouait.

En terminant la discussion de cet article, j'observerai

(a) Domat, page 25.

que la théorie brillante sur la prérogative du Premier Consul dans la promulgation de la loi eût été plus à sa place lors de la discussion de la Constitution que de celle du Code civil.

Je passe au second article. L'article 2 ne contient pas un pléonasme, comme quelques-uns l'ont pensé; il a deux objets bien distincts : la première partie concerne l'avenir; la seconde, le passé. Cet article, en rassurant les citoyens, peut aussi servir de règle aux législateurs : je l'avoue, je suis peu frappé des craintes qui ont affecté l'un des préopinans. L'article porte avec soi sa garantie, et je me repose à cet égard sur les sentimens et l'intérêt des juges, du gouvernement, et de tous les administrés, qui, à coup sûr, ne veulent pas, ne peuvent pas vouloir le retour au régime de 1789, c'est-à-dire une révolution nouvelle.

L'article 3 a paru vicieux dans sa rédaction, parce qu'il ne contient pas certaines exceptions. On veut indiquer ici les Français absens, les agens diplomatiques; mais on perd de vue qu'on se jette alors dans le domaine du droit des gens, qui règle les traités avec les puissances étrangères, ou des lois de police particulières.

L'article 4 est nécessaire pour garantir au commerçant la validité des actes dans lesquels on se serait conformé aux formes reçues dans les divers pays où ces actes pourraient avoir été faits et passés.

A l'égard de l'article 5, il est étonnant, suivant la commission, de trouver, d'après l'exposé même des motifs, un article qui ne se rapporte qu'au cas particulier d'un acte fait dans les dix premiers jours qui précèdent une faillite. La commission se trompe; on a cité celui-là, parce qu'il fallait en citer un; mais on en pourrait citer d'autres sur les testamens, les obligations souscrites par des mineurs. La malice humaine sera toujours plus féconde que la prévoyance du législateur.

L'article 7 n'a point excité de réclamation.

6   En admettant le principe général de l'article 8, qui ne me paraît pas devoir être contesté, je relèverai cette expression : *l'ordre public et les bonnes mœurs*. Je crois qu'il faut *ou les bonnes mœurs;* car l'une de ces deux circonstances suffit pour frapper de vice la convention qui serait faite.

4   La disposition de l'article 6 relative aux juges, dans quelques circonstances, a été vivement attaquée : voici ma réponse.

Tribuns, si dans quelque loi il se trouve une omission d'une chose qui soit essentielle à la loi, ou qui soit une suite nécessaire de sa disposition, et qui tende à donner à la loi son entier effet selon son motif, on peut, en ce cas, suppléer ce qui manque à l'expression, et étendre la disposition de la loi à ce qui, étant compris dans son intention, manquait dans ses termes. Ainsi s'exprime Domat; et ces principes s'appliquent tout naturellement à l'article 6. Il se peut présenter mille cas auxquels le législateur n'a point pourvu, et c'est une prévoyance très-nécessaire, dit l'auteur du *Contrat social*, de sentir qu'on ne peut tout prévoir.

On reproche au projet d'avoir fait la part de la science et celle de la législation. La plupart des articles, dit-on, sont des préceptes, des principes de droit, et non des dispositions législatives; et cependant la commission les renvoie à d'autres lois. Ainsi, suivant elle, l'article 2, porté dans le projet de loi, se rapporte naturellement à celui qui sera relatif aux personnes, qui réglera la distinction des droits des Français et des étrangers.

2

ap. 3
4 et 5   Ainsi l'article 4 appartient encore au projet de la loi relatif aux étrangers; ainsi les articles 6 et 7 doivent être renvoyés au Code judiciaire.

ap. 5   Ainsi l'article 5 est à renvoyer au Code commercial. La commission ne désapprouve pas, comme vous le voyez, Tribuns, que ces articles soient présentés comme articles dans les lois, mais seulement qu'ils fassent partie du présent projet de loi. D'autre part, la commission convient qu'un titre *des règles du droit* pourrait avoir son utilité. Au reste, quel inconvénient y a-t-il à offrir des dispositions générales dans la première loi du Code civil? Pourquoi tarder encore à présenter ces principes féconds, régulateurs de la conscience des juges et des actions des citoyens? Mais, dit-on, c'est une grande question que celle de savoir s'il doit se trouver de semblables articles dans les lois. La commission penche pour la négative, le gouvernement pour l'affirmative ; c'est donc alors un problème à résoudre ; objet de controverse sur lequel chacun peut avoir une opinion. J'observe que, sous la Constitution de l'an III, les lois étaient précédées de considérans. Dans tous les cas, je n'aperçois pas que ce soit un motif réel d'un rejet de loi, parce qu'il n'y a rien là qui blesse les droits de l'universalité ou de partie des citoyens.

Un opinant a reproché au projet de renfermer des articles constitutionnels : c'est ainsi qu'il appelle ce que d'autres ont appelé des préceptes, des maximes de droit. La singularité de cette opinion ne trouvera pas beaucoup de partisans; et ce reproche grave n'eût pas sans doute échappé aux yeux pénétrans de la commission, dont la perspicacité a saisi jusqu'à des nuances. Imitant son silence, je ne donnerai pas d'importance à cette opinion par une réfutation sérieuse.

<small>Titre prélim.</small>

Tribuns, le Code civil est impatiemment attendu, parce qu'il est pour tous un besoin de chaque jour. Si le public n'est frappé de la force et de l'évidence des motifs du rejet, ne craignez-vous pas qu'il ne s'élève un préjugé défavorable pour la suite de la discussion, et que votre sévérité, dont je respecte les motifs, ne laisse plus entrevoir, que dans une perspective fort éloignée, la jouissance de ce bienfait si long-temps et si justement désiré?

Si, après une longue guerre, un traité de paix vous était

présenté, seriez-vous arrêtés, pour l'adoption, par la considération de quelques vices de rédaction, de quelques incohérences dans les termes, du rapprochement des articles, uniquement par la juxta-position ? Non, ces vices, ces incohérences trouveraient grâce devant le mot toujours si doux, *la paix*. Eh bien! tribuns, une longue guerre a rompu les liens qui unissaient les membres de la grande famille française; la discorde règne dans les subdivisions de ce grand état, et le mine sourdement; chaque loi du Code civil apparaîtra aux familles comme un traité de paix. Ne vous empresserez-vous pas d'accepter le rôle si beau de pacificateurs ? Oui, sans doute, et j'en jure par les sentimens qui vous animent tous : vous seconderez le gouvernement dans son projet bienfaisant de rétablir l'harmonie dans les cités, de rendre aux citoyens le repos, aux familles la paix, et à tous le bonheur.

Je vote l'adoption du projet.

Le Tribunat ferma la discussion dans la séance du 21 frimaire an 10, et vota le rejet du projet; MM. ANDRIEUX, THIESSÉ et FAVARD furent ensuite désignés pour exposer et défendre, devant le Corps législatif, les motifs de ce vœu.

CORPS LÉGISLATIF.

DISCOURS PRONONCÉ PAR M. ANDRIEUX, L'UN DES ORATEURS DU TRIBUNAT.

(Séance du 23 frimaire an X.—14 décembre 1801.)

Titre prélim.

Législateurs, nous venons exposer et défendre devant vous les motifs qui ont déterminé le Tribunat à rejeter, à la grande majorité des voix, le projet présenté par le gouvernement, sous ce titre : *De la publication, des effets et de l'application des lois en général.*

Parlant le premier au nom du Tribunat, je crois devoir vous exposer, avec le plus de clarté qu'il me sera possible, tout le système des motifs du rejet.

Voici quel ordre je suivrai.

Je commencerai par vous développer les motifs qui ont décidé le Tribunat à rejeter le premier article du projet, celui relatif, je ne dirai pas à la publication, mais à la présomption de publication des lois. J'insisterai sur cet article, le plus important, je dirai presque le seul important du projet de loi.

Je vous rappellerai brièvement les vices des sept autres articles, et les inconvéniens qui résulteraient de leur adoption.

Je terminerai par des observations générales qui achèveront, je l'espère, de vous confirmer dans l'opinion que vous ne pouvez accorder votre sanction au projet de loi.

J'entre en matière.

« Les lois, dit le premier article, sont exécutoires dans « tout le territoire français, *en vertu* de la promulgation « qui en est faite par le Premier Consul. »

Déjà il y a dans ce premier paragraphe de l'article une expression inexacte, et dont l'inexactitude n'est pas sans quelque conséquence.

La Constitution, artile 41, attribue au Premier Consul la promulgation des lois, ou plutôt elle l'en charge ; mais s'ensuit-il que les lois ne soient exécutoires qu'*en vertu* de sa promulgation ?

Prenez garde que cette expression semble donner à la promulgation du Premier Consul une force *virtuelle*, active, nécessaire au complément de la loi.

Or, dans ce sens, l'expression n'est pas juste ; la part du gouvernement, dans la législation, consiste à proposer les lois, à en rédiger les projets, à en demander et à en soutenir devant vous, Législateurs, l'adoption.

Lorsque vous avez adopté, la loi est faite ; elle est complète, entière, elle est loi.

Le Premier Consul, et non pas le gouvernement, le Premier Consul peut seul la promulguer comme chef du pouvoir exécutif. Cette promulgation n'est, en aucune manière, un acte législatif ; elle n'a pour objet que de certifier la loi, et de déclarer qu'elle n'a point été attaquée, pour cause d'inconstitutionnalité, dans les dix jours de son émission ; c'est après la promulgation, ou si l'on veut, *au moyen* de la promulgation, mais ce n'est pas *en vertu* de la promulgation, que la loi doit être exécutée. Elle doit l'être en vertu de ce qu'elle est loi.

Qu'on ne dise pas qu'une expression pour l'autre est ici indifférente, et que nous n'élevons qu'une dispute de mots : c'est par les mots qu'on exprime et qu'on fixe les idées ; et vous sentez bien, législateurs, que ce mot *en vertu* présente une idée très-différente de celui-ci : *au moyen*. L'un donne à la promulgation un effet trop étendu, une force qu'elle n'a pas ; l'autre lui assigne son véritable caractère. L'un dit de la promulgation ce qu'elle n'est point ; l'autre exprime exactement ce qu'elle est. C'est donc ce dernier qu'il fallait employer ; et vous apercevez aisément, législateurs, les inconvéniens et les conséquences de ce défaut de justesse, sans que j'aie besoin de m'y étendre davantage.

Passons à la forme de la promulgation en général, et au mode particulier de publication, ou, pour mieux dire, au défaut de publication qui vous est proposé.

La forme de la promulgation ne peut pas être regardée et traitée comme une chose de peu de conséquence : les lois sont ce qu'il y a de plus sacré parmi les hommes ; tout ce qui appartient à leur formation, à leur publication, doit porter un caractère respectable comme elles.

Sous quelque constitution que l'on vive, les citoyens

soumis à la loi, les magistrats, ses organes, doivent la reconnaître à des signes certains, non équivoques, à des formes solennelles.

Ces signes, ces formes, quel pouvoir les déterminera, et aura seul de droit de les déterminer? Incontestablement le même pouvoir qui a seul le droit de faire les lois. Quel autre que le législateur pourrait dire à quel signe les actes du législateur lui-même seront reconnus?

En effet, c'est de la forme de la Constitution établie que dépendent et le mode de confection de la loi, et ses caractères distinctifs, et le genre de sa promulgation. Chez les despotes, la loi se fait en secret par un seul homme, et l'on ordonne aux sujets d'obéir à la volonté de leur souverain seigneur; on l'ordonne dans la forme qui plait au maître; elle dépend de lui comme le fond. Dans les républiques représentatives, la loi est faite en public, au nom du peuple, par ses mandataires, et dans les formes constitutionnelles : par une suite nécessaire, elle doit être aussi promulguée dans les formes constitutionnelles.

La Constitution de 1791 et celle de l'an III avaient fixé toutes deux, par des articles exprès, la forme de la promulgation des lois.

La loi du 12 vendémiaire an IV, sur le mode de publication et d'envoi des lois, a été mise au rang de celles organiques de la Constitution de l'an III.

La Constitution de l'an VIII ne dit rien sur la forme de la promulgation, et cette forme a varié depuis que notre Constitution nouvelle est en activité.

Cette forme, cependant, ne peut pas, ne doit pas être sujette aux variations de l'arbitraire; c'est un acte de législation, et de législation politique, que de la déterminer; et, comme sous notre Constitution, le pouvoir législatif est divisé entre trois autorités, toutes trois doivent concourir à régler les formes dans lesquelles les lois seront promulguées.

Il s'ensuit qu'une loi sur cet objet est une loi de l'ordre

politique, une loi organique de la Constitution, et que l'objet est assez important pour demander, à lui seul, une loi expresse et complète. Cette loi nous manque; elle est à faire.

La trouvez-vous, législateurs, dans le projet qui vous est soumis? Il ne fixe point la forme de la promulgation; il n'en propose aucune; et tout ce qu'il dit de la promulgation, c'est qu'elle doit avoir une date, ce qui est tout simple, mais ce qui ne peut suffire.

Ne cherchez donc pas dans ce projet la loi sur la promulgation, qui serait cependant si importante, si nécessaire; c'était précisément la loi qu'il fallait faire, au lieu de l'article qui vous est présenté.

Mais cet article n'est relatif qu'à la publication; voyons s'il remplit son objet, et si vous pouvez lui donner votre sanction.

Vous connaissez sa disposition; en voici le motif. On a dit : De quelque manière qu'on s'y prenne, quelque formalité qu'on emploie, il ne faut pas s'attendre que tous les citoyens aient jamais une connaissance personnelle de la loi; il est impossible de la leur faire parvenir à tous et à chacun; le problème à résoudre est donc moins de trouver des moyens de faire connaître la loi, que de fixer une époque où elle sera censée connue.

Nous admettons le principe, ou plutôt le fait, qu'il n'est pas possible d'atteindre à la certitude physique de donner à tous les citoyens une connaissance personnelle de la loi; mais nous n'admettons pas la conséquence, beaucoup trop expéditive qu'on en tire, qu'il est donc inutile de chercher d'employer des moyens de leur donner cette connaissance, et qu'au lieu de s'en mettre en peine, il suffit de fixer une époque où la loi sera censée connue.

Est-ce à vous, législateurs, qu'on peut présenter un tel système, avec quelque espérance de vous le voir consacrer?

Vous pourrez vous contenter, sans doute, de la présomption ou plutôt de la certitude morale que la loi doit être connue ; mais ce sera quand vous aurez fondé cette présomption sur des bases solides et suffisantes ; ce sera quand, d'une part, la loi aura été publiée par l'insertion au Bulletin officiel, par l'envoi aux autorités judiciaires et administratives ; enfin par tous les moyens qui paraîtront les plus propres à lui donner une grande, une solennelle publicité ; et quand, d'une autre part, il se sera écoulé un délai tel que cette publicité ait pu avoir son effet, et que, si la connaissance de la loi n'est pas parvenue à tous les citoyens, du moins elle ait pu leur parvenir, et que ceux de qui elle sera encore *ignorée* ne puissent imputer qu'à eux-mêmes leur ignorance volontaire.

Dans le système du projet de loi, les moyens de publicité sont nuls ; l'article n'en établit, n'en énonce aucun ; et l'on pourrait, si cet article était adopté, supprimer et le Bulletin et l'envoi des lois aux autorités, et renoncer à tous les moyens actifs de publicité.

On regarde comme des moyens de publicité suffisante ce qui se passe lors de la confection de la loi, sa présentation au Corps législatif, sa discussion au Tribunat, et devant vous, législateurs, puis le délai constitutionnel de dix jours qui s'écoule entre son adoption et sa promulgation ; pendant ce temps, dit-on, les journaux impriment, répandent les projets de lois, publient les discussions ; beaucoup de citoyens, ceux surtout qui, par devoir, par état ou par leur position personnelle, ont besoin de connaître la loi, prennent intérêt à sa formation, la suivent, y assistent en quelque sorte par la lecture des papiers publics ; il n'est donc pas à craindre que la loi ne soit pas suffisamment connue : il n'y a pas d'autres moyens de publicité en Angleterre et en Amérique.

Je conviens que les journaux peuvent avertir qu'il se prépare ou qu'il a été rendu une loi sur telle ou telle matière : mais donnent-ils de la loi une connaissance officielle, même suffisante? les citoyens intéressés s'en rapporteront-ils aux journaux? est-ce sur un texte pris dans un journal qu'un administrateur, qu'un juge, qu'un tribunal motivera ses décisions et ses jugemens? Et si ce texte y est altéré ou tronqué? si deux journaux le rapportent d'une manière différente? On parle de l'Angleterre et de l'Amérique!... D'abord, il ne faudrait pas omettre de dire que, dans ces pays, à la fin de chaque session du parlement, on envoie aux gouverneurs, aux cours, aux tribunaux, et aux shérifs des comtés, le recueil des lois rendues dans la session.

Et d'ailleurs, il y a trop de dissemblance d'esprit et d'habitudes entre ces pays et le nôtre, entre l'avidité avec laquelle on y recherche et on y lit les feuilles périodiques, et l'indifférence dont on les accueille parmi nous, entre l'exactitude et l'entière liberté des journaux anglais et américains à rapporter les lois et les débats législatifs, et la manière dont nos feuilles les tronquent, les défigurent ou les suppriment, il y a, dis-je, trop de dissemblance dans tout cela, pour qu'on puisse tirer un argument solide d'une comparaison si peu exacte.

Quant au délai proposé, est-il suffisant pour que la loi puisse être raisonnablement présumée connue?

La loi doit être promulguée le dixième jour? c'est à la fin du dixième jour seulement, ou au commencement du onzième, que le secrétaire d'état peut la transmettre, signée du Premier Consul, et revêtue du sceau de la République, au ministre de la justice. Il faut que le ministre en fasse faire dans ses bureaux une copie, qu'il certifie, et qu'il envoie à l'imprimerie du Bulletin des lois. Il faut que cette copie s'imprime!..... Eh bien, à peine le délai fixé pour que la connaissance de la loi soit censée parvenue aux extrémités du territoire, à peine, dis-je, ce délai est-il suffisant pour que ces premières formalités d'envoi, de copie et d'impression soient remplies; les bureaux et les imprimeries ne marchent point avec la rapidité des courriers.

Mais l'insuffisance du délai est peut-être son moindre défaut; ses inégalités, ses variations, la possibilité de l'abréger ou de l'alonger à volonté, son incertitude tourmentante pour les citoyens, la complication même des calculs qu'il rend nécessaires, voilà beaucoup d'autres motifs qui se réunissent pour le faire rejeter.

Je reprends ces motifs successivement, et je les établis en peu de mots.

Les irrégularités du délai. On nous annonce un Code civil auquel nous devrons le grand bienfait de l'unité, de l'uniformité des lois dans toute la République, et pour premier gage de cette uniformité, dont nous nous applaudissons d'avance, on nous propose d'abord une loi qui ne sera point uniforme! une loi qui fera commencer l'exécution des lois à des heures différentes dans les différens départemens de la République!

Et voyez combien cette inégalité deviendrait quelquefois bizarre et choquante. Jugez-en, législateurs, par cet exemple que j'ai cité dans mon rapport au Tribunat.

Auxerre est à quarante lieues, anciennes, ou vingt myriamètres environ de Paris, mais il est du ressort du tribunal d'appel de Paris; Rouen est hors de ce ressort; mais il n'est éloigné de Paris que de quatorze myriamètres; ainsi à Rouen, qui n'est qu'à vingt-huit lieues anciennes, la loi ne devra être exécutée que dans soixante-six heures; et à Auxerre, qui est à une distance de quarante lieues, elle devra l'être dans trente-six heures.

Variation et incertitude dans le délai. En effet, il serait fixé d'après le nombre de myriamètres qui forment la distance entre Paris et chacune des villes où siégent les tribunaux d'appel; il faudrait donc commencer par fixer cette distance; elle le serait, dira-t-on, par un arrêté, par un réglement; mais ce réglement, cet arrêté peut être changé d'un jour à l'autre; il arriverait que la distance pourrait être regardée comme rapprochée, si des circonstances abrégeaient le chemin ; comme si un nouveau pont facilitait le passage d'une rivière ; si, en perçant une montagne, on évitait un plus long détour ; alors la distance ne serait plus la même ; et comme les maîtres de postes obtiennent quelquefois qu'on alonge ou qu'on double même des distances qui ne changent pas dans la réalité, qui sait ce qui arriverait de ces fixations arbitraires de myriamètres, et jusqu'où des intérêts particuliers pourraient quelquefois parvenir à les faire raccourcir ou alonger, en profitant de certaines circonstances ?

C'est donc bien à tort qu'on a dit que, dans ce nouveau système, les citoyens ne seraient soumis qu'à l'arbitraire de la loi, toujours préférable à l'arbitraire de l'homme.

C'est à vous, législateurs, de voir si vous voulez adopter une loi dont le complément nécessaire serait dans un arrêté, dans un réglement de distances, qu'on pourrait changer à volonté. Serait-ce là une loi complète ? serait-ce une loi immuable, et préviendrait-elle l'arbitraire ?

Le moment où la loi deviendrait exécutoire serait toujours variable et mobile ; il le serait d'autant plus, que la fin du terme dépend de son commencement, et que ce commencement pourrait aussi varier. En effet, le délai doit commencer de la date de la promulgation, et échoir ensuite à différentes heures, à différens *momens* (car c'est le terme dont se sert le projet de loi) pour les différens départemens de la République.

Jusques à présent la promulgation n'est point datée d'une heure précise ; elle l'est seulement d'un jour (a), et dans

---

(a) On a dit qu'il faudrait suivre la règle ordinaire : *le jour du terme n'est point compté dans le terme* ; qu'ainsi une loi étant promulguée, par exemple, le 1er du mois, le délai commencerait à courir à minuit de ce jour, et que la loi serait présumée connue à Paris et dans le ressort, trente-six heures après, c'est-à-dire à midi du troisième jour du mois, et qu'à partir de ce midi, la connaissance présumée s'étendrait et gagnerait de proche en proche sur tous les points de la France. Il est fâcheux qu'un article de loi soit assez peu clair pour avoir besoin de toute cette explication, et de plus, cette explication n'est bonne qu'autant que la promulgation sera seulement datée du jour ; elle tombe si une fois on donne à la promulgation la date d'une heure précise.

le mode actuel de publication, qu'elle soit datée du jour ou de l'heure, il ne peut s'ensuivre aucune différence ultérieure.

Mais admettez un article de loi (c'est celui du projet) qui dise que la loi commencera à être exécutée *du moment où elle pourra être connue,* et qui fixe ce moment *à telle heure* après la date de la promulgation ; n'est-il pas clair qu'en donnant à la promulgation la date d'une heure précise, on change à volonté le moment où la loi devra commencer à être exécutée? qu'ainsi une loi promulguée à la date de six heures du matin, par exemple, devra commencer à être exécutée douze heures avant celle dont la promulgation sera datée de six heures du soir du même jour?

La promulgation doit toujours se faire le dixième jour, j'en conviens; mais ce jour a vingt-quatre heures, et le projet de loi, laissant au gouvernement la faculté de dater sa promulgation de celle des vingt-quatre heures qu'il voudra, il n'y aura jamais rien de certain sur *le moment* où la loi *pourra* être censée connue, et où elle *devra* commencer à être exécutée. La connaissance présumée devient alors la connaissance impossible, puisque l'heure de la date de la promulgation sera ignorée jusqu'à ce que la loi paraisse et devienne publique. Est-il possible de laisser vivre les citoyens dans cette incertitude continuelle sur l'objet le plus important pour eux ?

Mais voyons comment pourra se faire l'application de la loi, d'après un pareil mode de publication.

Il est quelques actes qu'on date de l'heure où ils sont passés; mais ce n'est pas le plus grand nombre : toutes les conventions, les obligations et la plupart des actes notariés ne sont datés que du jour; quand il faudra apprécier un acte non daté de l'heure, et lui appliquer une loi qui sera devenue exécutoire à *un moment* fixe et précis, comment le pourra-t-on faire? Voilà donc tous les citoyens obligés de dater désormais l'heure dans tous les actes; et s'ils l'oublient, les actes seront-ils nuls? On n'admettra donc plus les actes sous signature privée, s'ils n'ont été enregistrés avec les dates de l'heure, de la minute? Vous voyez, législateurs, à quelles conséquences ce système peut conduire; vous voyez qu'il est une source d'incertitudes, de difficultés, de discussions interminables.

Enfin, tous ces calculs d'heures et de myriamètres sont difficiles, hors de la portée du plus grand nombre; et pour cela seul, ils doivent être rejetés d'une loi. « Les lois, dit « Montesquieu, ne doivent point être subtiles; elles sont « faites pour les gens de médiocre entendement. »

Le motif pris de la nécessité de donner à certaines lois la plus prompte exécution, la marche la plus rapide, ne trouve heureusement son application que dans certains cas assez rares, et lorsqu'il s'agit de mesures répressives; et dans ces occasions peu fréquentes, on trouvera des moyens extraordinaires d'exécution que la loi n'interdira point.

Quant aux lois fiscales ou de finances, contre lesquelles on craint qu'il ne se commette des fraudes dans l'intervalle entre leur émission et leur publication, il sera toujours très-difficile d'empêcher ces fraudes, parce que l'intérêt particulier est actif, vigilant; parce que la loi, si elle n'est suffisamment connue, sera du moins assez annoncée par sa présentation, par sa discussion, pour qu'on songe à l'éluder; parce qu'enfin, avec quelque rapidité qu'on lui fasse parcourir des myriamètres, la fraude et l'amour du gain fuiront encore plus vite devant elle, et n'auront besoin que de gagner quelques heures.

Vous voyez, législateurs, combien d'inconvéniens, et qui ne sont balancés par aucun avantage, entraînerait le projet de loi rejeté par le Tribunat; hésiteriez-vous encore à le rejeter? Je n'ajouterai qu'un mot, et je l'emprunterai à l'un de nos premiers magistrats, qui a rempli les fonctions de ministre de la justice, et chez lequel l'expérience ajoute aux lumières acquises dans la science des lois. « Les « inconvéniens, a-t-il dit, qu'on croit devoir résulter du « mode actuel de publication, ne sont pas jusqu'ici justi- « fiés par des exemples : la seule question que ce mode ait « fait naître, est celle de savoir si les tribunaux sont obli- « gés de juger conformément à la loi avant de l'avoir re- « çue. Le changement qu'on propose d'apporter au mode « actuel de publication est donc sans motifs. » Telle a été l'opinion de ce jurisconsulte célèbre; telle a été celle d'une grande partie des membres du Tribunat.

Je dirai peu de chose des sept articles suivans, pour ne pas fatiguer votre attention ; permettez-moi, législateurs, de me référer, à cet égard, au rapport qui vous a été distribué.

Vous y avez vu que la plupart de ces articles sont des règles générales de jurisprudence qui appartiennent à la science et non à la législation ; règles qu'il est très-dangereux de vouloir convertir en articles de lois, parce qu'elles sont sujettes à de fréquentes exceptions, parce qu'elles deviendraient fertiles en applications fausses, en conséquences funestes ;

Vous avez vu qu'on aurait pu de même, sous ce titre, *de l'application et des effets des lois en général*, citer une foule d'autres règles ou axiomes de droit qui ne seraient pas mieux à leur place que les quatre ou cinq qu'on a fait entrer dans ce projet ;

Vous avez vu que plusieurs de ces articles appartiennent à des matières particulières, et doivent être renvoyés aux titres qui en traiteront; que plusieurs aussi présentent des vices essentiels de rédaction ;

Vous avez vu que tous les articles du projet ne sont ni liés, ni ordonnés entre eux ; qu'ils sont seulement placés à la suite l'un de l'autre sans méthode et comme au hasard.

Et ce serait là, législateurs, le premier titre du nouveau

Code français ? et vous le souffririez ? et vous placeriez un si médiocre péristyle au-devant du grand édifice que vous préparez pour la nation française et pour les siècles à venir ?

On ne vous dira pas, sans doute, que vous allez donc retarder la confection de ce Code civil, si nécessaire, si vivement désiré et si long-temps attendu; ce serait vouloir alarmer vos consciences, au lieu de convaincre votre raison : sans doute, le peuple français est impatient d'avoir un Code civil; mais il est encore plus jaloux de l'avoir bon, digne de lui, digne de vous, législateurs, digne de l'époque à laquelle vous allez le lui donner, du commencement du dix-neuvième siècle.

Et d'ailleurs, comment le rejet du projet de loi actuel pourrait-il retarder la confection du Code civil ? Le principal, le seul article important du projet n'appartient pas plus à ce Code qu'au Code criminel, qu'au Code judiciaire, qu'à tous les autres ; il est même relatif aux lois temporaires et transitoires ; c'est une loi à faire à part sur la forme de la promulgation et le mode de publication des lois en général; loi importante et urgente, sans doute, mais dont l'absence, depuis la mise en activité de la Constitution de l'an VIII, n'a pas empêché et n'empêche pas encore journellement que les lois que vous rendez ne soient promulguées et publiées suivant le mode qui existe.

Quant aux sept autres articles, la plupart sont des principes qu'on trouve au Code, au digeste, dans tous nos livres; et je vois bien ce qu'il y a de dangereux, mais je ne vois pas, je l'avoue, ce qu'il y a d'urgent à les convertir en articles de lois.

Vous rejeterez donc ce projet, législateurs, afin qu'au lieu du premier article, on vous présente une loi bonne et complète sur la forme de promulgation et le mode de publication des lois.

Vous le rejeterez, afin que des sept autres articles on en

supprime tout-à-fait plusieurs qui ne peuvent être des dispositions législatives; afin qu'on reporte les autres à leur véritable place, aux titres auxquels ils appartiennent, et aussi afin qu'on en revoie et qu'on en corrige la rédaction.

Votre refus d'adopter ce projet prouvera que vous voulez que la majesté du peuple français, tant rehaussée par les armes, le soit encore par les lumières les mœurs et les lois.

DISCOURS PRONONCÉ PAR LE CONSEILLER D'ÉTAT PORTALIS, L'UN DES ORATEURS DU GOUVERNEMENT.

(Séance du 23 frimaire an X. — 14 décembre 1801.)

Législateurs, le projet de loi soumis à votre sanction est attaqué dans son ensemble, et dans chacun des huit articles qui le composent.

Il est relatif *à la publication, aux effets* et *à l'application des lois en général.*

Dans la défense de ce projet, nous suivrons le même plan que l'on a suivi dans l'attaque.

Examinons d'abord ce que l'on objecte contre l'ensemble du projet de loi.

Ce projet, s'il faut en croire les orateurs qui l'on censuré, n'est point à sa véritable place; car, n'étant relatif, dit-on, qu'aux lois en général, il n'appartient pas plus au Code civil qu'au Code criminel, au Code commercial, et à tous les autres Codes.

Nous en convenons; et c'est parce que nous en convenons, que le projet de loi dont il s'agit a été destiné à former une loi distincte de toute autre loi.

Mais, objecte-t-on, le projet de loi que nous discutons est placé à la tête du Code civil, quoique vous conveniez qu'il ne lui appartient pas exclusivement.

Je réponds que cette objection est inintelligible pour moi.

Expliquons-nous.

C'est à l'occasion du Code civil que l'on s'est occupé du projet de loi relatif *à la publication, aux effets* et *à l'application des lois en général;* mais le titre seul de ce projet annonçait suffisamment que des dispositions et des règles sur *les lois en général* n'appartenaient exclusivement à aucun ordre particulier de lois.

Un Code civil a naturellement plus d'étendue que tout autre Code : il régit l'universalité des choses et des personnes. Les lois criminelles, les lois commerciales sont plus circonscrites.

D'autre part, la rédaction d'un Code civil a été le premier vœu de nos assemblées nationales.

Il était donc naturel de s'occuper de ce qui concerne les lois en général, dans le moment où l'on était invité à s'occuper de la partie la plus étendue de la législation.

On raisonne sur la place qui doit être assignée au projet de loi que nous discutons, comme s'il s'agissait d'une question de préséance entre des individus.

Les lois ont une époque, une date, parce qu'elles sont faites dans un temps plutôt que dans un autre; mais elles ne sont distinguées entre elles que par la matière à laquelle elles se rapportent.

Chaque loi a son existence, comme chaque loi a son objet.

Législateurs, dans l'ordre du travail, nous avons pensé qu'il pouvait être utile de vous présenter un projet de loi sur les lois en général, avant que de vous présenter les divers projets de lois qui ont été préparés sur les diverses matières civiles.

Conclura-t-on de là que le projet de loi *sur les lois en général* cesse d'être ce qu'il est pour devenir ce qu'il n'est pas ?

On observe que ce projet, qui n'appartient exclusivement à aucun Code, aurait dû être l'objet d'une loi particulière, d'une loi à part. Eh bien ! qu'a-t-on fait, et que pouvait-on faire ? Pour distinguer un projet de loi de tout autre, connaît-on quelque autre moyen que celui que nous avons choisi ?

Le titre du projet présenté indique littéralement que ce projet concerne *les lois en général*, c'est-à-dire toute espèce de lois : donc il n'est pas exclusivement appliqué aux lois civiles. Le même projet est soumis séparément à la sanction du Corps législatif : donc point de confusion à craindre.

Je doute que ce soit une bonne manière de censurer un projet de loi, que de se prévaloir, non des vices que l'on y découvre, mais de ceux que l'on y cherche, et de proposer des objections démenties par le projet même.

Si quelques orateurs nous ont dit que le projet de loi n'appartient à aucun Code, d'autres sont partis de l'ordonnance de 1667, pour nous avertir que ce projet appartient au Code judiciaire.

Il est très-vrai que le premier titre de l'ordonnance de 1667 parle de la publication et de l'interprétation des lois, et que, dans la même ordonnance, on fait un Code pour la procédure civile. Mais pourquoi dissimuler que l'ordre de la procédure civile n'a pas été l'unique objet du législateur ? Nous trouvons dans l'ordonnance de 1667 des titres sur divers points de droit importans sur la forme des registres, sur la reddition des comptes, sur les faits qui gissent en preuves locales ou littérales, sur les prises à partie.

L'ordonnance de 1667 était destinée à faire époque dans la législation française; elle corrigeait de grands abus; elle fixait quelques maximes importantes; on profita du moment pour établir quelques règles sur la publication et l'interprétation des lois.

Mais de ce qu'il est parlé de la publication des lois dans une ordonnance qui parle aussi des formes de la procédure, conclure que la matière de la publication des lois appartient au Code judiciaire, ce serait mal raisonner ; car autant aimerais-je entendre dire qu'il faut renvoyer la matière de la publication des lois à celle des testamens et des successions, parce que l'authentique, *ut novæ constitutiones*, régla les formes de la publication des lois, en décidant une question de testament.

Avant l'ordonnance de 1667, celle de Moulins avait pareillement réglé les formes de la publication des lois. Or, l'ordonnance de Moulins roule sur bien d'autres matières que celles sur lesquelles l'ordonnance de 1667 a statué.

Il ne faut donc pas apporter en preuve contre le projet de loi des exemples qui ne prouvent rien.

Ceux des orateurs qui pensent que l'on doit renvoyer le projet de loi au Code judiciaire excipent encore des divers articles de ce projet qui règlent les limites et l'étendue du ministère des juges dans l'application des lois.

Mais, à moins que l'on ne se croie autorisé à regarder comme une dépendance du Code judiciaire toute disposition où le mot *juge* se rencontrera, je ne vois pas comment on peut exclusivement classer dans ce Code des objets qui sont d'un ordre plus élevé que ceux qui ne tiennent qu'au système de la procédure civile. Tout ce qui concerne l'étendue et les limites de la puissance de juger appartient essentiellement au droit public.

Il est même des orateurs qui ont été jusqu'à dire que cette matière, ainsi que celle de la publication des lois, ne peut être régie que par des *réglemens constitutionnels*, et qu'elle est hors de la sphère de la loi.

Nous voici dans une plus haute région.

Dans ce troisième plan d'attaque, il faut rejeter le projet, parce que, pour le traduire en loi, le pouvoir du législateur ne suffirait pas, et qu'il faudrait l'intervention du pouvoir constituant.

Mais qu'est-ce donc qu'un *réglement constitutionnel?* Ces

deux mots ne vont point ensemble ; ils impliquent contradiction. Le mot *réglement* annonce quelque chose de variable ; le mot *constitutionnel* annonce quelque chose qui ne l'est pas.

On parle du pouvoir constituant comme s'il était toujours présent, comme s'il faisait partie des pouvoirs constitués.

Erreur : quand la constitution d'un peuple est établie, le pouvoir constituant disparaît. C'est la parole du créateur qui commanda une fois pour gouverner toujours ; c'est sa main toute-puissante qui se reposa pour laisser agir les causes secondes, après avoir donné le mouvement et la vie à tout ce qui existe. Par la Constitution, le corps politique acquiert tout ce qui lui est nécessaire pour être viable ; il acquiert une volonté et une action. Mais alors il se suffit à lui-même pour se conserver et se conduire.

La Constitution a distribué les pouvoirs de l'état comme la nature a distribué les facultés de l'homme.

La Constitution est au-dessus du législateur. Ainsi on ne peut changer ni détruire par des lois ce qui est établi par la Constitution.

Conséquemment, dans la matière qui est l'objet de cette discussion, une loi ne pourrait déclarer que la promulgation des lois n'est pas nécessaire, puisque la Constitution suppose littéralement la nécessité de cette promulgation, et puisqu'elle désigne le pouvoir par qui les lois doivent être promulguées.

Mais la Constitution n'a point déterminé le mode ni la forme extérieure de la promulgation des lois. Donc elle a jugé que ces objets ne sont pas *constitutionnels* ; car on ne peut pas dire qu'ils aient échappé à sa prévoyance, puisqu'elle s'est particulièrement occupée de la matière de la promulgation. Donc, elle a reconnu que tout l'espace qu'elle laissait libre dans cette matière était du domaine de la loi.

Je conçois que, dans les cas extraordinaires qui peuveut être amenés par le temps, il peut se rencontrer des objets qui soient, par leur nature, hors de la main du législateur; mais dans toutes les matières sur lesquelles la Constitution a formellement statué, il est évident que ce serait blesser la Constitution même, que de regarder comme *constitutionnel* ce qu'elle n'a pas voulu traiter comme tel.

Je sais que la Constitution de l'an III réglait explicitement le mode et les formes de la promulgation des lois; mais cette circonstance est une raison de plus pour penser que c'est avec intention qu'on n'a plus reproduit les mêmes détails dans la dernière Constitution. Les bons esprits s'étaient plaint de ce que la Constitution de l'an III était trop réglementaire, et de ce qu'elle avait lié par là, à l'immutabilité de la République, des objets qui sont essentiellement subordonnés au cours variable des intérêts, des mœurs et des circonstances. Dans le nouvel ordre de choses, on n'a pas voulu s'exposer aux mêmes inconvéniens, et on a laissé plus de latitude au législateur.

Pour ce qui est des articles du projet de loi, qui sont relatifs aux fonctions des juges, comment peut-on raisonnablement prétendre que ces articles sont hors de la sphère de la loi ? L'article 61 de la Constitution s'exprime en ces termes : *En matière civile, il y a des tribunaux de première instance et des tribunaux d'appel. La loi détermine l'organisation des uns et des autres, leur compétence et le territoire formant le ressort de chacun.*

Cela est-il clair ? *Il y aura des tribunaux de première instance et des tribunaux d'appel.* Tel est le vœu de la Constitution, tout le reste est abandonné à l'empire de la loi.

Dans les controverses ecclésiastiques, on a eu quelquefois besoin d'avertir les théologiens de n'être pas plus chrétiens que l'évangile; dans nos controverses politiques, nous avons quelquefois besoin qu'on nous dise de n'être pas plus constitutionnels *que la Constitution*.

Après avoir réfuté toutes les objections relatives au point de savoir si le projet de loi présenté est à sa véritable place, qu'il me soit permis de mettre aux prises les divers orateurs qui ont proposé ces objections.

Les uns voudraient reléguer le projet de loi dans le Code judiciaire; ceux-là ne le voudraient pas, qui soutiennent que le projet de loi n'appartient exclusivement à aucun Code. D'autres avancent, contre l'esprit et la lettre de la Constitution, que toute la matière sur laquelle le projet dispose est constitutionnelle, et conséquemment étrangère au pouvoir législatif; d'autres ne voient rien, dans les objets dont il s'agit, qui ne soit du domaine de la loi.

Chacun des orateurs que j'ai à combattre prétend que son voisin a tort, et en cela ils ont tous raison. Car, à ceux qui soutiennent que la matière du projet de loi est constitutionnelle, je réponds avec la constitution, qu'elle ne peut être réglée que par une loi.

A ceux qui voudraient reléguer le projet de loi dans le Code judiciaire, et qui ont argumenté d'après l'ordonnance de 1667, j'oppose l'authentique : *ut novæ constitutiones*, et l'ordonnance de Moulins, qui n'ont pas suivi le plan de l'ordonnance de 1667. Je leur réponds encore, d'après la nature des choses, qu'une loi relative aux lois en général, n'est pas plus particulière au Code judiciaire qu'à tout autre Code.

Finalement, à ceux qui, partant de ce dernier point convenu, nous reprochent d'avoir présenté, comme un apanage exclusif du Code civil, un projet de loi qui ne peut appartenir exclusivement à aucun Code particulier, je réponds : De quoi vous plaignez-vous? qu'exigez-vous donc que nous n'ayons déjà fait? Vous voulez un projet séparé; nous le présentons. Vous craignez que ce projet, rédigé à l'occasion du Code civil, et préliminairement à ce Code, ne puisse être regardé comme un apanage exclusif des matières civiles : lisez le titre même du projet, vous y verrez qu'il est relatif *à la publication, aux effets, à l'application des lois en général.* Or, certainement un projet annoncé comme relatif *aux lois en général* n'est point annoncé exclusivement comme relatif *aux lois civiles en particulier.*

Je le demande aux orateurs que je réfute : comment ont-ils raisonné? De ce que nous avons dit que le projet de loi est *relatif aux lois en général* on s'est hâté de conclure que nous avons eu tort d'en faire une dépendance exclusive des lois civiles. Mais il était bien plus naturel de dire : les auteurs du projet n'ont pas voulu faire du projet une dépendance privilégiée des lois civiles en particulier, puisqu'en nous révélant leur pensée, ils nous ont annoncé formellement que le projet était relatif aux lois en général.

C'est une manière assez bizarre de combattre un auteur, que celle de raisonner, non sur ce qu'il a dit ou pensé, mais sur ce qu'il n'a ni pensé ni dit. Avec ce singulier système d'attaque, chacun a combattu le projet qu'il faisait lui-même dans sa tête, et personne n'a vu celui qu'il avait sous les yeux.

Un second point de vue sous lequel on attaque le projet de loi consiste à nous le faire envisager comme un recueil de maximes de morale et de jurisprudence, qui ne peuvent devenir l'objet d'une loi, et qui doivent être abandonnées à la science.

D'abord, je ne trouve aucune *maxime de morale* dans le projet de loi, à moins que l'on ne se fasse de la *morale* une toute autre idée que celle que nous en avons tous.

Quant aux maximes de jurisprudence, je ne vois pas comment elles ne pourraient pas devenir l'objet d'une loi.

C'est la jurisprudence, c'est-à-dire la science du droit, qui fournit tous les matériaux de la législation.

La science embrasse tout ce qui peut s'offrir à l'esprit. La législation choisit dans la science tout ce qui peut intéresser plus directement la société.

L'office de la loi, dit-on, n'est que d'ordonner, de permettre, de défendre, de punir ; la loi ne doit donc pas se borner à proclamer des principes.

Je réponds que le mot *ordonner,* dont on se sert pour exprimer une des attributions de la loi, a une signification plus étendue que l'on ne pense. Il n'est pas limité à l'expression d'un commandement précis sur un objet déterminé. Il embrasse toute disposition générale ou particulière qui sert à régler les actions des hommes.

Un principe n'est point une disposition.

J'en conviens. Mais un principe devient une disposition quand il est sanctionné par la puissance législative.

Avant la sanction publique, un principe n'est que le résultat d'un ou de plusieurs raisonnemens que d'autres raisonnemens peuvent atténuer ou obscurcir. Après la sanction publique, un principe devient un fait positif qui termine tous les raisonnemens et toutes les incertitudes.

Un principe, tant qu'il n'appartient qu'à la science, n'est qu'une thèse philosophique qui peut être controversée ; mais quand un principe appartient à la législation, il devient une règle qui doit être obéie.

Les principes, dans le sens que l'on attache à ce mot, sont indiqués par la raison : les règles sont fixées par l'autorité.

Les principes sont appris, inspirés ou découverts : les règles sont établies.

Le savant, le philosophe, le jurisconsulte enseignent et propagent les principes ; le législateur seul peut faire les règles : car la raison particulière d'aucun homme ne peut dominer celle d'un autre homme. Il n'y a que la loi, raison publique, qui peut utilement parler à tous.

Les Romains, qui ont si long-temps régi et qui régissent encore le monde par leurs lois, avaient inséré dans leur Code un titre exprès, *des règles du droit, de regulis juris.*

Il ne faut pas tout abandonner à la science. Il ne faut pas tout régler par des lois.

La science, abandonnée à la dispute, n'offre qu'une mer sans rivages. Les règles, posées par la législation, font que les rivages ne manquent pas à la mer.

Loin de dire que la loi ne doit point fixer des règles, il faut donc dire, au contraire, que rien n'est plus favorable que cette sorte d'instruction légale, qui éclaire et commande tout à la fois, et qui rassure la société contre les fluctuations de la science.

Mais, disent les orateurs qui attaquent le projet, il y a la plus grande incohérence entre les divers articles. On pourrait placer au second rang celui qui est au troisième, et au troisième celui qui est au second. Rien n'est lié.

Je réponds qu'il y aurait incohérence s'il y avait contradiction ou incompatibilité.

Ce qui est dit dans un article est-il contraire à ce qui est porté dans un autre ? Expliquez-vous. Si cela est, il faut rejeter le projet.

Mais on n'argue d'aucune contradiction. On suppose même qu'il n'y en a point, puisqu'on observe seulement que les divers articles pourraient être arbitrairement déplacés sans conséquence. Il n'y a donc point d'incompatibilité entre les articles.

On objecte qu'il n'y a pas non plus de liaison.

Je conviens qu'il ne peut ni ne doit y avoir, entre les articles du projet, les rapports de subordination ou de dépendance qui existent entre des propositions déduites les unes des autres.

Mais cela résulte de la nature même des choses.

Chaque article énonce une règle; chaque règle est un tout : or, différens tous, réunis ensemble, ne sauraient l'être comme le sont les parties d'un même tout. Chaque règle a son empire, et, pour ainsi dire, son territoire. Aucune n'est précisément la conséquence de l'autre. S'il en était autrement, ce ne seraient pas des règles distinctes et capables de remplir le but que l'on s'est proposé.

Il ne s'agit donc pas de savoir si les règles posées ont de l'affinité entre elles, mais si elles en ont avec le titre général sous lequel elles sont placées, et qui est relatif *à la publication, aux effets et à l'application des lois en général.*

Mais, ajoute-t-on, puisque vous vouliez établir des règles, pourquoi n'en avez-vous pas fait une plus longue série? Il en est d'importantes qui ne sont pas dans le projet.

Je réponds qu'en présentant le projet de loi, nous n'avons pas entendu présenter un recueil des règles du droit, mais simplement fixer certaines règles relatives *aux effets et à l'application des lois.*

Tantôt on disait que des règles de droit ne pouvaient jamais devenir des articles de loi; ici on se plaint de ce que le projet de loi ne contient pas un assez grand nombre de règles.

Vous avez omis, dites-vous, des règles importantes.

Mais, faites l'énumération de toutes les règles que vous croyez importantes dans le droit, et vous n'échapperez pas au reproche d'en avoir omis quelqu'une. Les Romains n'y ont point échappé.

Au surplus, notre projet de loi n'a pour objet que de fixer quelques points de controverse, ou de proclamer quelques maximes qui ont toujours été rappelées par les législateurs des nations, quand ils ont promulgué quelque grand corps de loi.

Tous les reproches d'omission portent donc à faux.

Les orateurs qui ont attaqué le projet dans son ensemble finissent par observer que ce projet n'est pas digne de servir de frontispice au Code civil.

Mais tout ceci est bien vague.

Je sais ce que l'on veut dire quand on soutient qu'un projet de loi est bon ou qu'il est mauvais; mais mes idées ne savent plus où s'arrêter, quand on demande si un projet de loi est digne de servir de frontispice à un autre. Cette question pourrait être utilement agitée, s'il s'agissait de l'exorde d'un discours d'ostentation. Alors on pourrait examiner si cet exorde assortit le sujet ou le reste du discours.

Mais rien de tout cela ne se rencontre dans notre hypothèse. Le projet présenté n'est ni l'exorde d'un discours, ni le préambule d'une loi ; c'est un projet de loi qui a son objet distinct, et qui doit être jugé en lui-même, indépendamment de tout autre projet.

Le projet présenté n'est qu'en huit articles. Mais qu'importe ? Il ne s'agit pas de compter les articles d'une loi ; il s'agit de les peser. La loi qui décréta que la France serait République n'avait qu'un article : en a-t-il existé de plus importante ?

La matière du projet de loi est grave, puisque la plupart des orateurs ont même soutenu qu'elle était constitutionnelle. Il suffit de lire la discussion du Tribunat, pour être pénétré du degré d'importance que les orateurs ont attaché à l'objet de chacun des articles soumis à la sanction du Corps législatif.

C'est autre chose si l'on prétend que le projet est mal rédigé, et que les articles qui le composent sont des dangers ou des erreurs.

Mais cette partie de la discussion rentre dans les objections de détail que l'on a proposées contre chacun de ces articles. Pour le moment, nous pouvons conclure avec confiance que le projet, considéré dans son ensemble, n'offre rien qui puisse en motiver le rejet.

Actuellement notre tâche est de justifier chaque article pris séparément.

Le premier article porte trois choses :

1°. *Que les lois sont exécutoires dans tout le territoire français, en vertu de la promulgation qui en est faite par le Premier Consul;*

2°. *Qu'elles seront exécutées dans chaque partie de la République, du moment où la promulgation pourra y être connue;*

3°. *Que la promulgation faite par le Premier Consul sera réputée connue dans tout le ressort du tribunal d'appel de Paris, trente-six heures après sa date, et dans tout le ressort de chacun des autres tribunaux d'appel, après l'expiration du même délai, augmenté d'autant de fois deux heures qu'il y a de myriamètres entre Paris et la ville où chacun de ces tribunaux a son siége.*

Toutes les dispositions de cet article sont attaquées.

Comment a-t-on pu se permettre d'avancer, dit un des orateurs, que les lois sont exécutoires en vertu de la promulgation du Premier Consul? La promulgation n'est qu'une formalité extérieure qui ne constitue pas la loi. La loi est exécutoire, dit l'orateur, parce qu'elle est loi, elle est loi en vertu des formalités indiquées par le pacte constitutionnel pour la forme de ces actes suprêmes. C'est donc par un sens faux, par une fausse acception du mot, que l'on a prétendu définir le caractère des lois, d'une manière évidemment contraire à l'esprit de la Constitution, qui est précis.

Tout ce raisonnement n'est fondé que sur des méprises.

La loi peut être considérée sous deux rapports : 1° relativement à l'autorité qui la porte; 2° relativement au peuple ou à la nation pour qui elle est faite.

Il est des peuples qui, n'étant point encore civilisés, vivent sans loi; mais toute loi suppose un peuple qui l'observe et qui lui obéit.

Entre la loi et le peuple pour qui elle est faite, il faut un moyen de communication; car il est nécessaire que le peuple sache ou puisse savoir que la loi existe et qu'elle existe comme loi.

La promulgation est le moyen de constater l'existence de la loi auprès du peuple, et de lier le peuple à l'observation de la loi. Aussi, tous les publicistes, tous les jurisconsultes regardent la promulgation comme l'édition solennelle de la loi ; *solemnis editio.*

Avant la promulgation, la loi est parfaite, relativement à l'autorité dont elle est l'ouvrage ; mais elle n'est point encore obligatoire pour le peuple en faveur de qui le législateur dispose. Sans doute, la promulgation ne fait pas la loi ; mais les effets de la loi ne peuvent commencer qu'après la promulgation.

On a donc dit, avec raison, que les lois sont exécutoires en vertu de la promulgation. La promulgation est une forme extérieure, mais essentielle, puisqu'elle est constitutionnelle. La promulgation est une forme extérieure à la loi, comme la parole et l'écriture sont extérieures à la pensée. Mais, comme pour communiquer sa pensée, il faut des signes qui la transmettent, il est également vrai qu'il faut une promulgation pour que la loi ne demeure pas étrangère à ceux qui sont destinés à lui obéir. L'erreur vient de ce qu'on ne regarde la loi que dans ses rapports avec l'autorité qui la décrète, sans la considérer dans ses rapports avec la nation pour qui la loi existe.

La première disposition du premier article du projet est donc inattaquable.

La seconde disposition du même article porte que les *lois seront exécutées dans chaque partie de la République, du moment où la promulgation pourra y être connue.*

Ici on s'élève contre les mots *du moment* et *pourra.*

Il est absurde, dit-on, que l'on se contente d'une simple probabilité, lorsqu'on devrait se ménager la certitude. Il est absurde encore qu'en se contentant d'une simple probabilité, on calcule par moment, et qu'on fasse tout dépendre d'un point mathématique.

Je répondrai d'abord qu'en matière de législation, c'est la même chose de connaître réellement une loi, ou d'avoir pu ou dû la connaître, *idem est scire aut scire potuisse, aut debuisse :* de là c'est une règle constante, que l'ignorance du droit n'excuse pas : *ignorantia juris non excusat.*

Tout cela est fondé en raison. Les lois sont faites généralement ; *leges generaliter constituuntur, et non in singulas personas ;* c'est-à-dire, les lois prennent les hommes en masse, elles parlent à la société entière.

Il serait donc contre l'essence même des lois, qu'une loi fût personnellement intimée à chaque individu. La chose serait même physiquement impossible. De là, dans le droit public de toutes les nations, la loi est notifiée au corps de la société par la promulgation. Réellement et de fait, beaucoup de gens ignorent une loi, quoique promulguée ; mais si on a la certitude morale qu'ils ont pu la connaître, l'ignorance de la loi ne peut les excuser. On est forcé de se contenter de cette certitude morale, puisqu'on ne pourrait avoir la preuve spécifique de la connaissance parvenue à chaque individu, que par l'intimation de la loi à chaque individu, intimation dont l'impossibilité est évidente.

On est donc forcé de calculer sur la connaissance probable que chacun peut avoir de la loi. Le système des probabilités, en cette matière, n'est donc pas nouveau. Il est inhérent à tous les systèmes de promulgation ; il dérive de la force même des choses. Les possibilités, les probabilités peuvent se calculer ; le projet de loi les calcule, en graduant successivement les distances, et en déclarant successivement la loi exécutoire d'après l'échelle des distances graduées.

Mais, nous dit-on, pourquoi ne pas faire promulguer la loi partout ? Pourquoi une seule promulgation à Paris ? Il est facile de répondre à ces questions.

La matière de la promulgation des lois a été disertement traitée par tous les publicistes ; et voici quels sont les principes de cette importante matière.

N'oublions pas ce que nous avons déjà dit, que la promulgation est une édition solennelle, faite de là loi par l'autorité compétente, *solemnis editio*. La promulgation est la vive voix du législateur.

La Constitution porte que la promulgation des lois sera faite par le Premier Consul. Il n'y a donc et il ne peut y avoir qu'une seule promulgation des lois en France, et une promulgation faite par le premier magistrat de la République. La promulgation des lois est donc un acte qui est essentiellement un et indivisible, comme la République elle-même.

D'où vient donc que, sous l'ancien régime, chaque cour souveraine promulguait la loi dans son ressort, et qu'il y avait autant de promulgations qu'il y avait de provinces? Expliquons ceci.

Sous l'ancien régime, la France était une monarchie, et cette monarchie se composait de divers états distincts, dans lesquels le monarque gouvernait sous des titres différens. Ici, il gouvernait sous le titre de comte; là, sous le titre de duc; ailleurs, sous un autre titre quelconque. Dans chaque état particulier, il était obligé de prendre, dans ses lois, le titre sous lequel il gouvernait cet état. Une loi qui serait arrivée en Provence, et dans laquelle le monarque n'aurait pas pris le titre de comte, n'y aurait jamais été naturalisée. Il fallait donc autant de promulgations différentes qu'il existait d'états distincts, dans chacun desquels le monarque gouvernait sous des titres différens. La promulgation ne pouvait être une et indivisible, puisque la monarchie était composée de divers peuples, de diverses nations, dont chacun avait sa constitution et ses lois particulières.

Cela se vérifie encore en Allemagne, dans les divers états de l'Empereur, en Espagne où il existe plusieurs royaumes dans le même royaume, et dans plusieurs autres grandes monarchies de l'Europe.

Mais les publicistes observent très-judicieusement qu'il ne faut pas confondre les monarchies dont nous parlons, où il faut diverses promulgations d'une même loi parce qu'il y a diverses nations très-distinctes, avec les états qui ne forment qu'un même corps politique, et où il n'y a qu'une loi comme il n'y a qu'un peuple. Dans ces états, la promulgation est une, comme la loi même. C'est l'hypothèse de la République française.

On objectera peut-être qu'il est bien singulier que la promulgation faite dans le lieu où siége le gouvernement puisse rendre la loi exécutoire dans tous les autres lieux.

Je réponds que cette prétendue singularité disparaît quand on distingue, avec tous les savans, la promulgation d'avec la connaissance qu'une loi a été promulguée : *promulgatio, et divulgatio promulgationis.*

La promulgation est consommée par un acte du Premier Consul. Si la voix de ce premier magistrat pouvait retentir en même temps dans toutes les parties de la République, la loi serait partout exécutoire dans l'instant même. Mais comme la promulgation faite dans le lieu où siége le gouvernement ne peut pas être subitement connue partout, les lois des diverses nations ont ménagé des délais suffisans pour que la connaissance de la loi promulguée puisse parvenir à tous ceux qui ont intérêt à la connaître. Mais la loi a déjà toute sa publicité légale au moment de sa promulgation; le reste n'est plus qu'une publicité de fait, que la loi acquiert successivement à mesure que l'on apprend dans les différentes parties de la République que la loi a été promulguée. Le délai et toutes les autres précautions de police que l'on peut prendre pour propager la connaissance d'une loi, ne sont que pour garantir et étendre cette publicité de fait, très-distincte de la publicité légale qui est opérée par la promulgation.

Il y a des pays où, dès l'instant de la promulgation faite par l'autorité compétente, la loi est exécutoire dans toutes les parties de l'État. Telle est la législation anglaise.

En Portugal, la loi est exécutoire dans la capitale et ses

environs huit jours après sa promulgation, et trois mois après cette promulgation, dans toutes les autres terres et seigneuries de la monarchie.

Selon l'Authentique, *ut novæ constitutiones*, une loi était exécutoire dans tout l'empire romain deux mois après sa promulgation.

Tous les publicistes s'accordent à dire qu'un délai suffisant après la promulgation, pour donner la certitude morale que la loi a pu être connue partout, est le parti le plus convenable qu'un législateur puisse prendre.

Faut-il un délai uniforme pour toute la République, ou faut-il un délai successif et gradué suivant les distances ? Cette question a été fortement agitée par les orateurs. La plupart d'entre eux se déterminent pour un délai uniforme, et ils rejettent le projet qui admet un délai successif.

Le délai uniforme présente, au premier aperçu, une idée qui attache l'esprit; mais, en approfondissant les choses, on découvre bientôt les inconvéniens d'une idée plus brillante que solide.

Je ne répéterai pas sur cet objet tout ce qui a été dit dans la discussion; je m'arrêterai à quelques observations principales.

Un délai uniforme a le grand inconvénient de laisser dormir la loi dans les lieux où elle est connue, pour attendre qu'elle parvienne dans les lieux où on ne la connaît point encore. Les hommes qui veulent faire fraude à la loi nouvelle en ont le temps et les moyens; tandis que ceux à qui la loi nouvelle pourrait être utile sont dans l'impossibilité d'en profiter.

Ils voient le bien, et ils ne peuvent en jouir. La connaissance prématurée d'une loi non encore exécutoire provoque contre eux toutes les fraudes, et leur porte souvent des préjudices irréparables.

J'ajouterai qu'un délai uniforme n'est qu'une fiction, et qu'il est inutile de faire des fictions quand on peut tenir la réalité. Dans une vaste république la connaissance d'une loi ne peut se manifester dans le même instant. Les lois sont portées par les hommes, et elles marchent comme eux. Tout est successif dans cette marche, et tout ne peut que l'être. Donc l'idée d'un délai successif et gradué sur les distances est l'idée la plus conforme à la vérité et à la raison.

Cette idée est encore la plus conforme à la justice et à l'ordre essentiel de la société. Quand on porte une loi, il est évident qu'on en reconnaît l'utilité : pourquoi donc en retarder l'exécution par des fictions ridicules? C'est, dit-on, pour traiter également tous les Français; pour que ceux qui sont les plus éloignés du lieu où siège le gouvernement aient les mêmes avantages que ceux qui sont les plus voisins. Mais y pense-t-on ? La loi n'est point responsable des inconvéniens de localité qu'elle ne peut changer : à cet égard, chacun doit se résigner à porter le poids de sa propre destinée. Mais la loi serait responsable du mal qu'elle ferait, par des fictions arbitraires, et aux particuliers que l'on dépouillerait des avantages de leur situation locale, et à la société, qui ne pourrait que souffrir de l'inexécution prolongée de la loi.

Ces observations n'ont point échappé aux jurisconsultes qui ont traité la question avec profondeur, et qui se décident tous pour un délai successif et gradué d'après les distances.

On nous reproche d'avoir compté par heure et par myriamètre. Mais les heures se résolvent en jours, comme les jours se résolvent en heures. Eh quoi ! nous dit-on, il faudra dater tous les actes par heure ! un instant métaphysique décidera d'une succession ou de tout autre intérêt majeur ! Vaines subtilités. Quel que soit le mode que l'on choisisse pour fixer le temps où une loi devient exécutoire, il faudra toujours qu'il y ait un instant où l'exécution de la loi sera obligatoire, tandis qu'elle ne l'était pas le moment d'auparavant. Combien d'actes, dans les affaires ordinaires de la vie, sont datés du jour et de l'heure! j'en atteste les registres de tous les tribunaux et ceux de tous les officiers publics.

Comment fera-t-on l'arpentage des distances? faudra-t-il mesurer tout le territoire français? Toutes ces opérations sont faites; il ne s'agit que de les rendre sensibles par un réglement et par un tableau.

Pourquoi renvoyer à un réglement ce qu'on pourrait faire dans la loi même? Parce que les choses d'exécution sont plutôt la matière d'un réglement que celle d'une loi. L'office de la loi est de proclamer la règle, les détails appartiennent plus à l'autorité qui exécute qu'à celle qui ordonne.

On nous demande quel sera le point de départ dans le calcul des heures? La promulgation, qui a une date certaine.

L'essentiel est de déterminer que la loi sera successivement exécutoire d'après un délai successif et gradué sur les distances : voilà ce que la raison, la justice et le bon sens demandent; tout le reste est réglementaire.

Dans le projet de loi, nous avons pris, pour régler les distances, l'éloignement qu'il y a entre Paris, où siége le gouvernement, et les diverses villes où siégent les tribunaux d'appel. On pouvait choisir les villes où sont les préfectures; mais le calcul aurait été plus compliqué, parce qu'il y a plus de préfectures que de tribunaux d'appel.

Rouen, dit-on, est plus près de Paris qu'Auxerre; cependant la loi sera plutôt exécutée à Auxerre, qui est du ressort du tribunal d'appel de Paris, qu'à Rouen, qui n'est pas de ce ressort. Cela peut être. Qu'en conclure? Un inconvénient aussi léger, et le seul qu'on ait pu remarquer, prouve qu'il n'y a point de mesure générale qui n'ait quelques inconvéniens particuliers; mais ces inconvéniens particuliers, qui sont inévitables dans tout système, ne sauraient motiver le rejet de la mesure générale.

On nous reproche d'avoir nominativement parlé de Paris, tandis que le siége du gouvernement peut changer · mais on fera un autre tableau des distances, si le siége du gouvernement change. Le siége des tribunaux d'appel peut changer aussi ; tout ce qui est humain est sujet à changement : cependant tous les jours on est obligé de baser une institution sur une autre, et de partir de quelque point convenu pour arriver au point que l'on cherche.

On objecte encore que notre projet est trop variable, attendu que les distances peuvent être abrégées par des constructions de ponts ou de chemins, ou par des changemens dans l'emplacement des postes; mais que conclure de cette objection? Ce que nous avons déjà dit, que la loi doit décréter le principe d'un mode successif, et que tout le reste est essentiellement réglementaire, puisque tout le reste est essentiellement variable. Le législateur est arbitre du droit : mais tout ce qui est opération ou question de fait appartient et ne peut appartenir qu'au magistrat qui exécute; car les faits, disent les publicistes, appartiennent, par leur nature, à l'exécution de la loi, et non à la loi même.

Nous avons été étonnés d'entendre dire que notre système est mauvais, parce que, dans le cours des choses humaines, une inondation, un pont emporté, et tous autres événemens, peuvent déconcerter nos calculs. Je réponds, avec tous les jurisconsultes, que la loi ne s'occupe point, et ne doit point s'occuper des choses qui n'arrivent que par accident, *non considerat ea quæ per accidens eveniunt*. Les cas de force majeure, les cas fortuits sont de droit une exception légitime à toutes les lois; il suffit de les constater pour motiver l'exception.

Quant aux colonies, il faudra une législation particulière.

Dira-t-on que l'on pouvait choisir un meilleur mode que celui qui est déterminé par le projet de loi? Mais, que l'on y prenne garde : les rédacteurs du projet de Code civil avaient choisi un mode; la section de législation en a proposé un autre ; le gouvernement en a adopté un troisième ; le Tribunat rejette ce troisième mode consacré par le projet ; mais la commission du Tribunat pencherait pour le mode proposé par les rédacteurs du projet de Code ; d'autres orateurs se sont déterminés pour le mode proposé par la section ; les jurisconsultes qui ont le plus approfondi la matière établissent la justice du mode proposé par le gouvernement : je demande si, dans un pareil état de choses, il peut y avoir des motifs raisonnables de rejet.

On sait que dans notre droit public national, les lois sont discutées publiquement et avec solennité ; on sait qu'après que le Corps législatif les a décrétées, on reste dix jours sans les promulguer ; en attendant, elles circulent partout ; on continuera de les envoyer à toutes les autorités constituées, comme on l'a toujours fait. On ne peut donc craindre qu'une loi soit exécutée avant qu'elle soit connue. Mais, dans le mode actuel, l'exécution de la loi dépendait trop du fait arbitraire de l'homme ; le système d'un délai successif après lequel la loi sera exécutée dans les différentes parties de la France, rend à la loi toute sa dignité et toute sa force ; elle sera indépendante dans sa marche ; elle ne rencontrera plus les intérêts et les passions.

Passons à l'examen de l'article deuxième du projet.

La loi ne dispose que pour l'avenir : elle n'a point d'effet rétroactif.

Les uns rejettent cet article, parce qu'il n'est qu'une maxime ; les autres le rejettent, parce qu'au lieu d'y voir une maxime, ils n'y voient qu'un danger.

Répondons aux premiers, qu'il est des maximes qu'on ne saurait trop rappeler, surtout quand on est à la veille de publier un grand corps de lois nouvelles.

La maxime de la non-rétroactivité des lois a été rappelée dans le Digeste et dans le Code ; elle est consignée dans toutes les législations ; nous pouvons donc la consigner dans la nôtre.

Je ne comprends pas comment on ne peut voir qu'un danger dans cette maxime. On a été tenté de la présenter comme un piége dont on pouvait abuser pour faire rétrograder la révolution. Car, nous a-t-on dit, si vous admettez la non-rétroactivité des lois, que répondrez-vous à celui qui viendra vous dire : J'étais noble, j'avais des rentes féodales, j'avais l'espérance d'une substitution, j'avais acheté le droit de vie et de mort en ma qualité d'officier du parlement; vous n'avez pu détruire tout cela que par des lois rétroactives; vous reconnaissez pourtant que les lois ne peuvent plus avoir d'effet rétroactif : donc, en vertu de votre maxime, il faut me rendre tout ce que vous m'avez ôté.

J'avoue que, si on me proposait pareille objection, je serais moins modeste que l'orateur qui paraît craindre que l'on ne pût pas y répondre.

Détruire une institution qui existe, ce n'est certainement pas faire une loi rétroactive ; car si cela était, il faudrait dire que les lois ne peuvent rien changer. Le présent et l'avenir sont sous leur empire. Elles ne peuvent certainement pas faire qu'une chose qui existe n'ait pas existé; mais elles peuvent décider qu'elle n'existera plus. Or, voilà tout ce qu'ont fait les lois qui ont détruit les fiefs, la noblesse et les parlemens.

Quant aux substitutions, la loi qui les abroge n'est pas plus rétroactive que ne l'étaient d'anciennes lois qui les avaient réduites à trois degrés.

La Constitution de l'an III avait consacré la maxime de la non-rétroactivité des lois : les auteurs de cette Constitution étaient bien éloignés de vouloir favoriser le retour des fiefs, de la noblesse et des parlemens.

Ne nous livrons donc pas à des terreurs imaginaires pour écarter une vérité incontestable. Cette vérité, dites-vous, n'est que pour le législateur. Je réponds qu'elle est principalement pour les juges ; et quand elle serait pour le législateur, quel danger y aurait-il de lui voir consacrer une maxime à laquelle il est déjà lié par sa conscience, et à laquelle il se lierait encore par ses propres lois ?

3   Le troisième article porte que *la loi oblige ceux qui habitent le territoire.*

Le rapporteur de la commission du Tribunat en conclut qu'elle n'oblige pas les français qui voyagent. Il faut convenir que la conséquence n'est pas juste.

Sans doute les Français qui voyagent ne sont pas soustraits à l'empire de toutes les lois françaises, mais Français et étrangers, habitant le territoire, y sont soumis. Voilà le principe général. Car *habiter le territoire, c'est se soumettre à la souveraineté.*

On reproche de n'avoir pas parlé des ambassadeurs, de leur famille et de leur suite. Ce qui regarde les ambassadeurs appartient au droit des gens. Nous n'avions point à nous en occuper dans une loi qui n'est que de régime intérieur.

Le principe que vous posez aujourd'hui souffre, dit-on, des exceptions. Soit : mais qu'avions-nous besoin d'énumérer ces exceptions, qui ont leur place naturelle dans les matières particulières auxquelles elles se rapportent ?

Chaque fois qu'on énonce un principe, est-on tenu de faire un traité ?

ap. 3   L'article 4 est conçu en ces termes : *La forme des actes est réglée par les lois du pays dans lequel ils sont faits ou passés.*

On nous demande de quel pays nous entendons parler ? Du pays étranger, puisque les formes sont partout les mêmes en France.

On argumente de notre réponse. Eh quoi ! nous dit-on, un Français ira se marier en Italie, où le consentement des pères n'est pas requis pour le mariage des mineurs ; d'après votre maxime, il pourra donc se marier sans ce consentement ?

Avant que de raisonner, il faut s'entendre. La maxime

est limitée à la forme des actes. Or, le consentement des pères au mariage des enfans mineurs n'est point une forme, mais une condition.

L'article 5 porte : *Lorsque la loi, à raison des circonstances, aura réputé frauduleux certains actes, on ne sera point admis à prouver qu'ils ont été faits sans fraude.* ap. 5

Pour donner la raison de cet article, j'ai cité la loi qui déclare nuls les transports faits dans les dix jours qui précèdent la faillite. On m'observe que l'on ne devait point mettre en maxime générale une règle qui ne se rapporte qu'à un acte particulier de commerce, et qu'il fallait renvoyer tout cela au Code commercial.

On n'aperçoit donc pas que la loi dont j'ai parlé n'a été citée que comme exemple, et non comme limitation.

Il s'en faut de beaucoup que la règle qui fait l'objet de l'article ne frappe que sur quelques matières isolées de commerce : elle embrasse toutes les matières. Ainsi, sur le fondement de cette règle, la loi répute suspectes de suggestion toutes les libéralités faites à des confesseurs, à des médecins et chirurgiens, à des tuteurs et autres. Sur le fondement de la même règle, la loi annulle toutes les dispositions faites en faveur des personnes interposées ; et combien d'autres lois semblables sur une foule d'autres matières ! Le principe est donc général.

D'autres orateurs objectent que la loi annulle les actes, mais qu'elle ne les répute pas frauduleux. C'est aux juges, disent-ils, à peser les faits de fraude.

Ceci n'a besoin que d'être éclairci. La loi ne prononce jamais sur des faits individuels de fraude ; j'en conviens : cela n'appartient qu'aux juges. Mais la loi, par voie de disposition générale, peut réputer frauduleux tous les actes faits dans telles ou telles circonstances qu'elle détermine. La loi répute et présume, puisqu'on dit tous les jours que la présomption de la loi vaut mieux que celle de l'homme.

La dernière objection sur l'article dont il s'agit est appuyée sur ce que toute présomption doit céder à la vérité, et que conséquemment on doit toujours être admis à prouver qu'un acte n'est pas frauduleux. Mais point de méprise. Sans doute la vérité prouvée fait cesser toute présomption contraire, quand le litige consiste à savoir si une chose est prouvée ou si elle ne l'est pas. Mais quand la loi, par une grande considération d'ordre public, prohibe ou annulle certains actes comme suspects de fraude, il existe alors ce que les jurisconsultes appellent un dol réel, *dolum re ipsâ*, qui est constaté par la disposition de la loi elle-même, et qui termine tout litige.

Art. 6. *Le juge qui refusera de juger, sous prétexte du silence, de l'obscurité ou de l'insuffisance de la loi, pourra être poursuivi comme coupable de déni de justice.*

On a déployé de grandes forces contre cet article.

Un des orateurs a prétendu que nous donnions aux juges un pouvoir désavoué par la Constitution. Je sens, nous a-t-il dit, qu'il nous manque des tribunaux d'équité qui puissent, suivant les circonstances, adoucir les lois. Il y a une cour d'équité en Angleterre; à Rome, le préteur était un juge d'équité; en France, le roi avait le droit de faire grâce; et les parlemens s'écartaient souvent de la lettre de la loi. Mais, parmi nous, le ministère du juge est circonscrit dans l'application fidèle des lois.

Toutes ces objections ne prouvent rien contre l'article; elles prouvent seulement que l'article n'a pas été entendu.

L'auteur de l'objection aurait raison, si nous laissions aux juges la liberté de mettre l'équité naturelle à la place de la loi positive. Ainsi, à Rome, le préteur n'appliquait pas la loi, quand il la croyait contraire à l'équité naturelle. Il avait introduit les actions de bonne foi, pour éluder les lois qui avaient établi des formules précises pour chaque action. En Angleterre, la cour d'équité, et en France, les cours souveraines, faisaient souvent des réglemens pour modifier les lois. Mais ce n'est pas ce dont il s'agit. Notre article ne dispose que pour les cas où la loi est obscure ou insuffisante, et pour ceux où il n'y a même point de loi. Or, dans ces différens cas, le juge doit-il suspendre son ministère ou le remplir?

Quand une loi est obscure, l'office du juge est de l'étudier. Son office est encore de la suppléer, quand elle est insuffisante ou quand elle garde un silence absolu. Si vous refusez ce pouvoir aux juges, tous les tribunaux sont frappés d'interdiction. Car on ne plaide jamais contre un texte précis de loi. Il n'y a litige que lorsqu'il y a un doute au moins apparent. Si les juges, lorsque la loi n'est pas claire et précise, peuvent dénier la justice, le désordre sera dans la société; et quel moyen aurez-vous de vider les contestations des hommes? Sollicitera-t-on une loi pour le cas particulier? Mais les parties n'auraient point contracté sous la foi de cette loi qui n'existait point encore; elle ne pourra donc les juger. On tomberait dans tous les inconvéniens de l'effet rétroactif. Cependant on ne peut laisser indécises les questions de propriété et autres questions semblables. Il faut donc que les tribunaux prononcent.

Mais les tribunaux peuvent-ils faire autre chose qu'appliquer une loi existante? Lisez le célèbre auteur de l'*Esprit des Lois* : il observe que, dans une république, les jugemens ne doivent jamais être que l'application d'un texte précis.

Nous répondrons que l'auteur de l'*Esprit des Lois* a parlé pour les matières criminelles. Dans ces matières, on ne peut poursuivre que les crimes que la loi a définis, et on ne peut appliquer que les peines que la loi inflige.

Ainsi, d'après notre article, quand l'accusation portera sur un fait que la loi n'aura pas réputé crime, et contre lequel elle n'aura conséquemment infligé aucune peine, le juge absoudra l'accusé; mais il faudra toujours qu'il rende un jugement : il ne pourrait suspendre son ministère, sans s'exposer au reproche d'un déni de justice.

Dans les matières civiles, il faut de deux choses l'une, ou interdire la puissance de juger, ou laisser une sorte de latitude aux juges quand la loi est obscure, ou quand elle se tait ; car les matières civiles sont immenses, et la prévoyance des lois est limitée. Il est impossible d'avoir une loi pour chaque cas particulier. Il ne faut point de loi pour les cas rares et extraordinaires. La trop grande multiplicité des lois est un grand vice politique. Les lois doivent être préparées lentement et avec maturité : il faut qu'elles soient indiquées par l'expérience. Si vous précipitez les mesures législatives, les lois accableront la société, au lieu de la régler. Il y avait des juges avant qu'il y eût des lois, et jamais les lois ne pourront atteindre tous les cas qui se présentent aux juges. Il faut donc laisser au pouvoir judiciaire les attributions qui dérivent de la plus impérieuse de toutes les lois, de celle de la nécessité.

5   Art. 7. *Il est défendu aux juges de prononcer, sur les causes qui leur sont soumises, par voie de disposition générale et réglementaire.*

On n'a fait aucune objection particulière contre cet article.

6   Art. 8. *On ne peut déroger, par des lois particulières, aux lois qui intéressent l'ordre public et les bonnes mœurs.*

Ici on nous accuse d'avoir mal traduit les textes du droit romain. On prétend que le *jus publicum* n'est pas ce que nous appelons *droit public, ou ordre public*; le *jus publicum*, dit-on, était celui qui s'établissait publiquement, *publicè stabilitum;* et que conséquemment toute convention contraire aux lois était nulle, sans distinction des lois qui pouvaient ou non intéresser l'ordre public.

Il faut convenir que l'auteur de ces objections ne parle de traduction que pour nous reprocher d'avoir mal traduit ; car comment sait-il que nous avons voulu traduire les textes qu'il nous oppose ?

Il est indifférent de savoir si, dans le style des lois romaines, les mots *jus publicum* signifient quelquefois les lois écrites et solennellement publiées, par opposition aux simples usages et aux simples coutumes qui ne s'établissent pas avec la même solennité. Mais il s'agit de savoir si les mots *jus publicum*, qui sont employés plus ordinairement pour exprimer ce que nous entendons par *droit public*, reçoivent cette signification dans les textes qui disent que l'on ne peut déroger au droit public par des conventions privées : *jus publicum privatorum pactis mutari non potest.* Or, voici comment est conçu le sommaire de la loi trente-unième au digeste *de pactis* : *Contrà tenorem legis privatam utilitatem continentis pascisci licet.* Il est permis de traiter contre la teneur d'une loi qui ne touche qu'à l'utilité privée des hommes. Ainsi, le droit public est celui qui intéresse plus directement la société que les particuliers, et le droit privé est celui qui intéresse plus directement les particuliers que la société. On annulle les conventions contraires au droit public ; mais on n'annulle pas celles contraires à des lois qui ne touchent qu'au droit privé ou à des intérêts particuliers. Voilà la maxime de tous les temps. C'est de cette maxime que dérive la distinction si connue des nullités absolues que rien ne peut couvrir, et des nullités relatives qui peuvent être écartées par des fins de non recevoir.

Ce que nous disons des conventions contraires au droit public s'applique à celles contraires aux bonnes mœurs.

Un orateur objecte que notre article paraît se réduire aux conventions, tandis qu'il faudrait également annuler tous autres actes, par exemple des legs, des libéralités auxquelles on aurait apposé des conditions contraires à l'ordre public et aux bonnes mœurs. Nous répondons que ce que la volonté de deux ne peut pas faire, la volonté d'un seul le peut bien moins encore ; et que, si les conventions sont nulles, il faut, par majorité de raison, annuler les autres actes.

Nous ajouterons que l'exemple d'un legs ou d'une libéralité à laquelle on aurait apposé des conditions contraires à l'ordre public ou aux bonnes mœurs, est mal choisi. Car, dans ce cas, il n'y a nul doute que la condition seule est annulée, et que la libéralité demeure. A cet égard, on a toujours distingué les contrats d'avec les dispositions testamentaires. Les contrats, dont toutes les dispositions sont corrélatives, ne peuvent subsister pour une partie et être annulés pour l'autre, malgré la volonté des contractans. Mais dans un testament, on peut respecter la libéralité et détruire la condition ; parce qu'on présume que l'auteur de la libéralité a voulu que l'on exécutât tout ce qui pouvait l'être, et que l'on respectât sa volonté dans toutes les choses qui ne se trouveraient pas en opposition avec la loi.

Il n'eût donc pas été sage, en posant une règle générale, de se jeter dans des détails ou inutiles ou trop contentieux.

<small>Titre prélim.</small> Tel est le projet de loi dans son ensemble et dans ses détails. Le rapporteur de la commission du Tribunat nous a dit qu'il serait injuste de chercher la perfection, et qu'il faut se contenter de rejeter les projets de loi qui seraient essentiellement mauvais, et qui pourraient compromettre le sort de la génération présente et celui des générations à venir.

Ce projet de loi est donc *essentiellement mauvais*, qui établit un délai successif, après lequel la promulgation de la loi est censée connue, c'est-à-dire, qui, de tous les systèmes proposés sur la matière, choisit celui que les publicistes ont préféré ?

Ce projet de loi est *essentiellement mauvais*, qui proclame, d'après les codes de tous les peuples anciens et modernes, et d'après tous les codes faits depuis la révolution, que les lois n'ont point d'effet rétroactif ?

Ce projet de loi est *essentiellement mauvais*, qui déclare que les lois obligent tout le monde ?

Ce projet de loi est *essentiellement mauvais*, qui décide que les actes doivent être faits dans chaque pays selon les formes qui peuvent les rendre authentiques dans les pays où ils sont faits ? Ne voit-on pas au contraire que, sans ce principe, il n'y aurait plus de communication possible entre les divers peuples ?

Ce projet de loi *est essentiellement mauvais*, qui ôte toute possibilité aux citoyens de faire des actes que la loi interdit ou prohibe ?

Ce projet de loi est *essentiellement mauvais*, qui déclare que le juge doit absoudre, quand il n'y a aucune loi qui condamne, et qui veut que le juge ne puisse jamais se faire soupçonner de déni de justice, en suspendant arbitrairement son ministère ?

Ce projet de loi est *essentiellement mauvais*, qui met obstacle à ce que les juges puissent partager le pouvoir législatif ?

Enfin ce projet de loi est *essentiellement mauvais*, qui décide qu'on ne peut faire des conventions contraires à l'ordre public et aux bonnes mœurs ?

Législateurs, vous jugerez, dans votre sagesse et dans votre conscience, qu'un projet qui consacre toutes les grandes vérités, toutes les grandes maximes sur lesquelles repose l'ordre social, est *essentiellement* bon. Nous n'aurions pas eu besoin de répondre à des objections frivoles, pour défendre des points constitutionnels ou des vérités éternelles : vos lumières sont notre garantie. Votre amour de la patrie, votre justice rassurent la société, fondent et justifient notre confiance.

DISCOURS PRONONCÉ PAR LE TRIBUN THIESSÉ, L'UN DES ORATEURS
DU TRIBUNAT.

(Séance du 24 frimaire an X.—15 décembre 1801.)

Législateurs, l'orateur que le gouvernement a chargé de défendre le projet qu'on vous propose de convertir en loi, s'en est acquitté hier d'une manière digne de sa haute réputation. Il a prouvé que sa mission, quelqu'élevée qu'elle fût, ne se trouverait jamais au-dessus de ses talens : c'est un avantage qu'il est plus facile d'envier que d'obtenir.

Mais, par cela même que les difficultés les plus graves s'aplanissent par la faculté qu'il a de les résoudre, il me semble qu'il aurait pu dédaigner une espèce de victoire qu'il s'est efforcé d'obtenir pendant une heure entière sur des détails qui, fussent-ils contestés, n'étaient pas assez décisifs pour fixer son attention.

Qu'importe, en effet, qu'il y ait eu des observations légères, fugitives même contre le projet qu'il défend ? Quand il les aurait résolues avec avantage, les difficultés fondamentales n'en subsisteraient pas moins.

Ces observations, qu'il appelait minutieuses, contradictoires, il les a développées avec plus d'appareil qu'on en avait mis à les produire, et il en a tiré cette conséquence, que, si elles ne se conciliaient pas entre elles, il fallait en conclure que le projet qu'on vous propose est nécessairement bon.

Que dirait-il à son tour si, procédant avec la même méthode, au lieu de donner notre attention principale à la valeur fondamentale du projet, nous exposions, nous réfutions, dans le détail, les raisons plus ou moins incompréhensibles qu'on a employées pour le soutenir ?

Par exemple :

On a dit qu'il était vrai que le système proposé était une fiction ; que, quelque parti qu'on prît, la publication en serait toujours une ; qu'elle serait une fiction, quand même on imprimerait trente millions d'exemplaires de la loi pour trente millions d'habitans ; et qu'au lieu d'organiser la fiction projetée, mieux eût valu, peut-être, établir en principe que, par cela seul qu'il y a un dixième jour après l'émission de la loi, la loi pouvait déclarer que de ce jour-là elle serait censée promulguée : fiction pour fiction, ajoute-t-on, celle-là aurait valu toutes les autres.

On voit que l'auteur de cette idée ne masque point la profonde nullité du projet : si, selon lui, les publications sont de vaines formalités, si la promulgation sera plus vaine encore, on peut en tirer cette conséquence, qu'elle est inutile; que la Constitution, qui la veut, commande une illusion ; que le Premier Consul, qu'elle en charge, peut très-raisonnablement s'en dispenser ; et qu'en remplaçant tout cela par un principe, on fera beaucoup mieux que de s'inquiéter de l'organisation de quelque mode de promulgation que ce soit.

On a dit encore, et c'est, je crois, le même défenseur du projet, qu'il ne fallait s'occuper, ni de l'ordre des matières, ni du style des lois; qu'il ne croyait pas que le Tribunat, que le Corps législatif eussent constitutionnellement le droit de faire cet examen, parce que l'initiative ne leur appartenait pas ; que l'ordre des matières et le style étaient dans les attributions exclusives du Conseil d'État; qu'à cet égard, nulle responsabilité ne pouvait nous atteindre; que vous n'aviez, législateurs, que des points à décréter (c'est l'expression du défenseur du projet); que ces points-là, le Conseil d'État les arrangerait après comme il l'entendrait.

Quand j'aurais ainsi relevé beaucoup d'autres observations dont la justesse, sans doute, peut être contestée, en tirerais-je la conséquence qu'il faut que le projet soit bien mauvais, puisqu'on se trouve réduit à faire de pareils raisonnemens pour le soutenir? Non, sans doute; car cette méthode conduirait des deux parts à prouver le pour et le contre. Il faut en conclure qu'elle est nécessairement mauvaise; qu'il faut l'abandonner; et, renonçant ainsi à toutes les observations accessoires, je me livre franchement, et sans détour, à l'examen des difficultés fondamentales qui sont de l'essence du projet.

Le projet contient-il tout ce que doit contenir une loi sur la promulgation ?

Ce qu'il contient n'est-il pas contraire à tous les principes, à tous les intérêts du peuple français ?

Les maximes, les règles de droit qui l'accompagnent ne sont-elles pas plus dangereuses que nécessaires ?

Il me semble que ce sont là franchement et capitalement les difficultés qu'il faut résoudre.

Le projet contient-il tout ce que doit contenir une loi sur la promulgation ?

Pour se décider sur ce point, il ne faut avoir recours, ni à des théories systématiques, ni à d'ingénieux raisonnemens ; l'exemple du passé peut servir de guide pour l'avenir.

A quelque époque et dans quelque pays que ce soit, jamais on n'a vu promulguer une loi qui ne contînt en tête les titres de l'autorité dont elle émanait.

Par exemple :

En France, quand le monarque parlait seul, c'était *Louis, par la grâce de Dieu, roi de France,* qui commandait le *salut* à l'aspect de ses édits ; et qui, de *sa science certaine, pleine puissance et autorité royale, disait, déclarait, ordonnait et lui plaisait* ce qui suit.

Quand son pouvoir était tempéré par la délibération des États d'une province, ces États déclaraient, avec la sanction royale, qu'ils avaient, dans tel lieu, fait, arrêté et délibéré les articles, qui étaient ensuite proclamés comme loi.

Quand le peuple reprenait le pouvoir législatif, et qu'il le faisait exercer par délégation, c'était, comme on le voit dans la Constitution de 1791 :

« Louis, par la grâce de Dieu et par la loi constitution-
« nelle de l'État, roi des Français : à tous, présens et à
« venir, salut. *L'assemblée nationale a décrété,* et nous vou-
« lons et ordonnons ce qui suit. »

Enfin, quand il avait secoué le joug de la royauté, c'était, comme on le voit dans la Constitution de l'an III,
Au nom de la République française,

Que les lois étaient proclamées, et que chacune attestait que les Conseils législatifs avaient concouru à la décréter de la manière et dans les formes constitutionnelles.

On ne sache pas d'exemple que les lois composées d'*articles seulement* aient été promulguées sans lire en tête le nom de l'autorité qui les rendait, et à la fin le nom de l'autorité qui, devant les promulguer, devait, par conséquent, ordonner qu'elles fussent publiées.

Ces exemples seraient à tel point ridicules, qu'on ne les concevrait pas; et un décret composé d'articles, sans y mentionner l'autorité qui le rend, serait une véritable production anonyme.

Ceci une fois senti, voyons les lois telles qu'elles ont été promulguées de tout temps; voyons celles qui ont été promulguées depuis la Constitution de l'an VIII.

Loi *concernant les opérations et communications respectives des autorités chargées par la Constitution de concourir à la formation de la loi.*

Du 19 nivôse an VIII de la République une et indivisible.

Au nom du peuple français, BONAPARTE, Premier Consul, proclame loi de la République le décret suivant, rendu par le Corps législatif le 19 nivose an VIII, sur la proposition faite par le gouvernement, le 12 dudit mois, communiquée au Tribunat le 13 du même mois.

Vous voyez donc en tête de ce décret deux choses :

Premièrement, la proclamation du Premier Consul, au nom du peuple français; elle est immédiatement avant ce mot, *décret.*

Suit alors la formule du Corps législatif, qui fait mention de cinq faits;

1°. De la réunion du Corps législatif au nombre de membres prescrits par l'article 90 de la Constitution ;

2°. De la proposition du gouvernement et de sa date ;

3°. De la communication au Tribunat, et de sa date ;

4°. De la présence des orateurs du Tribunat et du gouvernement ;

5°. Enfin, de l'emploi du scrutin secret pour décréter la loi.

Cette double formule prouve deux choses :

La première, que c'est le Premier Consul qui promulgue la loi ; et cela est conforme à la Constitution.

La seconde, que le Corps législatif l'a décrétée, et qu'il l'a décrétée dans les formes constitutionnelles.

Otez ces deux parties, ôtez surtout celle qui y est insérée par le Corps législatif, qui constate que c'est lui qui a rendu la loi, il ne restera que des articles, et des articles qui, n'émanant d'aucune autorité, ne commandent l'obéissance à personne.

C'est ici le fond de la difficulté, et il faut faire en sorte de ne pas l'esquiver.

De deux chose l'une, ou la formule que nous venons de lire, qui est rédigée par le Corps législatif, est nécessaire, ou elle ne l'est pas.

Dire qu'elle ne serait pas nécessaire, ce serait arriver à cette absurdité, qu'un papier composé d'articles, et qui ne constate pas en tête l'autorité qui les a rédigés, est cependant une loi.

Si on convient qu'elle est nécessaire cette formule, cela nous conduit franchement à la dernière question qu'il faut aborder et résoudre.

Elle est nécessaire.

Si elle l'est ; qui la rédigera ? qui la consacrera ? il n'y ‹ pas de milieu : ce sera le pouvoir législatif ou le pouvoir exécutif.

Le pouvoir législatif est composé de trois élémens, le

gouvernement, le Tribunat, le Corps législatif : isolés, ils ne sont rien ; réunis, ils forment la loi.

Faute de réunion, il a bien fallu provisoirement qu'ils prissent chacun leur parti ; chacun donc a rédigé sa formule à part ; chacun a attesté, comme il a pu, qu'il avait concouru à la formation de la loi.

Mais ces arrêtés isolés ne constituaient qu'un état provisoire ; ils suppléaient ainsi ce qui n'existait pas : c'était là un remède qui supposait un mal qui, tôt ou tard, devait cesser.

Comment cessera-t-il ? par la formation d'une loi qui, réunissant les trois branches du pouvoir législatif, consacrera de concert la formule qui doit attester que chacune prend à chaque loi la part qui lui est assignée par la Constitution.

Ici y aura-t-il une branche du pouvoir législatif qui réclamera sur l'autre une prééminence que n'autorisent pas les principes de la Constitution ? l'une de ces branches voudra-t-elle rédiger la formule commune, en excluant les deux autres, ou deux branches d'accord auraient-elles la prétention d'exclure la troisième ! Il est trop évident que rien de semblable ne peut être réclamé ; il n'y a pas de puissance prépondérante entre les trois branches du pouvoir législatif. Donc leur concours est nécessaire pour introduire dans la loi la formule qui constate qu'elle émane du Corps législatif.

S'il faut avouer ici que le gouvernement, comme participant à la législation, n'a pas plus que les deux autres branches du pouvoir législatif, celui d'introduire à leur exclusion une formule qui en devient partie intégrante, puisque c'est elle qui énonce les titres de l'autorité qui la rend, prétendra-t-on que le gouvernement a ce pouvoir sous un autre rapport, comme pouvoir exécutif, par exemple ?

Il faut, à cet égard, lire les propres principes du Conseil

d'État, ceux du Premier Consul ; ils sont consignés dans la délibération du 5 pluviose an VIII. La loi est parfaite, dit-on, en sortant des mains du pouvoir législatif ; c'est comme pouvoir exécutif que le Premier Consul la proclame : d'où il suit que, s'il ne peut rien y ajouter, il ne peut rien y introduire.

Cela se conçoit si facilement, qu'on s'industrierait en vain pour chercher des raisons de douter ; le pouvoir qui exécute ne peut exécuter que l'acte qui lui est remis ; s'il le faisait lui-même, ou s'il le modifiait, il n'en serait plus l'exécuteur, mais le créateur ou le modérateur.

Maintenant que ces deux points sont éclaircis ;

Savoir, que les trois branches du pouvoir législatif doivent concourir à tout ce qui s'incorpore dans la loi ;

Et que le pouvoir exécutif ne peut agir qu'ensuite et par des actes postérieurs et extrinsèques à sa formation :

Il faudra bien se résoudre à fixer les conséquences qui résultent de ces deux vérités.

La première consiste en ceci : c'est que depuis le premier mot de l'intitulé, qui est le mot LOI, jusques et compris la signature des secrétaires du Corps législatif, il ne peut pas y avoir une disposition, un mot, une syllabe, pas une addition, pas une omission qui modifie la loi, de quelque manière que ce soit, sortant des mains du Corps législatif.

Ainsi, le titre de la loi en tête, l'énumération des pouvoirs de l'autorité qui la rend, tout ce qui constitue cette première partie commune à toutes les lois, doit être réglé par une formule commune ; et cette règle, c'est à la loi seule qu'il appartient de la tracer.

Maintenant j'examine la deuxième partie de la formule, celle qui suit immédiatement la signature des secrétaires du Corps législatif ; elle est ainsi conçue :

« Soit la présente loi revêtue du sceau de l'Etat, insérée
« au Bulletin des lois, inscrite dans les registres des auto-

« rités judiciaires et administratives, et le ministre de la
« justice chargé d'en surveiller la publication. »

Pour qu'on ne me reproche pas, sur ce point, de créer des théories sur lesquelles chacun peut, à son gré, élever des controverses, je ne fixerai que ce qui a toujours été.

On voit, dans cette dernière partie de la promulgation du Premier Consul, l'ordre de faire quatre choses.

La première, de revêtir la loi du sceau de l'Etat.

La seconde, de l'insérer au Bulletin.

La troisième, de l'insérer dans les livres des autorités judiciaires et administratives.

La quatrième, d'en surveiller la publication.

J'entreprends de prouver que cette formule doit être décrétée par le Corps législatif.

1°. J'ai l'autorité de la législation existante, celle de l'assemblée constituante, celle des assemblées législatives, celle de l'exécution actuelle, puisque cette formule de toutes nos lois est celle consacrée par la loi du 12 vendémiaire an IV.

Or, les anciennes lois l'ayant voulu, les lois existantes le voulant encore, on ne voit pas comment, sans une nouvelle loi, on voudrait faire passer cette formule dans les attributions du pouvoir exécutif.

2°. Elle ne pourrait pas y passer ; la nature des choses s'y oppose, parce qu'il appartient au Corps législatif de déclarer quels actes doivent être revêtus du sceau de l'État; parce que cette solennité étant particulière aux lois, il ne peut permettre qu'aucuns autres actes, qui ne peuvent lui être comparés ni en autorité ni en dignité, partagent cette prérogative ; parce que la publicité des lois étant une suite nécessaire de leur émission, il doit régler les formules et l'étendue de cette publicité, soit par l'insertion au Bulletin, soit par l'affiche, soit par la consignation sur les registres des tribunaux ou des administrations : et, à cet égard, le projet actuel consacre le principe, puisqu'il propose au

Corps législatif de décréter le mode de publication des lois; ce qui réduit la question au seul point de savoir, non pas si le pouvoir législatif interviendra dans le mode de promulgation, mais s'il admettra ou non le mode proposé.

Elle sera législative cette formule, parce qu'enfin les ministres étant responsables de la publication des lois, il est nécessaire que la puissance qui les en charge soit la loi.

Dira-t-on que la Constitution de l'an VIII donnant au Premier Consul le droit de promulguer les lois, elle lui donne par conséquent le droit d'en rédiger, d'en consacrer la formule?

Si du droit de promulguer les lois s'ensuivait nécessairement le droit de rédiger la formule de promulgation, le roi constitutionnel, le directoire auraient eu aussi ce droit; car l'un et l'autre étaient chargés de la promulgation des lois; ils l'étaient comme pouvoir exécutif : et si nous lisons la délibération du Conseil d'État du 5 pluviose an VIII, on y voit qu'il reconnaît que c'est aussi comme pouvoir exécutif que le Premier Consul promulgue les lois; il reconnaît qu'elles sortent parfaites, complètes, des mains du Corps législatif, et que rien ne doit être changé ni dans leur essence, ni dans le texte, du moment où elles sont décrétées : d'où le Conseil d'état et le Premier Consul ont conclu qu'il ne pouvaient pas, ainsi qu'on le leur proposait, changer, par exemple, la date des lois, et substituer à celle du décret celle de la promulgation.

Admettre que la puissance exécutrice, qui a le droit de promulguer les lois, aurait le droit de rédiger la formule de promulgation, ce serait s'obliger, par une conséquence nécessaire, d'admettre que les fonctionnaires constitutionnels auraient le droit aussi de régler la formule des actes qu'on leur donne le pouvoir de faire. Ainsi les tribunaux, quand on les charge de publier la loi, auraient le droit de régler la forme et le protocole de la publication;

ainsi ces mêmes tribunaux, quand ils rendent des jugemens, auraient le droit de déterminer et le titre de ces jugemens et la formule du mandat par lequel ils en ordonnent l'exécution ; ainsi tous les officiers de justice qui ont le droit, les uns de recevoir les plaintes, les autres de décerner des mandats, d'autres enfin de rendre des ordonnances de prise de corps, auraient aussi le droit de rejeter, pour tous ces actes, les formules qui sont consacrées par nos lois, et d'y substituer chacun celle qu'ils jugeraient être la plus convenable ou la plus abrégée.

Concluons de ceci que le droit de promulguer, de publier, de juger, de mander, ne donne pas le droit de déterminer la forme des actes par lesquels on mande, on juge, on publie, on promulgue; que c'est la loi qui détermine et qui a toujours déterminé ces formules; et que, quant à la promulgation dont il s'agit ici, comme la formule doit en être solennelle, invariable, exclusive; comme elle doit constater le concours des trois branches séparées, indépendantes, qui constituent le pouvoir législatif, c'est par leur concours, c'est-à-dire par une loi, que doit être déterminée la formule qui s'incorpore dans toutes les lois.

Cette conclusion répond à ceux qui, reconnaissant que le pouvoir de promulguer ne donne pas le droit de consacrer les formules de promulgation, prétendraient qu'indépendamment de ce droit, le gouvernement a encore celui de faire des réglemens pour l'exécution des lois; que c'est les exécuter que de les promulguer; d'où suivrait qu'il aurait le droit, par un réglement, de déterminer la formule de la promulgation.

Un réglement est un acte postérieur à la loi ; il n'en fait pas partie, il ne s'y incorpore pas; la loi doit donc être entière avant le réglement; car le réglement ne pourrait pas procurer l'exécution de ce qui n'existerait pas.

Or, nul acte ne peut être loi, s'il ne contient deux parties.

La première, qui énonce les titres de l'autorité à laquelle

le peuple a délégué le pouvoir législatif; cette partie est dans toutes les lois.

La seconde, qui contient les dispositions qui sont propres à chaque loi, mais qui ne seraient pas loi, si le Corps législatif ne déclarait pas qu'il les a décrétées.

Le réglement d'éxécution n'arrive donc que quand ces deux parties constituantes de la loi en forment le texte général; donc le réglement qui s'emparerait de l'une de ces deux parties ne serait point un acte d'exécution, mais un acte qui contiendrait la formation de la première partie de la loi.

Si nous supposions que le pouvoir législatif n'a pas le droit de consacrer la formule par laquelle il constate qu'il a rendu la loi, si nous supposions que le pouvoir exécutif a le droit de la suppléer, de la retrancher, d'y en substituer une telle qu'il la conçoit aujourd'hui, telle qu'il pourrait la modifier par la suite :

Dans ce cas, législateurs, il faudrait se résigner aux conséquences qui dérivent d'un pareil système; il faudrait, conformément à l'omission qui date du 8 pluviose an VIII, ne plus rédiger les lois comme vous les avez rédigées jusqu'à ce jour. Dans celle-ci, par exemple :

Il ne faudrait plus mettre,

« Que le Corps législatif réuni au nombre de membres « prescrit par l'article 90 de la Constitution;

« Lecture faite du projet de loi *sur la publication, les effets* « *et l'application des lois en général*, proposé par le gouver-« nement le 24 brumaire an X, et communiqué le 25 au « Tribunat;

« Les orateurs du Tribunat et ceux du gouvernement « entendus dans la séance des 23 et 24 frimaire, et les suf-« frages recueillis au scrutin secret, *décrète*, etc. »

Mais il faudrait mettre,

Loi sur la publication, les effets et l'application des lois en général.

Art. I. Les lois sont exécutoires dans tout le territoire français, en vertu, etc.

Il faudrait vous reposer du soin d'annoncer au peuple français que c'est vous, en effet, qui l'avez décrétée, sur la formule du pouvoir exécutif, conçue en ces termes : *Au nom du peuple français,* Bonaparte, *Premier Consul,* proclame loi de la République le décret suivant, rendu par le Corps législatif, le... sur la proposition faite par le gouvernement, le... communiquée au Tribunat, le... (a).

Le moment est arrivé de maintenir législativement la formule des lois telle qu'elle est arrêtée par le Corps législatif, ou de l'abandonner tout-à-fait; car il est impossible qu'on continue, d'une part, à insérer cette formule dans le texte original de toutes les lois; et de l'autre, qu'on continue à l'en retrancher lors de la publication qu'on fait de chacune d'elles.

Je m'arrête.

Si j'ai prouvé, d'une part, que la formule qui fait toujours la première partie de la loi, est essentiellement dans les attributions du Corps législatif;

Si j'ai prouvé que celle qui forme la deuxième partie appartient aussi à la puissance législative;

Il est évident que la loi qui doit contenir cette formule est, comme cela a toujours été, la loi sur la promulgation et la publication des lois; et si le projet ne contient pas cette formule, il doit, à raison de cette omission fondamentale, être rejeté.

Je me suis proposé de démontrer, en second lieu, que le projet est contraire à tous les principes, à tous les intérêts du peuple français.

(a) L'orateur qui m'a succédé a fait cette objection à laquelle je ne m'attendais pas ; il a dit « que quand des réglemens subsistent, il faut ou les déférer au Sénat, ou ne pas les examiner. » Il s'en suivrait que toutes les fois que, dans l'examen d'un projet de loi, on tirerait argument de l'existence d'un arrêté, il faudrait en rester là, et par conséquent décider que le projet à convertir en loi ne pourrait jamais qu'être conforme aux dispositions de cet arrêté précédent. Il me serait trop facile de déduire les conséquences qui résultent de ce système : je me contenterai de demander par qui alors, se trouverait exercé le pouvoir législatif.

On nous répète, depuis quelque temps, que le peuple français n'est pas un peuple nouveau pour lequel il faille créer des lois, mais un peuple ancien, dont les mœurs et les habitudes ne doivent pas être contrariées par celles qu'on lui destine.

Si cela est vrai, il est nécessaire de le maintenir dans l'habitude où il est, où il a toujours été, soit de lire les lois affichées, soit de les entendre publier aux audiences, soit de vérifier dans ses tribunaux la date de leur enregistrement, et ne pas le contraindre de venir à Paris chercher, quand il en aura besoin, le procès-verbal de la promulgation des lois.

Car il y aura sans doute une promulgation réelle, et on ne la supposera pas fictivement par l'effet d'un principe qui la déclarerait censée promulguée le dixième jour.

Si les tribunaux, composés maintenant de la vieille et de la nouvelle magistrature, sont aussi dans l'habitude de recevoir ces lois, de les publier aux audiences, de les consigner sur leurs registres, et d'y avoir recours pour juger conformément à leurs dispositions, on ne voit pas que le projet, qui ne leur promet ni envoi, ni publication, ni dépôt, soit bien conforme à ce dessein répété tant de fois de ménager les mœurs et les habitudes du peuple français.

Je viens d'apprendre que les journaux publiaient des arrêtés qui devaient rassurer sur ce point, et qu'on continuerait d'envoyer aux tribunaux les lois comme par le passé.

Si ce fait est vrai, comme on l'annonce, il prouve qu'il y a nécessité de continuer un usage fondé, non seulement sur la raison, mais sur la nécessité, qui oblige d'envoyer aux tribunaux des lois qu'on les charge d'exécuter.

Ce point convenu, il ne reste plus qu'à examiner celui de savoir si ce n'est pas à la loi de prendre le soin de faire déposer les lois dans les tribunaux : si ce n'est pas à elle de déclarer à quel instant elles seront exécutoires dans leurs arrondissemens ; enfin, de décréter s'il est ou s'il n'est pas utile de les publier et de déterminer les formes de leur publication.

Sur ce point, on vous a développé hier une théorie, belle sans doute, mais qui, n'ayant pas encore pour elle l'autorité de l'usage, gagnera peut-être à être examinée.

On vous a dit : Il y avait autrefois beaucoup de promulgations en France, mais maintenant il ne doit plus y en avoir qu'une : pourquoi cela? C'est que la France ayant autrefois beaucoup de provinces qui avaient chacune leurs priviléges, cet État était composé de beaucoup d'États qui se trouvaient unis sans être confondus : de là la nécessité de multiplier les promulgations sous les formes qui étaient propres à chaque province.

Mais, ajoute-t-on, depuis que la France est République une et indivisible, la promulgation de ses lois doit être une et indivisible comme elle : de là, la disposition constitutionnelle qui charge le Premier Consul seul de cette promulgation; le reste sera subordonné à des agences ministérielles; et la loi n'a pas besoin d'intervenir dans ces mouvemens d'exécution.

Il y a là confusion dans les idées et dans les faits.

On imagine, comme on essaie de l'établir en système dans le projet, que promulgation et publication sont une même chose; et de là on affirme que la promulgation du roi et la publication dans les parlemens étaient autant de promulgations. Je n'insisterai pas sur cette grossière confusion.

Mais j'admire cette découverte d'hier, qui attribue à la division départementale, à l'unité de la République, la nécessité de ne plus parler de publication de loi.

La division départementale remonte à 1790. La République date de 1792, et on ne voit pas qu'en 1790 et 1792 il fût question de faire remplacer toutes les publications par une promulgation unique.

Nous avons la loi du 3 novembre 1790, qui est intitulée *Décret sur les formes de la sanction, de la* **promulgation** *de* l'envoi *et de la* publication *des lois*.

Nous avons celle du 12 vendémiaire an IV, qui détermine le mode pour l'envoi et la publication des lois.

Nous avons, depuis, l'usage et les formules de promulgation qui contiennent l'ordre de *publier*. D'où il suit que *promulgation* et *publication* ont toujours été et sont encore deux choses distinctes, qu'elles l'ont été sous la monarchie, qu'elles l'ont été depuis la fondation de la République une et indivisible.

Qu'on affirme que la promulgation appartient au Premier Consul, cela est vrai; elle appartenait aussi au directoire, au roi constitutionnel : qu'on ajoute qu'elle est unique, cela est vrai encore; elle l'était en 1791; elle l'était en l'an IV : qu'on en tire la conséquence qu'elle exclut toute publication ultérieure, cela n'est pas exact. Les lois et les faits sont là; ils déposent contre.

Si la promulgation dont est chargé le Premier Consul n'exclut pas les publications dans les tribunaux, la question se réduit à des termes bien simples, c'est de savoir si elles sont utiles et convenables.

Elles sont utiles, l'usage éternel du passé le justifie assez; elles le sont pour les juges, elles le sont pour le public; qu'on ne revienne pas ici avec cet argument éternel, dire que l'impossibilité de notifier les lois à tous, doit déterminer à ne les publier pour personne : c'est avec ces exagérations qu'on passe à tous les excès; si l'on varie sur le degré plus ou moins grand de publicité, on ne varie pas sur la nécessité d'en avoir une.

On ne varie pas sur le sentiment de convenance qui porte à désirer que les tribunaux soient chargés de ces publications.

Mais vous voulez, dira-t-on, faire dépendre cette publication de leur négligence, de leur mauvaise volonté ; vous voulez mettre les hommes à la place de la loi : voilà ce qu'on allègue. Ne semble-t-il pas que, depuis dix années, le gouvernement n'ait eu à lutter que contre les résistances? Ce sont des chimères que tout cela : on ne cite pas un seul abus; on en citerait dix, qu'on ne serait pas en droit d'en conclure qu'il faut priver la magistrature de ce qu'on lui doit, de ce qu'on doit à tous les Français.

J'ajouterai qu'au lieu de déprimer l'ordre judiciaire par des institutions méfiantes, il serait sage peut-être de penser à sa dignité. L'honneur des tribunaux ne doit pas être indifférent à la nation française. Sans doute la puissance, quelquefois utile, plus souvent oppressive, qui était de l'essence des anciens tribunaux, ne doit plus se relever : mais quand la République, fondée sur la ruine de tant de colosses, établit à son tour des autorités, elle doit les animer du sentiment de leur propre dignité. Au dedans, ce sont les vertus personnelles de chacun qu'il faut savoir élever par des marques de confiance; au dehors, la considération extérieure doit être le prix des pénibles veilles auxquelles ils se livrent pour le maintien de l'ordre et de la sûreté de tous. Plus ils ont à lutter contre les souvenirs extérieurs des anciennes institutions, plus ils doivent trouver de moyens de leur comparer les avantages, la dignité, l'indépendance des nouvelles. Loin donc de les dépouiller d'une ombre de pouvoir, dont la crainte est devenue chimérique, il faudrait, au contraire, saisir toutes les occasions d'ajouter à la puissance de la République la partie de puissance dont les magistrats ont besoin pour imprimer le respect, qui, s'il ne s'obtient pour leurs personnes, est bientôt refusé à la majesté de leurs fonctions, et par conséquent à la puissance de la loi.

Je n'examinerai pas le reste du système du projet; il suffit qu'en substance il ordonne une promulgation unique à Paris, et qu'il ôte à la législation les règles et les formes de publication qui devraient suivre, qu'il annonce évidemment même le dessein de les supprimer, pour que je persiste à penser que ce système est contraire à toutes les habitudes, à tous les principes du peuple Français.

Ici on ne peut assez s'étonner de ces longues exclamations par lesquelles on essayait de faire croire que toutes les combinaisons du Conseil d'État étaient épuisées. Les auteurs du Code, dit-on, ont proposé un projet ; la section en a présenté un autre ; le Conseil d'État en a adopté un troisième. Le Tribunat, à son tour, a présenté des vues, des systèmes différens, contradictoires ; en sorte que, de quelque côté qu'on jette la vue, on ne sait à quels principes s'arrêter sur une matière arbitraire en quelque sorte, et qui a varié tant de fois.

Abstraction faite de quelques idées plus ou moins justes, qui sont inséparables de toute discussion, si l'on voulait y regarder de plus près, on reconnaîtrait que les variétés qu'on impute à la matière ne sont pas si multipliées qu'on semble le croire; on reconnaîtrait deux choses fondamentales, par exemple, la première, qu'une loi sur la promulgation des lois en contient toujours la formule : ce point a été invariable depuis 1789.

Un autre point non moins invariable, c'est que de tout temps on a envoyé les lois aux tribunaux.

On ne veut ni l'une ni l'autre de ces deux choses qui sont dans nos habitudes, dans nos lois, dans l'essence du pouvoir législatif, dans le besoin des tribunaux ; et on vient nous reprocher de ne savoir ce que nous voulons !

Qu'on ait différé sur le point de savoir si on enverra les lois à tous les tribunaux, ou seulement aux tribunaux d'appel ; qu'on ait examiné s'il ne valait pas mieux publier par affiche que par la simple consignation dans les registres : sans doute ces points sont aussi de quelque importance, et on peut en indiquer les avantages et les inconvéniens ; mais qu'on appelle tout cela un chaos d'inconséquences et de contradictions, c'est ce qu'avec un peu plus de froideur on ne manquera pas bientôt de désavouer. L'esprit général sur cette matière n'est peut-être pas si difficile à saisir; si l'essentiel était dans le projet, on éprouverait plus de satisfaction à le défendre qu'à le combattre.

Je dirai peu de choses contre les maximes générales qui composent les articles 7 et 8 du projet.

Elles me paraissent fausses et dangereuses.

En effet, si la justice du droit elle-même, en nous traçant des règles générales, les a toutes modifiées par celle-ci, qu'il n'y a pas de règle sans exception, comment oser débuter par des règles générales dont les exceptions ne sont pas encore posées? ce n'est que quand la loi est complète qu'on peut savoir ce qu'est la règle, ce que sont les exceptions; avant cela, vous donnez au juge, contre votre intention, le droit de confondre l'une et l'autre, et de décider par la maxime générale ce qui devrait l'être par la nécessité de l'exception.

Par exemple, en déclarant qu'on ne peut déroger par des conventions aux lois qui intéressent les bonnes mœurs, allez-vous donner ouverture à l'abolition des testamens ou des donations? allez-vous les faire attaquer, parce qu'on alléguera un commerce illicite entre le donateur et la donataire, parce qu'on offrira de dévoiler les actes d'une cohabitation commune? Ces matières, dans lesquelles l'avidité collatérale grossit toujours les scandales des révélations, doivent être traitées avec modération, ce me semble; et une seule maxime, sur un sujet susceptible de tant de nuances, ne remédierait point au mal, elle y ajouterait un éclat intéressé qui souvent n'est pas beaucoup plus moral que l'irrégularité qu'il condamne. Qui ne sait que le prétexte du bien des mœurs, dans ces circonstances, n'est jamais que le masque de l'amour des richesses?

J'ai déjà dit, et je le répète, que cet article, en apparence si simple, si évident, *la loi n'a pas d'effet rétroactif; elle ne dispose que pour l'avenir*, considéré comme règle du magistrat, renfermait un principe non moins faux, non moins dangereux.

Il n'est pas un principe du magistrat, puisque, nonobstant cet article, s'il recevait une loi rétroactive, il serait obligé de l'exécuter. C'est au législateur à bien se pénétrer de ce principe ; c'est à lui de ne jamais proposer ni adopter de pareilles lois : mais l'écrire dans le livre de la loi, et le livrer au magistrat, dans les circonstances actuelles, ce serait lui donner le guide le plus dangereux.

Ne dit-on pas depuis plusieurs années, ne s'efforce-t-on pas de persuader que les lois rétroactives sont nulles par cela seul qu'elles sont rétroactives ? ne sait-on pas que cette doctrine, qui part de la bouche de personnes intéressées, se propage, pour en tirer les conséquences que j'ai déjà indiquées, et que, par suite de cette tendance, on la trouve dans des écrits qui ont une sorte d'autorité, qu'elle a pénétré dans des administrations, et qu'on s'est efforcé de l'accréditer jusque dans nos assemblées législatives ?

Or, je le demande, dans cet état, est-il prudent de livrer cette maxime aux tribunaux, de la convertir en loi, de n'avoir pas même le soin de la rédiger comme règle future ? — Car elle ne dit pas, comme on a voulu le faire entendre, que c'est une promesse, pour l'avenir, de ne plus faire des lois rétroactives ; elle ne dit pas : La loi *ne disposera* que pour l'avenir, elle *n'aura* pas d'effet *rétroactif* ; mais elle fait *une règle* PRÉSENTE qu'elle adresse à tous les tribunaux. Elle leur dit : la loi *ne dispose que pour l'avenir, elle n'a point d'effet rétroactif.*

Législateurs, la crainte seule de voir une pareille règle aider à la doctrine subversive que l'intérêt personnel s'efforce d'accréditer sur les substitutions, et sur les anciens droits de masculinité, que beaucoup de personnes prétendent avoir acquis, soit en naissant, soit en se mariant, ne doivent pas vous faire hésiter de la repousser comme inutile et dangereuse.

Je ne suis pas rassuré par l'explication donnée hier à cette tribune sur ce point; on répondra, dit-on, à ceux qui voudraient faire considérer comme non avenues les anciennes lois rétroactives, que la loi avait le droit de déclarer que ce qui était ne serait plus : mais cela ne résout pas cette difficulté qui se reproduit sans cesse, et qui consiste à dire qu'on avoue bien que la loi a dit que ce qui était ne serait plus; par conséquent, qu'on ne ferait plus de substitutions après le 25 octobre 1792; mais on ajoute qu'avoir reporté ce pouvoir dans le passé, c'était rétroagir, et que les lois ne rétroagissent pas, qu'elles ne *disposent que pour l'avenir*.

La maxime qui défend de prouver que les actes sont faits sans fraude, quand la loi les aura réputés tels, a aussi ses inconvéniens.

On a cité, par exemple, la déclaration de 1702 ; on l'a citée exemplairement et non pas limitativement, comme on l'a observé hier, et c'est aussi en ce sens que je l'examine : mais cette déclaration s'est bien gardée de donner dans la méprise qu'on veut faire consacrer par la maxime qu'on nous propose.

On sait que des actes faits à la veille d'une faillite peuvent être, les uns frauduleux, les autres de bonne foi; mais le danger de la fraude l'emportant sur quelques intérêts particuliers, on trouve sage de déclarer tous ces *actes* nuls indistinctement. C'est le texte de la déclaration de 1702; mais on se garde bien de les déclarer frauduleux; 1° parce qu'il serait injuste et oppressif de déclarer frauduleux fictivement un acte qui, en réalité, peut être de bonne foi; 2° parce que les conséquences d'un acte frauduleux sont bien différentes de celles d'un acte nul. Par le premier, on perd sa crédite, on devient garant, on est réputé complice, on peut être poursuivi criminellement; ce qui suppose, contre le texte de la maxime, qu'on peut prouver que l'acte est de bonne foi : car on ne dira pas qu'un homme accusé n'ait pas le droit de prouver qu'il est innocent.

Les conséquences d'un acte nul, au contraire, évincent quelquefois le porteur; mais quelquefois aussi il ne perd que son hypothèque, et il vient au marc la livre avec les autres créanciers : il n'est réputé ni garant ni complice, et n'a pas un sort commun et rigoureux avec le failli.

En un mot, nulle loi ne peut dire qu'un acte dont les causes ne sont pas vérifiées sera réputé frauduleux; nulle loi ne peut dire qu'un homme qu'on déshonore n'aura pas le droit de prouver qu'il est honnête homme. Par conséquent, une maxime qui le voudrait ainsi, n'étant ni juste ni morale, ne peut être placée à la tête du livre des lois.

Ces conséquences s'appliquent à tous les autres cas cités hier, et qu'on veut faire régir par le même principe.

Législateurs,

Ce projet ne consacre point de formule de promulgation.

Il supprime la publication des lois.

Il n'oblige pas le pouvoir exécutif à les envoyer aux tribunaux.

Le nouveau système qu'il contient est destructif de toute espèce de publicité.

Les maximes posées à la suite sont dangereuses par leur fausseté, par l'abus qu'on en fera, et par l'absence des exceptions dont elles seraient susceptibles, et qui ne sont pas encore posées.

L'examen du Code civil est indépendant de ce projet de loi.

Enfin la loi du 12 vendémiaire an IV, qui s'exécute depuis six ans, peut s'exécuter encore jusqu'à ce qu'un projet complet puisse être adopté pour la remplacer.

Je dépose le vote de rejet du Tribunat.

DISCOURS PRONONCÉ PAR LE CONSEILLER D'ÉTAT BOULAY,
L'UN DES ORATEURS DU GOUVERNEMENT.

(Séance du 24 frimaire an X. — 15 décembre 1801.)

Législateurs, il paraît que c'est le premier article du projet qui souffre le plus de difficultés. On a fait contre cet article différentes sortes d'objections. On a prétendu d'abord qu'il n'était point à la place qui lui convient. Il est difficile de concevoir l'importance qu'on a mise à cette objection plusieurs fois reproduite. Eh! qu'importe au peuple Français où soit placée la disposition qui règle le moment où les lois deviennent exécutoires pour lui, pourvu que cette disposition soit bonne? et certes, si elle était mauvaise, quelque place qu'on lui assignât dans la législation, elle n'en deviendrait pas meilleure. Cependant, s'il fallait justifier le choix de celle qu'on lui a donnée, le Code civil n'est-il pas, après la Constitution, la loi la plus importante et la plus utile? N'était-il donc pas naturel, en travaillant à la confection de ce Code qui embrasse les droits, les devoirs et les obligations de tous les membres de la société, de régler d'abord le moment où commence la principale de ces obligations, celle d'obéir à la loi? Et puisqu'on mettait à la tête du Code civil un titre préliminaire, composé de dispositions générales, celle qui règle le mode de publication de la loi ne devait-elle pas être la première de ces dispositions? Eût-elle été mise aussi convenablement à la tête, soit du Code judiciaire, soit du Code rural, ou de tout autre Code?

On a dit ensuite que la partie de l'article qui portait que *les lois sont exécutoires dans tout le territoire de la République, en vertu de la promulgation qui en est faite par le Premier Consul,* renfermait une grande hérésie, et qu'il faudrait adopter une formule qui rappelât le concours des trois branches de l'autorité législative. N'est-ce pas là rêver des hérésies, et peut-on se tromper plus complètement et sur la question, et sur les principes, et sur les faits?

D'abord, il est fort étrange qu'on attaque, comme on vient de le faire, la formule actuelle de promulgation. Cette formule n'est pas et ne peut pas être ici la matière d'une discussion. Elle a été déterminée par un acte du gouvernement; cet acte existe depuis deux ans, sans que personne se soit encore avisé de soutenir qu'il fût inconstitutionnel. Il a donc non seulement la force de l'usage, mais la sanction au moins tacite de l'autorité qui aurait eu le droit de le dénoncer, si elle l'avait cru contraire à la Constitution; autorité dont on paraît ici méconnaître le vœu et censurer la conduite.

Toutefois, qu'on examine cette formule de promulgation qui se trouve à la tête de toutes les lois, et on verra si elle n'est pas conforme aux principes de la Constitution, si même elle ne remplit pas l'objet qu'on paraît se proposer, d'y énoncer le concours des trois branches du pouvoir législatif.

Au nom du peuple Français, Bonaparte, Premier Consul, proclame loi de la République, le décret suivant, rendu par le Corps législatif, relatif..... Conformément à la proposition faite par le gouvernement..... Communiqué au Tribunat.

Cette formule ne rappelle-t-elle pas d'abord le pouvoir souverain qui réside dans le peuple; en second lieu, les trois corps auxquels la volonté nationale a confié le pouvoir législatif? Si c'est le Premier Consul qui proclame *loi* de la République le décret intervenu, n'est-ce pas encore d'après la volonté nationale?

Or, n'est-il pas de principe éternel que les lois ne sont pas exécutoires, tant qu'elles ne sont pas promulguées? N'est-ce pas cette promulgation seule qui leur imprime le mouvement et la force d'exécution, et n'est-elle pas, dans toute bonne constitution, un attribut essentiel du pouvoir exécutif?

On a prétendu apercevoir je ne sais quelle qualité occulte et malfaisante dans ces mots : *en vertu* de la promulgation ; il fallait, a-t-on dit, employer ceux-ci : *au moyen* de la promulgation ; et on a fait une longue dissertation pour établir la différence énorme qu'il y avait entre ces deux expressions. En vérité, il faut avoir le regard bien subtil, pour y découvrir une telle différence. Je suis persuadé que le génie des scolastiques, des métaphysiciens, des grammairiens les plus pointilleux y aurait échoué. Je suis persuadé même que le délicat et clairvoyant critique, si on s'était servi des mots *au moyen*, y aurait encore aperçu quelque germe de destruction, et qu'il aurait allégué, contre ces mots qu'il nous propose, les mêmes subtilités qu'il a alléguées contre les mots *en vertu*, que peut-être alors il aurait préférés à ceux qu'il nous oppose aujourd'hui.

Mais laissons là ces vaines arguties. Vous prétendez que ce n'est pas la promulgation qui donne aux lois la force exécutive. L'assemblée constituante n'était pas de votre avis ; car le chef du pouvoir exécutif qu'elle avait organisé devait dire ces mots dans la promulgation des lois : *L'assemblée nationale a décrété et nous voulons et ordonnons ce qui suit.* La convention nationale, fort jalouse assurément de se montrer orthodoxe en matière de principes politiques, n'était pas non plus de votre avis ; car, dans la formule de promulgation, le pouvoir exécutif créé par elle devait dire : *Au nom de la République, le Directoire ordonne que la loi sera publiée, exécutée, etc.* Ou dire, dans une formule de promulgation, que le pouvoir exécutif *ordonne que la loi soit exécutée ;* ou dire, dans une autre formule, *que la loi est exécutoire en vertu de la promulgation,* n'est-ce pas, au fond, la même idée ? Cette idée n'est-elle pas aussi conforme à la théorie de la division des pouvoirs, qu'au texte précis de la Constitution ? Et comment peut-on apercevoir dans tout cela l'ombre même d'une hérésie !

Mais examinons les objections qui se rapportent plus

particulièrement à la disposition de l'article. Il renferme trois parties bien distinctes, et cependant bien liées entre elles. La première, déjà énoncée, est *que les lois sont exécutoires dans tout le territoire de la République, en vertu de la promulgation qui est faite par le Premier Consul*, et nous venons de prouver que ce point est incontestable. La deuxième, que les lois *seront exécutées dans chaque partie de la France, du moment où la promulgation pourra y être connue*. Si le Premier Consul, en donnant aux lois, par sa promulgation, la force exécutive, pouvait être entendu au même instant de tous les Français, sans doute ils seraient tous, au même instant, obligés de les exécuter. Comme ils ne peuvent connaître la promulgation que successivement, il s'ensuit qu'il est juste de ne les forcer à cette exécution qu'au moment où ils peuvent avoir cette connaissance.

Or, cette connaissance doit être déterminée d'après la nature des choses et la distance des lieux, et c'est enfin ce qu'on trouve dans la troisième partie de l'article. On part du lieu où siége le gouvernement (c'est le ressort du tribunal d'appel de Paris, et ce sera probablement toujours dans ce ressort, et particulièrement à Paris qu'il siégera), et de là, s'arrêtant de tribunaux en tribunaux d'appel, on assigne un nouveau délai, toujours proportionné à la distance. Ici la loi ne fait qu'indiquer le principe et détermine la base du tarif, et il ne fallait pas qu'elle en fît davantage : mais le réglement développera ce tarif; il entrera dans les détails, ayant égard à toutes les circonstances des temps et des lieux.

Maintenant que reproche-t-on à ce système ? on prétend qu'il ne donnera pas aux citoyens une connaissance suffisante des lois. Mais s'agit-il ici de leur donner cette connaissance ? Non : ce n'est pas là le but du projet; il ne s'agit que de fixer le moment où la loi doit être exécutée par eux. Au reste, que veut-on dire, quand on parle de la nécessité de faire connaître la loi ? entend-on qu'il faut prendre des mesures telles que chaque individu ait cette connaissance ? Mais on sait bien que cela est impossible.

Il suffit que ceux qui ont le plus d'intérêt à connaître les lois, et surtout que la portion instruite de la nation, celle qui propage successivement cette connaissance et la répand sur la masse à mesure du besoin qu'elle en a ; il suffit que cette portion ait le temps et les moyens convenables de s'assurer de l'existence et de la promulgation des lois.

Or, est-il un système plus propre à lui procurer cette attitude que celui qui est proposé ? D'abord, quel est le citoyen, prenant un peu de part à la chose publique, qui ignore la proposition, la discussion et l'adoption d'un projet de loi ; qui ne sache que le décret doit être promulgué comme loi le dixième jour après son émission, et, partant de ce point fixe, ne puisse avec certitude déterminer le moment où la loi devient obligatoire pour lui et pour tous les individus de la République ?

On prétend qu'ici nous voulons tout faire dépendre d'un instant mathématique, et qu'il est impossible d'assigner un pareil instant ; mais ce n'est encore là qu'une vaine subtilité, et que, d'ailleurs, on ne peut pas plus alléguer contre le système proposé, que contre tout autre qu'on pourrait proposer dans la même matière. Toutes les quantités de l'espace ou du temps ne sont-elles pas réductibles à des instans et à des points mathématiques ? Soit qu'on adopte le système de la transcription sur les registres des autorités judiciaires et administratives, soit qu'on préfère celui d'un jour uniforme pour toute la République, n'y aura-t-il pas toujours un moment décisif qui séparera le temps où la loi ne devait pas encore être exécutée de celui où elle doit l'être ? Au reste, comme il ne peut arriver que bien rarement que la solution d'une affaire dépende absolument de la connaissance de ce moment précis, cette objection, applicable d'ailleurs à tous les systèmes, ne mérite réellement aucune considération.

On reproche au système proposé de confondre deux choses qu'on prétend être très-différentes, *la promulgation et la publication;* mais qu'entend-on par publication ? Quand on dit, par exemple, que les lois ne sont pas exécutoires tant qu'elles ne sont pas *publiées*, ne veut-on pas dire par là que la publication est une condition essentielle sans laquelle elles ne sont pas exécutoires; qu'ainsi c'est de cette publication même qu'elles reçoivent leur mouvement d'exécution. Or, n'est-ce pas là le sens qu'on attache également au mot *promulgation?* N'est-ce pas encore celui qu'on doit attacher à celui de *proclamation, proclamer,* qui se trouve dans la formule actuelle de la promulgation ? Ces trois mots ont le même sens politique dans cette formule, dans le titre et les dispositions de la loi, ainsi que dans la Constitution.

Si par publication il vous plaît d'entendre les moyens de détail qu'on emploie ou qu'on pourrait employer pour faire arriver plus sûrement, plus rapidement la loi, soit aux agens d'exécution, soit aux simples citoyens, vous en êtes bien les maîtres; mais ce n'est pas dans ce sens que les publicistes ont pris le mot de *publication* et qu'il est employé dans le projet; c'est uniquement dans le sens d'un acte émanant du chef du pouvoir exécutif, et nécessaire pour rendre la loi exécutoire.

Comparons maintenant le mode proposé à ceux qu'on voudrait lui substituer, et voyons s'il n'est pas plus conforme aux vrais principes, et d'ailleurs plus praticable et plus utile.

Voudrait-on que les lois n'eussent leur effet qu'après avoir été transcrites sur les registres des autorités chargées de leur exécution ? Mais il faut alors distinguer les lois dont l'application n'appartient qu'aux tribunaux, de celles dont l'application n'appartient qu'aux autorités administratives: et cette distinction n'est pas toujours très-facile à faire. Il en est d'autres qui sont, tout à la fois, et du domaine administratif, et du domaine judiciaire, et qui, dès-lors, devront être adressées et aux juges et aux administrateurs; et voyez alors dans quelle situation bizarre se trouveront les citoyens. Si vous adressez ces lois aux tribunaux d'appel, comme chacun d'eux comprend plusieurs préfectures, il arrivera qu'elles seront déjà exécutoires dans tout le ressort du tribunal, et que cependant elles ne le seront pas dans les diverses préfectures dont ce ressort est composé. Si vous les adressez aux tribunaux de première instance, comme il s'en trouve plusieurs dans chaque préfecture, le même inconvénient aura lieu dans un autre sens. Dira-t-on que ces lois auront leur effet sous le rapport judiciaire sans l'avoir encore sous le rapport administratif, ou réciproquement? Mais voilà précisément ce qui est absurde et embarrassant.

Voyez encore combien d'autres inconvéniens résultent de ce système : la loi arrive, soit à la préfecture, soit au tribunal; ne peut-il pas y avoir de la négligence à la transcrire? Cette transcription ne peut-elle pas être différée par mauvaise volonté ou par des intérêts particuliers? Il y a plus, et quand une loi contrariera l'intérêt de tout le ressort d'un tribunal d'appel, quand la voix de tous les justiciables se fera entendre, quand le tribunal se verra environné d'une multitude animée et furieuse, que fera-t-il, surtout s'il trouve lui-même la loi mauvaise? Pensez-vous qu'il se porte facilement à l'enregistrer? Ne verra-t-on pas, avec le temps, des tribunaux s'arroger le droit de remontrance et celui de modification? On ne craint pas cet abus dans le moment présent, je l'avoue; mais s'il a existé sous la monarchie, il peut éclater plus facilement sous la République, où les idées vraies ou fausses de liberté, de bien public et d'opposition se déploient toujours avec beaucoup plus de latitude et d'énergie que dans tout autre gouvernement.

Dira-t-on que, pour obvier à cet abus, ce n'est pas aux tribunaux d'appel, mais aux tribunaux de première instance, qu'on enverra les lois ? Mais dans des temps critiques, ces tribunaux inférieurs ne suivront-ils pas la direction du tribunal supérieur ? Ne seront-ils pas plus soumis encore à l'influence populaire; et quand ils seront d'accord, ne trouveront-ils pas dans leur nombre même une sécurité nouvelle ?

Mais, indépendamment de ces graves inconvéniens, le territoire français étant divisé en une foule de petits tribunaux, quelle inégalité de droits n'en résultera-t-il pas entre les citoyens, même les plus voisins ?

Examinons la chose de plus près encore. Entendez-vous que, du moment où la loi arrivera à l'autorité, cette autorité ait le droit de la faire enregistrer, et de la publier seulement quand elle le jugera convenable ? Non, sans doute ; je conçois que vous ne voulez pas lui accorder ce droit. Vous exigez donc qu'aussitôt qu'elle arrive, la loi soit transcrite et publiée. Mais regardez-vous cette formalité de la transcription comme tellement nécessaire, que, tant qu'elle n'est pas remplie, la loi n'est point exécutoire ? Mais c'est bien vous alors qui tombez dans l'hérésie la plus complète et la plus absurde. La loi arrive à la préfecture : le préfet dit au secrétaire, le secrétaire à un chef de bureau, celui-ci à un commis, de transcrire la loi sur le registre; et tant que le commis n'a pas fait la transcription, dans le coin de son bureau, la loi n'est point exécutoire. Voilà sans doute une théorie bien pure, bien conforme à la majesté de la loi ! Ce n'est pas tout : soit que la loi soit transcrite sur le registre administratif ou sur le registre judiciaire, les citoyens, ceux même qui demeurent sur les lieux, n'en savent pas le mot. Il faut donc, s'ils veulent connaître le moment où ont commencé leurs droits ou leurs obligations, qu'ils aillent eux-mêmes ou qu'ils envoient vérifier le moment où s'est faite la transcription. Et quelle inquiétude, quel embarras pour eux, s'ils sont aux extrémités de l'arrondissement et surtout du ressort du tribunal d'appel !

Voilà donc la théorie tout à la fois la plus fausse et la plus gênante pour les citoyens.

Or, rien de semblable se rencontre-t-il dans le système proposé? Non : dans ce système, ce n'est pas l'homme, c'est la loi seule qui règle le moment de l'exécution ; et au moyen du tarif de l'itinéraire dressé par le gouvernement sur la base de la loi, il n'est pas un citoyen, dans quelque lieu qu'il se trouve, qui, sachant le jour où la loi a été rendue par le Corps législatif, et par conséquent celui où elle a été promulguée, prenant son itinéraire à la main, ne voie d'un coup-d'œil le moment où cette loi est devenue exécutoire pour lui, et même pour tous les citoyens de la République.

Mais considérons encore votre système sous un autre point de vue. En proposant la transcription, vous ne faites (car vous en êtes réduits là) de l'autorité qui doit la faire qu'un instrument purement passif, qu'une machine assujétie elle-même au calcul des distances et du temps : or, ne voyez-vous pas que, sans vous en douter, vous rentrerez dans le système proposé, mais que vous n'y rentrerez qu'après un long détour? et ne vaut-il pas mieux s'en tenir directement à ce système, qui est beaucoup plus simple, que de vouloir arriver au même but en employant une foule d'agens intermédiaires, qui deviennent inutiles s'ils font exactement ce qu'ils doivent faire, mais dont la négligence et les passions compromettront très-souvent la dignité et l'exécution de la loi?

Enfin, quand on a bien pesé les avantages et les inconvéniens des deux systèmes, on voit qu'ici tout se réduit à choisir entre l'arbitraire de la loi et l'arbitraire de l'homme: or, peut-on balancer? L'arbitraire de la loi est invariable ; il est égal pour tous : celui de l'homme est changeant et capricieux, toujours soumis à l'influence des personnes et des circonstances. Il n'y a donc pas de doute que le système proposé ne vaille infiniment mieux que celui de la transcription sur le registre des autorités chargées de l'exécution des lois.

Comparons-le maintenant à celui de l'uniformité de jour pour toute la République. On dit : « La loi étant promulguée par le Premier Consul le dixième jour après son émission, ne pourrait-on pas fixer un nouveau délai, par exemple, de trente jours, passé lequel la loi devrait être exécutée dans toute l'étendue de la République? » J'avouerai que, pour ma part, s'il fallait choisir entre ce système et celui de la transcription sur le registre des autorités judiciaires et administratives, je donnerais la préférence au premier, parce qu'il est indépendant de la négligence, des caprices et des passions des hommes ; mais je ne crois pas qu'il doive l'emporter sur celui qui est proposé par le projet. S'il a, comme celui-ci, l'avantage de n'offrir que l'arbitraire de la loi, s'il paraît peut-être plus séduisant, au premier coup d'œil, par une apparence de grandeur et d'égalité, il renferme des inconvéniens très-graves qu'on ne trouve pas dans l'autre. D'abord l'idée d'uniformité et d'égalité qu'il présente, bonne dans un petit état, n'est point applicable à un grand empire composé de parties très-éloignées du centre. Si, dans un tel empire, les parties extrêmes ne jouissent pas si tôt du bienfait d'une loi que les parties centrales, cette inégalité est une suite inévitable de leur position ; c'est un résultat de la nécessité des choses. D'ailleurs, si c'est un désavantage pour elles quand la loi est favorable, c'est un avantage quand elle impose de nouvelles charges ; ainsi tout se compense encore à cet égard, et l'inégalité n'est vraiment qu'apparente.

Mais dans un état tel que la France, si vous assignez un jour uniforme pour l'exécution des lois, il est évident que ce jour, calculé sur la plus longue distance (par exemple, celle de la Corse), et sur les obstacles de tout genre qui peuvent retarder la connaissance de la loi, devra être très-reculé. Or, que d'inconvéniens peuvent résulter d'un si long délai! Ils se présentent en foule s'il s'agit d'une loi urgente, soit de police, soit de sûreté, soit de subsistances ou d'impositions. On répond que de telles lois seront bien rares. J'aime à me le persuader; cependant, quand les lois principales seront faites, quand on aura pourvu par une législation fixe au besoin de la société, que restera-t-il? des besoins de circonstances. Il n'y aura donc plus réellement que des lois de circonstances à proposer, des lois sollicitées par l'évidence et par les cris du besoin. Or, c'est surtout pour cette espèce de lois qu'il importe d'avoir un bon mode de publication, et surtout un mode expéditif qui fasse exécuter successivement la loi dans le plus court délai; et il est évident que le mode proposé est celui de tous qui remplit le mieux cet objet; il est d'ailleurs le plus conforme au but et à la dignité de la loi, qui doit commander l'obéissance aussitôt qu'elle existe. Ainsi, sous ce double rapport, ce mode l'emporte de beaucoup sur celui de l'uniformité de jour, qui, d'ailleurs, n'a sur lui aucun avantage. Il est donc, à tout considérer, celui des trois qui présente le moins d'inconvéniens et le plus d'utilité. Il doit donc avoir la préférence.

Je passe aux autres objections qui ont été faites contre le projet. Mais dois-je les relever toutes? Non, sans doute; il en est de si minutieuses, que ce serait abuser beaucoup trop des momens et de l'attention du Corps législatif que de les réfuter. On a dit que les articles de ce projet n'avaient entre eux aucune liaison essentielle. Cependant en est-il un seul qui ne se rapporte au titre et à l'objet du projet, c'est-à-dire *à la publication, aux effets et à l'application des lois en général?* Non, vous ne pourriez pas en indiquer un seul. Il est vrai qu'ils n'ont pas entre eux la même liaison que celle qui doit exister entre les articles d'une loi faite sur une matière particulière; mais n'est-ce pas ici un projet préliminaire et ne contenant que des dispositions générales? Or, n'est-il pas de la nature de telles dispositions de n'être ni très-précises, ni très-liées entre elles ? Au reste, les membres de l'opposition n'ont pas même été d'accord là-dessus. Les uns auraient voulu qu'il y eût un plus grand nombre de ces dispositions, et les autres ont trouvé qu'il y en avait trop. Le projet n'a admis que celles qui ont paru nécessaires, et le défaut de connexité de ces dispositions était une chose inévitable, une chose d'ailleurs fort indifférente.

Mais on a fait contre ces dispositions des objections d'une nature bien différente, et qu'il est important de relever ici, ne fût-ce qu'à cause de leur singularité, et pour montrer aux yeux de la France entière quel genre d'attaque on dirige contre les projets du Code civil. On a considéré la plupart des dispositions du premier projet comme des lois *organiques et réglementaires* de la Constitution, et on a prétendu que comme telles elles passaient les bornes du pouvoir législatif. Voilà vraiment une grande et précieuse découverte, et dont on doit savoir bon gré à son auteur. Il aurait bien dû nous indiquer en même temps et nous rendre palpable la ligne de démarcation qui sépare selon lui la nature des lois purement législatives de celle des lois qu'il appelle organiques ou réglementaires de la Constitution; car il est fort à craindre qu'on ne les confonde souvent, et qu'on ne tombe ainsi dans une forfaiture politique, ce qui serait extrêmement malheureux pour le gouvernement, le Tribunat et le Corps législatif. Il y a plus, et voyez dans quel embarras nous nous trouvons, il y a des hommes qui croient sérieusement que toutes les lois ne sont que des lois organiques de la Constitution, que la Constitution n'a posé et n'a dû poser que les principes généraux, et que c'est aux législateurs à en tirer toutes les conséquences; qu'en organisant le pouvoir législatif et en le confiant à trois autorités différentes, la Constitution leur a donné le droit de pourvoir à tous les besoins publics, quand ces besoins exigeraient des lois nouvelles; que ce vœu de la Constitution est d'autant plus évident que, sans cela, la marche du gouvernement, le mouvement et l'activité du corps social seraient à chaque instant suspendus, et qu'ainsi, à chaque instant, il faudrait rassembler la nation et former un nouveau pouvoir constituant, ce qui serait assurément le comble de tous les maux. Oh non! ce n'est pas cela, s'écrie notre publiciste, je ne demande pas qu'on forme un nouveau pouvoir constituant; ce pouvoir existe par la Constitution, c'est le Sénat conservateur. Bon, voilà bien une autre découverte! Quoi! c'est le Sénat conservateur qui aurait le droit de faire les lois organiques et réglementaires de la Constitution, c'est-à-dire à peu près toutes les lois? En vérité, c'est une chose dont jusqu'à présent personne ne s'était douté, pas même assurément le Sénat conservateur, composé d'hommes si éclairés, et où se trouvent la plupart de ceux à qui la France doit le bienfait de la Constitution. Tout le monde croyait que le Sénat conservateur n'avait d'autre attribution, sous le rapport des lois et des actes publics, que de maintenir ou d'annuler ces actes quand ils lui étaient déférés comme inconstitutionnels, soit par le Tribunat, soit par le Gouvernement; qu'ainsi il n'avait dans son institution aucun principe d'activité, aucun pouvoir de création; et voilà que tout-à-coup on l'érige en pouvoir extraordinaire et permanent, pour créer les lois organiques et réglementaires de la Constitution.

Mais ce n'est pas tout encore; le même publiciste, trouvant que forcer les tribunaux de juger dans les cas même du silence, de l'obscurité et de l'insuffisance des lois, c'est leur attribuer un pouvoir exorbitant que le législateur lui-même ne peut, selon lui, leur donner, prétend que ce pouvoir ne peut appartenir qu'à un jury d'équité. Et où veut-il placer ce jury? dans le Sénat conservateur. En vérité, c'est avoir sur le Sénat conservateur de bien vastes desseins. On sait que jamais, ou presque jamais, dans aucun procès, on ne peut citer un texte bien clair et bien précis de loi, en sorte que ce n'est jamais que par le bon sens et l'équité que l'on peut se décider, d'où il s'ensuivrait qu'en établissant un jury d'équité, ce jury deviendrait à peu près le juge universel ; qu'ainsi, dans la théorie qu'on vous propose, le Sénat conservateur serait non seulement le créateur de presque toutes les lois, mais encore le juge de presque toutes les causes. On avait, dit-il, proposé cette idée lorsqu'on travaillait à la Constitution, et il est malheureux qu'elle n'ait pas été adoptée. J'ai bien, en effet, un souvenir confus que cette idée fut mise en avant; mais je suis très-sûr qu'elle n'obtint pas même les honneurs de la discussion : c'est cependant avec de tels paradoxes qu'on prétend entraver l'adoption du Code civil.

Faut-il relever encore l'étrange abus que l'on a fait de l'article qui porte *que la loi ne dispose que pour l'avenir et qu'elle n'a pas d'effet rétroactif ?* Est-il un principe plus vrai, plus constant, plus universel que celui-là ? et fut-il jamais plus nécessaire de le consacrer que dans un Code qui n'embrasse que des matières sur lesquelles il y a des lois antérieures ? Ce principe, dit-on, ne regarde que la législation ; et moi je vous soutiens qu'il regarde plus encore les juges, et, en général, tous les applicateurs des lois, que le législateur. N'est-il pas, en effet, invoqué chaque jour dans les tribunaux, et en est-il un dont on soit dans le cas de faire un plus fréquent usage ? Mais, s'est-on écrié, avec ce principe vous allez favoriser la plus épouvantable réaction ; vous allez faire revivre tout ce que la révolution a détruit, les droits d'aînesse, les droits militaires, les droits seigneuriaux, toute la féodalité. De bonne foi, qui jamais aurait pu soupçonner qu'on pût donner à cet article une telle interprétation ? Il existe dans cette enceinte un grand nombre de membres de la Convention nationale. Dites-nous, législateurs, vous qui avez fait la Constitution de l'an III, dites-nous si, lorsque vous insérâtes dans cette

Constitution cet article : *Aucune loi, ni criminelle, ni civile, ne peut avoir d'effet rétroactif,* vous vous proposiez par là de bouleverser toute la révolution ; si même il vous est jamais tombé dans l'esprit qu'on pût donner à cet article un sens contre-révolutionnaire.

Il y a des juges, ajoute-t-on, il y a des administrateurs qui se croiront autorisés par l'article à examiner si telle loi ne renferme pas des dispositions rétroactives, et qui, prétendant y en trouver de semblables, se croiront dispensés de les exécuter. Mais est-ce là le sens de l'article, quand on le considère par rapport aux juges? A-t-on jamais pu entendre leur donner le droit d'examiner si la loi qu'on leur envoie renferme ou non des dispositions rétroactives? C'est là l'office du législateur : celui des juges est d'exécuter les lois telles qu'elles sont; seulement, dans les contestations qu'ils sont chargés de juger, ils doivent considérer le temps où ces contestations ont pris naissance, et les lois sous l'empire desquelles les causes de ces contestations se sont formées : et si depuis, il est intervenu des lois nouvelles, différentes des premières, ce n'est pas par celles-ci, mais par celles-là qu'ils doivent se décider. Voilà la règle sage et nécessaire que leur trace l'article, et c'est uniquement dans ce sens qu'il doit être pris et qu'il a toujours été entendu dans les tribunaux.

C'est ainsi qu'on a supposé constamment, dans chaque article, ce qui n'y était pas, et qu'on n'a pas voulu y voir ce qui y était ; que, par exemple, dans celui qui porte que [3] *la loi oblige ceux qui habitent le territoire,* on a prétendu y voir ces mots, qui n'y sont pas : *La loi n'oblige pas ceux qui n'habitent pas le territoire,* que dans l'article qui dit que la *forme* des actes est réglée par les lois du pays où ils sont faits, au lieu de s'en tenir à l'idée que présente le mot *forme,* on y a substitué celle que présente le mot *condition,* confondant ainsi des choses très-différentes ; que, dans [4] l'article qui porte que, dans le silence, l'obscurité et l'insuffisance des lois, les juges sont obligés de juger, on a prétendu voir une autorisation donnée aux juges de juger contre les lois; et qu'enfin, dans l'application de l'article qui défend de déroger par des conventions particulières aux lois qui intéressent l'ordre public et les bonnes mœurs, on a confondu les lois qui sont plus particulièrement relatives à l'utilité privée des citoyens, et aux avantages desquelles il leur est libre de renoncer, avec celles qui se rapportent à l'utilité générale et au bien-être de la masse entière du peuple.

C'est cette confusion de toutes les idées qui a donné lieu à une si grande foule d'objections de la part des membres du Tribunat; mais la fausseté de ces objections est bien démontrée, et nous avons lieu d'espérer, législateurs, que vous adopterez le projet.

DISCOURS PRONONCÉ PAR LE TRIBUN FAVART, L'UN DES ORATEURS DU TRIBUNAT.

(Séance du 24 frimaire an X.—15 décembre 1801.)

Législateurs, les orateurs qui m'ont précédé ont déjà épuisé la discussion sur le projet de loi soumis à votre examen. Je me bornerai à ramener la principale question à son véritable point; et, tirant de quelques principes incontestables les conséquences naturelles qui en découlent, je vous démontrerai en peu de mots que la promulgation, telle qu'elle est présentée, ne peut pas suffire pour faire connaître la loi; et que dès-lors elle ne peut pas tenir lieu de la publication, qui seule peut la rendre notoire.

C'est à cette idée simple qu'il faut s'attacher. Je vais l'examiner avec franchise.

Le premier article du projet dit d'abord que les lois sont exécutoires dans tout le territoire français en vertu de la promulgation qui en est faite par le Premier Consul.

Je m'arrête ici.

Parmi nous, et d'après notre Constitution, un projet de loi est présenté par le Conseil d'État, discuté au Tribunat, décrété par vous, et promulgué par le Premier Consul.

Alors le projet est changé en loi : alors la loi a tous les caractères qui doivent constituer sa force intrinsèque; elle est *exécutoire*. Je me sers de ce terme qui est dans le projet de loi, quoiqu'il ne rende pas parfaitement l'idée qui y semble attachée.

Mais quand doit-elle être exécutée ? la deuxième partie du premier article répond en ces termes :

« Elle sera exécutée dans chaque partie de la République, du moment où la promulgation *pourra* y être connue. »

C'est rendre, en termes formels, hommage au principe le plus sacré de toute bonne législation : il faut qu'une loi soit connue avant qu'on en puisse exiger l'exécution. Mais fallait-il se contenter de dire que la loi sera exécutée dans chaque partie de la République du moment où la promulgation pourra y être connue ? ne fallait-il pas dire positivement, du moment où la promulgation y *sera* connue ?

Ce n'est pas une connaissance hypothétique et mathématiquement possible de la loi que l'on a droit de demander; c'est une connaissance réelle et certaine.

Il ne faut pas qu'on puisse réclamer l'exécution d'une loi, parce qu'il a été possible que sa promulgation ait été connue dans telle ou telle partie de la République; il faut qu'on puisse dire que c'est parce qu'elle y a été réellement connue.

Ensuite, qu'est-ce que connaître la promulgation d'une loi ? c'est savoir qu'une loi a été présentée en projet par le Conseil d'État, discutée au Tribunat, délibérée au Corps législatif, adoptée par lui, et revêtue du sceau du pouvoir exécutif : car la promulgation du Premier Consul ne peut pas être autre chose, d'après l'article 37 de la Constitution. C'est dans ce sens que cet article a été exécuté jusqu'à ce jour, ainsi qu'il résulte de la formule adoptée pour la promulgation des lois, par un arrêté des Consuls du 29 nivose an VIII, et que l'on trouve en tête de chaque loi dans les termes suivans :

« Au nom du peuple français, Bonaparte, Premier Con-
« sul, *proclame loi de la République* le décret suivant, etc. »

Enfin, je demande quel sera le moment où la promulgation de la loi pourra être connue dans chaque partie de la République? La troisième partie de l'article répond :

« La promulgation faite par le Premier Consul sera *ré-
« putée connue* dans tout le ressort du tribunal d'appel de
« Paris, trente-six heures après sa date, et dans tout le
« ressort de chacun des autres tribunaux d'appel, après
« l'expiration du même délai, augmenté d'autant de fois
« deux heures qu'il y aura de myriamètres entre Paris et
« la ville où chacun de ces tribunaux a son siége. »

Vous voyez encore ici que ce n'est toujours que la promulgation de la loi qu'on veut faire connaître, et non la loi.

Vous voyez qu'on ne parle encore que d'une connaissance hypothétique, d'une connaissance possible mathématiquement. La promulgation, est-il dit dans cette partie du premier article, *sera réputée connue:* elle sera réputée connue dans un moment fixé, déterminé irrévocablement par une loi fondamentale. Mais, si des causes majeures, insurmontables, imprévues, s'opposent à ce que cette connaissance soit acquise, il suffira donc de dire qu'elle est réputée acquise, et un citoyen pourra être condamné au nom de la loi qu'il n'aura pas connue, dont il n'aura même pas su l'existence par une promulgation qui ait pu physiquement parvenir jusqu'à lui? et les tribunaux seront obligés d'appliquer une loi dont ils n'auront pas reçu la connaissance officielle? Cela ne se peut concevoir : cela est trop étranger à nos mœurs, et trop étranger aux principes de la liberté politique et civile.

Si l'on me dit que la force majeure, qui dérangerait les calculs du législateur, excuserait le citoyen, et que, dans ce cas, on ne réclamerait pas contre lui l'exécution d'une loi dont il n'aurait pu visiblement connaître la promulgation, je réponds que cela seul prouve le vice de cette loi, parce qu'alors il n'y a que de l'arbitraire dans la loi qui ordonne la promulgation. Elle est arbitraire, parce qu'elle ne veut donner aux citoyens qu'une connaissance hypothétique, présumée, et non certaine, de la promulgation de la loi ; elle est arbitraire, parce qu'elle ne veut faire connaître que la promulgation des lois, et non leurs dispositions littérales, et dans toute leur pureté; elle est arbitraire enfin, parce qu'elle ne marchera pas d'un pas ferme, et qu'elle rétrogradera, si des circonstances la forcent à reculer. Est-ce sous ces traits que la loi doit se présenter ? non : elle doit ordonner, et quand elle a parlé, rien ne doit la faire fléchir : c'est son inflexible rigueur qui fait sa force : c'est sa force inébranlable qui fait sa protection. Si elle peut varier, elle n'est plus loi : elle n'est plus la volonté constante de tous; elle est semblable à la volonté de l'homme individuel, qui se décide par les circonstances.

On vous a dit : la promulgation est un acte constitutionnel qui appartient au Premier Consul. La Constitution n'ayant exigé que cette promulgation, elle n'astreint pas à d'autre publication qui devient inutile.

On s'est étrangement abusé, ou on a mal saisi l'article 37 de notre Constitution.

Cet article porte « que tout décret du Corps législatif, le dixième jour après son émission, est promulgué par le Premier Consul, à moins que dans le délai il n'y ait eu recours au Sénat pour cause d'inconstitutionnalité. »

Quel est l'objet de cette promulgation ? C'est de certifier qu'il n'y a pas eu de dénonciation au Sénat pour cause d'inconstitutionnalité, et que le délai constitutionnel étant expiré sans qu'il y ait eu de réclamation, la loi est devenue inattaquable, qu'ainsi elle a reçu tous les caractères qui la constituent loi de la République.

Eh bien ! veut-on s'arrêter à cette idée ? Plus de difficulté : la première partie de l'article premier du projet de loi se trouve conforme à l'article 37 de la Constitution.

Mais, si l'on veut que cette promulgation du Premier Consul soit le seul moyen pour faire connaître la loi (et c'est le sens littéral des deuxième et troisième parties de l'article premier du projet), alors la difficulté renaît plus effrayante; ou, pour parler d'après ma conviction intime, elle s'aplanit devant les principes de la liberté, devant les maximes du droit public.

La loi n'est obligatoire qu'alors qu'elle est connue; elle n'est connue, ou censée l'être, que lorsque tous les moyens suffisans ont été employés pour la rendre notoire à tous ceux qui doivent lui obéir.

Ainsi, ne sortons pas de là : la loi promulguée par le Premier Consul n'est pas connue, ne peut pas être censée connue; car la promulgation n'est pas la publication de la loi.

Promulguer la loi est un devoir que la constitution impose au premier magistrat de la République; mais si elle n'a parlé que de la promulgation, s'ensuit-il que la publication de la loi ne doive pas avoir lieu? En d'autres termes, s'ensuit-il que la loi ne doive pas être connue?

De deux choses l'une, ou promulgation et publication sont synonymes, ou ce sont deux termes différens, et présentant deux idées distinctes.

S'il n'y a pas de différence entre promulgation et publication, faites donc que la promulgation publie la loi et la fasse connaître au peuple : faites donc que lorsque vous aurez proclamé que la loi est revêtue de tous les caractères qui la constituent loi, la loi retentisse aux oreilles de tous les Français, dans tous les tribunaux qui doivent la faire exécuter.

Si la publication est différente de la promulgation, le Premier Consul doit promulguer la loi, et en rester là; car la Constitution ne lui dit pas de faire ce que je vois dans la deuxième et la troisième partie du projet.

Prétendra-t-on que le mode de la promulgation lui appartient? mais non : ce mode ne peut lui appartenir. C'est une vérité à laquelle il a rendu hommage, en vous présentant à discuter et à décréter le projet de loi qui vous occupe.

Eh bien! ce mode a paru insuffisant au Tribunat, il doit vous le paraître aussi; tout l'art des orateurs du gouvernement n'aura pu couvrir d'un voile épais la vérité des principes, et tel n'a pas été leur projet.

Quelle est la vérité qui doit luire à vos yeux et vous décider? C'est que la loi qui n'a pas pour but l'intérêt du peuple doit être rejetée. Or, jamais loi ne fut plus contraire aux intérêts du peuple que celle qui vous est offerte; elle est contraire à ses intérêts les plus chers et les plus sacrés. Il doit connaître la loi avant de lui obéir. La publication est le seul moyen qui puisse la lui faire connaître : on la lui refuse. La promulgation qui la laisse ignorer n'est qu'une vaine formalité, et c'est le seul moyen dont on veut se servir pour rendre la loi exécutoire.

Voyez maintenant, législateurs, combien, en confondant les idées, on s'écarte des routes qui conduisent au but qu'on se propose. C'est parce qu'on a confondu la promulgation d'une loi avec sa publication, qu'on est tombé dans l'erreur que je combats, et qui, sans doute, sera sentie par le Conseil d'État, dont les vues ont été pures autant que celles du Tribunat. Oui, c'est la confusion de ces deux idées qui a dicté le premier article du projet. Il faut donc remonter aux principes.

La promulgation n'est autre chose que le cachet du gouvernement, qui atteste que la loi qui est présentée aux citoyens a reçu tous les caractères qui la constituent loi, et n'a point été dénoncée au Sénat conservateur pour cause d'inconstitutionnalité. Elle n'apprend au peuple, je le répète, que l'historique de la formation de la loi; elle n'instruit point le peuple des dispositions de cette même loi.

Qu'est-ce donc qui peut l'en instruire ? C'est sa publication.

Je n'irai point chercher chez les peuples anciens quels étaient les différens moyens par lesquels on leur faisait connaître les lois. Je sais que les précautions qu'ils prenaient ne peuvent convenir à un état aussi étendu, aussi populeux que le nôtre, à un état dont les relations de citoyen à citoyen sont plus nombreuses, plus difficiles, plus variées.

Dans un petit état, chez un peuple naissant, on peut atteindre à la perfection des moyens propres à faire connaître à chaque individu le texte d'une loi.

Parmi nous, le législateur a atteint le but quand il a pris ceux qui sont en son pouvoir, et qui entraînent le moins d'inconvéniens possibles.

Défendons-nous de la manie d'imiter ce qui ne peut nous convenir, et de celle de toujours chercher du nouveau. Cherchons le bien de bonne foi, et prenons-le partout où il se trouve.

Dans les décombres de cet édifice que la révolution a fait écrouler, il est possible de déterrer des matériaux dignes de figurer dans celui que nous élevons.

Sous l'ancien régime, on ne se contentait pas de faire connaître la promulgation d'une loi, c'est la loi elle-même qu'on faisait connaître ; elle était envoyée aux parlemens, qui la transmettaient aux autres tribunaux, par le ministère des procureurs-généraux.

Par ce moyen simple, et conforme aux principes, la loi recevait toute la publicité qu'on peut lui donner dans un état vaste et renfermant une énorme population.

Il y avait sans doute des inconvéniens dans ce mode : les remontrances entraînaient des abus dont les parlemens étaient souvent punis, sans se corriger.

Mais notre Constitution ne permet plus aux tribunaux de s'interposer entre le peuple et les législateurs qu'il s'est choisis. Dès-lors les abus des remontrances ne sont plus à craindre. Le vice de l'ancienne publication des lois a disparu. Pourquoi donc ne nous saisirions-nous pas de ce mode, qui avait été adopté par l'assemblée constituante, et qui avec des modifications serait très-bon? C'est peut-être le seul qui nous convienne : c'est celui du moins qui pare à tous les inconvéniens, autres que ceux qui sont inséparables des institutions humaines.

Un des orateurs du gouvernement l'a cependant combattu. « Sous la monarchie, a-t-il dit, on n'envoyait la loi aux tribunaux que parce qu'il y avait différentes principautés, dont les statuts particuliers exigeaient que les lois n'y fussent obligatoires qu'après leur publication ; mais aujourd'hui que la République est une, il faut aussi que la publication de la loi soit une, et qu'elle devienne obligatoire par la seule promulgation. »

Je réponds que, si par quelques traités on a stipulé sous la monarchie, que la loi ne serait obligatoire qu'après avoir été publiée, il ne faut pas en conclure que la publication n'avait lieu en France qu'en vertu de ces traités.

On pourrait en tirer cette conséquence, si la publication n'avait eu lieu que pour les pays réunis ou conquis, et dont le sort a été réglé par le traité de paix ou de réunion, et si elle n'avait commencé qu'après la ratification de ces mêmes traités.

Mais la publication remonte à des époques antérieures à ces traités. Ainsi, on publiait les lois en France avant la réunion du Béarn, avant la conquête de l'Alsace et de la Franche-Comté. Ainsi, on publiait les lois non seulement dans les pays conquis et réunis, mais dans toute la France ; et c'est parce qu'on les publiait partout que les pays conquis et réunis, voulant en tout être traités aussi favorablement que le reste des Français, demandaient et inséraient dans les traités que la loi serait publiée chez eux comme dans le reste de la France.

Au surplus, législateurs, ce n'est pas parce que la publication a eu lieu sous la monarchie, qu'il faut la décréter, de même qu'il ne faudrait pas la rejeter quand elle n'y aurait pas été connue.

Il faut l'adopter parce qu'elle fait connaître la loi ; car c'est une maxime sacrée dans tous les états libres et modérés, que la loi ne peut être obligatoire si elle n'est pas connue.

La promulgation du Premier Consul ne fait pas connaître la loi ; la publication en donne une connaissance aussi parfaite qu'on puisse raisonnablement le désirer.

L'envoi de chaque loi dans les tribunaux d'appel par le gouvernement, complète la promulgation.

La lecture qui en est faite dans les tribunaux d'appel en est la publication.

Il est donc indispensable d'ordonner l'envoi des lois à tous les tribunaux d'appel dans un délai fixe, avec ordre à ces tribunaux d'en faire sur-le-champ la publication, sous peine de forfaiture.

Je ne chercherai pas à vous prouver l'insuffisance du délai pour remplir même le but du projet. Vous avez sans doute remarqué qu'à l'absence absolue de tout moyen légal employé pour répandre la loi, se joint l'impossibilité physique qu'elle soit parvenue dans le délai fixé, partout où le projet veut qu'elle soit obligatoire et par conséquent présumée connue. C'est un calcul que chacun de vous peut facilement faire par la connaissance qu'il a des localités.

Qu'il me soit permis de vous mettre sous les yeux celui que j'ai fait pour mon département, et prenons pour exemple le tribunal d'appel de Riom, placé à quatre-vingt-douze lieues de Paris : la loi y sera présumée connue le sixième jour de sa promulgation ; et ce jour-là même elle sera exécutoire au fond du ressort de ce tribunal, à Maurs, département du Cantal, qui est à plus de quarante lieues de Riom, et où la poste, partant de Paris, ne parvient pas en moins de huit jours par la voie la plus directe, tandis qu'elle arrive à Riom en trois jours, et que les paquets s'y distribuent le quatrième. Il n'y a pas, en général, moitié du délai indispensable pour que les tribunaux de première instance aient pu recevoir la loi. On veut donc qu'ils soient souvent obligés de l'appliquer avant d'avoir la certitude officielle de son existence et de sa teneur.

Je résume en peu de mots ce que je viens de vous dire.

L'article premier du projet confond la promulgation et la publication.

Il faut un mode de publication qui assure aux tribunaux la connaissance certaine et officielle de la loi; elle ne peut être obligatoire pour l'homme libre qu'autant qu'il est censé la connaître; il ne peut la connaître qu'autant que le gouvernement a pris toutes les mesures qui étaient en son pouvoir pour la lui faire connaître. Le projet ne contient aucune de ces mesures; elle ne sauraient être suppléées par des arrêtés du gouvernement, parce que tout ce qui tient au mode de la publication des lois, qui doit être aussi invariable que la loi même, se trouve essentiellement dans le domaine du législateur.

Ces considérations et celles qui vous ont été présentées par mes collègues, ont déterminé le Tribunat à rejeter le projet de loi.

Il les a discutées avec calme, non pas ce calme qui tient de l'indifférence ou de la crainte, mais ce calme qui atteste l'amour de la vérité et le désir de la trouver.

Il n'a pas entendu de *déclamations*.....; il a été dirigé par des principes sûrs : il a vu avec peine que les droits et les intérêts du peuple seraient compromis, et il n'a pas balancé de le dire; il ne balance pas à croire que le Corps législatif, à qui ces droits et ces intérêts sont aussi chers, s'empressera d'écarter un pareil projet, dont le rejet n'arrêtera aucunement la discussion des autres parties du Code civil.

DISCOURS PRONONCÉ PAR LE CONSEILLER D'ÉTAT BERLIER,
L'UN DES ORATEURS DU GOUVERNEMENT.

(Séance du 24 frimaire an X.—15 décembre 1801.)

Législateurs, après ce qui a été dit par mes collègues Portalis et Boulay à l'appui du projet qui vous est soumis, il me reste sans doute peu de choses neuves à dire.

Cependant, tel est le caractère de cette discussion, telle est l'importance de son objet, que je puis et dois vous soumettre encore quelques idées qui peuvent n'être pas sans utilité, même en ne les considérant que comme le résumé des débats qui se sont établis sur les points les plus importans.

La discussion s'est divisée en deux parties principales :

La première embrasse les objections d'ordre et de formes;

La seconde, les objections relatives au fond.

A l'égard des premières, la difficulté consistait beaucoup plus, si je ne me trompe, à les saisir qu'à y répondre.

Ainsi, l'on reproche au projet de loi de n'être point à sa place : et pourquoi? parce que *la publication, les effets et l'application des lois* sont une matière qui ne régit pas seulement le Code civil, mais encore les Codes criminel, judiciaire, commercial, rural, etc.; d'où l'on infère que c'était une loi de l'ordre politique à isoler de chaque Code, puisqu'elle n'appartenait privativement à aucun.

Il a déjà été répondu à ce sujet, par mon collègue Portalis, que la critique porte à faux, puisque le projet dont il s'agit, discuté comme loi particulière, n'a pas, dès à présent du moins, de place assignée dans un corps d'ouvrage qui n'existe point encore, et qu'ainsi rien ne ferait obstacle à ce qu'on l'isolât du Code civil, s'il paraissait ne point lui appartenir.

Quant à moi, j'ajoute que, lorsqu'il devrait s'y incorporer un jour, et en constituer le livre préliminaire, selon l'idée des premiers rédacteurs de ce grand ouvrage, la critique serait sans fondement.

Je me fonde, à ce sujet, sur les rapports nécessaires qui existent entre un Code civil et ces autres Codes que l'on juge à propos de placer sur une ligne parallèle.

Je demande ce que sera un Code de procédure judiciaire, sinon la collection des règles propres à défendre les droits établis par le Code civil : il sera donc au Code civil ce que la forme est à la matière.

Je demande ce que sera un Code de commerce, un Code rural, sinon des collections de règles qui ne devront s'écarter de celles posées au Code principal, qu'autant que l'intérêt spécial du commerce ou de l'agriculture sollicitera des exceptions.

Dans un tel état, qu'on cesse donc de crier à la confusion d'idées; et si une loi relative *à la publication, aux effets et à l'application des lois en général*, n'est pas un être parasite qu'il faille écarter de tous les Codes, je dis qu'elle appartient au Code civil.

Mais, a-t-on dit, la plupart de ces articles sont sans cohésion entre eux; on pourrait en intervertir l'ordre sans en changer le sens.

Eh bien! si l'article 2 est aussi bien placé sous ce numéro qu'il le serait sous le numéro 4, quel peut être l'objet de votre critique?

Soutenez-vous ces articles inutiles? c'est une objection d'une autre nature. Mais comme en ce moment je parcours celles qui appartiennent plus à l'ordre et à la forme qu'au fond des matières, je crois la critique vaine sous le premier rapport.

La plupart de ces articles, avez-vous ajouté, ne sont que des maximes qu'il fallait laisser dans le domaine de la science, sans en faire des dispositions de loi.

Sans doute des maximes ne sont point des dispositions de lois, à moins qu'à raison de leur importance le législateur n'ait jugé convenable de les élever à cette auguste qualité.

Mais c'est dans les détails que l'on verra si le projet a été trop libéral sur ce point : sévère dans son choix, il n'a admis qu'un bien petit nombre de préceptes les plus utiles; ce qui fait qu'il a peu d'étendue, et ce qui a donné lieu peut-être à une objection d'une autre catégorie.

Le projet offert n'est point, dit-on, une introduction digne du Code civil; ce n'est pas un portique qui réponde à la majesté de l'édifice.

Législateurs, le faste n'est pas toujours l'indice des vraies richesses : telle maison d'une apparence modeste vaut souvent mieux que l'édifice ruineux et peu solide que ses dehors indiquent comme un palais. Mais quittons les figures, et ne voyons que la réalité. Le beau, en matière de législation, n'est autre chose que ce qui est *bon* et *utile*.

Au reste, la stérilité apparente qu'on reproche à notre projet n'a pas laissé que de donner quelque peine à ses auteurs.

Un premier travail se présentait avec plus de pompe; mais, en l'analysant et en le dépouillant de ses ornemens factices ou étrangers, il a donné pour résultat le projet qui vous est soumis, et des détails duquel je puis enfin m'occuper.

Est-il *bon* et *utile ?* toute la question est-là.

Plusieurs articles ont été combattus comme inutiles; mais le premier l'a été comme injuste : c'est celui relatif au mode de rendre la loi exécutoire.

Vous n'attendez pas de moi, législateurs, que j'aille de nouveau traiter avec étendue un sujet qui a été approfondi par ceux qui ont parlé avant moi.

Je me bornerai donc à quelques idées très-simples.

Je ne parlerai pas de l'attaque dirigée contre la rédaction du premier article; mon collègue Portalis y a victorieusement répondu.

Quant au reproche dirigé contre cet article, en ce qu'il

ne caractérise pas la promulgation et n'en trace point les formes, j'observe d'abord que la promulgation a son caractère déterminé par l'article 37 de la Constitution, qui ne laisse rien à dire sur ce point.

Je remarque ensuite que ses formes sont établies, connues et pratiquées avec avantage.

Je remarque que la formule de la promulgation a pris naissance peu après la Constitution même; et que depuis ce temps elle a obtenu l'approbation de tous les grands pouvoirs, et n'a jamais troublé l'heureuse harmonie qui règne entre eux, parce qu'elle a respecté les droits de tous.

Pourquoi donc remettrait-on en question une formule qui depuis deux ans est revêtue d'un caractère aussi solennel, aussi juste, aussi paisiblement exercé ?

Cela posé, la question reste toute entière dans le point de savoir quand et comment les lois deviendront exécutoires, car le projet n'innove rien à la promulgation; il la laisse dans l'état où elle est; il en reconnaît l'existence antérieure, quand il ne parle que des développemens qui s'opéreront *en vertu de la promulgation.*

La question ainsi rappelée à ses vrais termes, c'est en cet état que je vais la traiter.

Une observation préliminaire qu'il me semble convenable de placer ici, et qui porte sur un point d'expérience, c'est que dans un vaste état, comme la France, il est impossible que la *publication* et l'*affiche* en chaque commune déterminent le moment où chaque loi y deviendra obligatoire.

Une loi trop fameuse, celle du 14 frimaire an II, avait introduit cette règle, dont le moindre inconvénient sans doute résidait dans les frais énormes qu'elle entraînait : il en était un beaucoup plus grave dans l'extrême diversité d'effets qui en était le résultat.

Cinquante mille agens pouvaient-ils être tellement exacts, que la condition de leurs administrés fût la même, et ne vit-on pas souvent la loi publiée dans un village y recevoir son application, tandis qu'elle était sans force dans le village voisin faute de publication ?

Un tel mode ne pouvait subsister long-temps, et sans doute il n'entre dans l'idée de personne de le faire revivre.

Cela posé, et comme il est encore moins praticable de notifier la loi à chaque individu, il faut bien reconnaître un point capital en cette matière; c'est qu'ici tout gît en présomption légale.

Maintenant *trois systèmes* se présentent : la meilleure manière de résoudre une foule de difficultés, c'est, si je ne me trompe, de comparer ces *trois systèmes* entre eux, et je le ferai brièvement.

Je ne connais que trois modes de déterminer l'époque où la loi deviendra obligatoire.

Celui de *la transcription sur les registres* d'une autorité locale; et c'est le dernier état.

Celui d'*un délai général et uniforme*, à partir d'un point déterminé, de la *promulgation*, par exemple, et c'est ce qu'avait proposé la section de législation au Conseil d'État.

Enfin le *délai successif* en raison des distances.

Le premier de ces modes offre des inconvéniens bien attestés par l'expérience : il dépend d'autorités négligentes ou malveillantes que la loi soit publiée ou plus tôt, ou plus tard, ce qui établit des inégalités frappantes, et comme le moment de l'arrivée et celui de la transcription ne sont pas aussitôt connus, il en résulte, dans le passage d'une législation à une autre, ou beaucoup d'incertitudes dans les premiers temps, ou beaucoup d'embarras s'il faut aller vérifier les registres.

J'observe, au surplus, que le moindre inconvénient de ce mode (quoique cet inconvénient soit déjà très-grave), consiste dans la part qu'il donne aux agens d'exécution, agens dont l'activité pourrait, jusqu'à un certain point, être stimulée, ou la malveillance punie.

Mais ce qui s'élève le plus fortement contre ce système, c'est qu'il ne peut donner aux citoyens la connaissance précise du moment où la loi devient obligatoire; c'est qu'à moins d'avoir été présens à la transcription, ou de venir matériellement vérifier le registre, les citoyens ignoreront nécessairement, au moins dans les premiers temps, sous l'empire de quelle loi ils vivent; c'est qu'en un mot la présomption légale ne reposera, à leur égard, sur rien de précis.

Figurez-vous, en effet (et ce cas sera le plus fréquent), un homme domicilié à cinq ou six myriamètres de la ville où la loi devra arriver et être enregistrée.

Si cet envoi est extrêmement rapide, la loi obligera avant qu'on ait pu la connaître; si au contraire l'enregistrement est tardif, il arrivera souvent que la loi sera connue par les débats et papiers publics avant qu'on puisse en recueillir les effets.

Dans l'une et l'autre espèce, la présomption légale de la connaissance (le vrai point de départ en cette matière) sera tout-à-fait dénaturée et subvertie.

J'examine le second système, celui du *délai général et uniforme*. Dans ce second mode, les inconvéniens que j'ai retracés disparaîtraient sans doute, mais pour faire place à un autre; c'est que la loi resterait inerte pendant un délai assez considérable dans les lieux même où elle serait connue, ce qui serait peu compatible avec sa dignité; mais ce qui, surtout en certains cas, deviendrait une source de nombreux abus.

Suppose-t-on en effet une loi qui prohibe certains actes? Voyez comment on l'éluderait dans l'intervalle; ce délai de grâce serait un avertissement à tous ceux qui voudraient y contrevenir pour se hâter de le faire; et cet étrange bénéfice de la fraude appartiendrait encore, comme par privilége, aux habitans des lieux voisins de celui d'où la loi partirait.

Inutilement avait-on, dans ce système, laissé entrevoir la possibilité des dérogations spéciales en cas d'urgence; car ce remède même, s'il n'eût consisté que dans l'abréviation du délai *général*, n'eût évité un mal qu'en en produisant un autre, et en commettant une grande injustice envers les habitans de Marseille ou de Bayonne, envers tous ceux, en un mot, qui se seraient trouvés dans l'impossibilité physique de connaître la loi dans un délai trop rapide.

Que serait-ce d'ailleurs qu'un mode qui n'aurait rien de fixe, et auquel il faudrait journellement déroger? La majesté de la loi pourrait-elle s'accommoder d'un tel mode, qui, n'offrant plus qu'un système informe, ne produirait qu'hésitation et incertitude?

Législateurs, en rejetant l'un et l'autre de ces systèmes, le projet qui vous est soumis a adopté un parti qui me semble puisé dans la nature même des choses : en respectant la loi des distances qu'il n'est permis au législateur ni de méconnaître ni de franchir, il obvie tout à la fois *à la négligence*, puisque l'effet de la loi ne dépendra plus d'une transcription; *à l'ignorance*, puisque dans chaque ressort on saura, sans recourir aux registres, à quelle époque la loi y est devenue obligatoire; enfin *à la fraude*, puisque dans la transition la loi ne deviendra pas le jouet de ceux qui, connaissant ses dispositions, vivraient néanmoins sous l'empire de la loi ancienne : étrange contradiction qui ne peut cesser que dans le système d'un délai successif.

Oui, législateurs, ce système est le seul qui soit réellement dégagé de tous les inconvéniens que j'ai retracés.

L'idée d'un délai général et uniforme a quelque chose de séduisant, sans doute; mais les esprits habitués à l'analyse en saisissent facilement la fausseté.

Il n'y a pas, en effet, jusqu'à l'égalité qu'elle semble offrir, qui ne soit une illusion; car en quoi l'égalité consiste-t-elle? à être traité de la même manière quand on est dans la même situation.

Eh bien ! si, en calculant ce délai général sur le point le plus éloigné du territoire, l'on rend la loi obligatoire pour l'habitant de Marseille, du moment précis où il est censé la connaître, et sans aucun intervalle, pourquoi en serait-il autrement par rapport aux départemens intermédiaires ?

N'est-il pas d'ailleurs dans les notions de tous les peuples, et dans l'esprit de toutes les législations, que la loi oblige dès qu'elle est censée connue, et s'il est dans la nature des choses que celui qui est placé à cent myriamètres la connaisse plus tard que celui qui n'est qu'à cinq, pourquoi celui-ci ne serait-il pas obligé plus tôt ?

La véritable égalité est donc dans le système du délai successif, et a pour base et point de départ la présomption légale de la connaissance de la loi.

J'ai, du moins je le crois, suffisamment établi la prééminence du délai successif sur le délai général et uniforme : ses avantages sur la publication usitée jusqu'à ce jour ne sont pas moins sensibles.

Dans ce dernier système, comme en tout autre, l'obligation d'obéir à la loi n'est toujours fondée que sur la présomption légale qu'on en a connaissance, et la transcription sur des registres n'est assurément pas une notification officielle à chaque habitant du ressort.

Mais puisqu'on est réduit à se contenter d'une présomption légale, ne convient-il pas de s'arrêter à celle que le projet indique ?

Ce n'est pas le désir d'innover qui l'a dictée, elle était dans le vœu de la Constitution.

Jusqu'à l'an VIII, nulle disposition constitutionnelle n'ayant tracé le jour précis où la loi devait être mise en activité par la promulgation, ni prescrit au pouvoir exécutif de la promulguer à jour certain, il a bien fallu, dans l'absence d'un tel point de départ, renoncer à la donnée d'un jour préfix où la loi deviendrait obligatoire ; il a dès-lors fallu faire ce qu'on a fait, et suivre une forme qui, dans un tel ordre de choses, était la moins défectueuse qu'il fût possible.

Il en est autrement aujourd'hui ; la promulgation de la loi se fait à époque certaine et nécessaire ; le gouvernement doit y pourvoir le dixième jour après sa date ; il ne le peut ni plus tôt ni plus tard, il est renfermé dans cette limite.

Le mode proposé se trouve donc en harmonie parfaite avec la Constitution, qui semble avoir elle-même posé le jallon et indiqué la route à suivre.

La discussion publique qui précède la loi, les dix jours qui s'écoulent entre sa date et sa promulgation, voilà ce qui donne le premier éveil aux citoyens.

Un délai calculé ensuite sur les distances donne la pleine assurance que la loi est ou doit être connue.

Et remarquez, législateurs, combien ce système concilie tout.

Chez un peuple moderne, qui connaît bien l'esprit de la bonne législation, en Angleterre, ainsi qu'on vous l'a dit dans le cours de cette discussion, la loi oblige du jour où l'acte du parlement reçoit la sanction royale.

La publicité de la discussion a fait admettre cette doctrine chez nos voisins ; mais en n'allant pas jusque là, notre système n'en offre que plus de garantie aux citoyens : comment donc le mode proposé pourrait-il être taxé d'imprévoyance ou d'insuffisance ?

Je discute maintenant quelques objections spéciales.

Il faut, a-t-on dit, que la loi soit aux mains du magistrat ; donc il faut pourvoir à l'envoi matériel de la loi.

Sans doute il le faut ; sans doute le Bulletin doit continuer de parvenir aux administrateurs et aux juges ; mais cette observation, bonne en soi, ne fait que manquer de justesse dans l'emploi qu'on en fait comme d'une objection.

Qu'est-ce en effet que le projet contient de contraire?
Rien : il règle l'époque où la loi deviendra obligatoire pour les citoyens.

Mais cette époque ne doit pas être confondue avec celle où le magistrat devra appliquer la loi ; cette application relative aux actes régis par la loi nouvelle, et passés sous son empire, laisse apercevoir un intervalle nécessaire entre le moment où elle commence à régir, et celui où son application peut être réclamée, intervalle durant lequel (et à moins de supposer une subversion totale dans l'ordre naturel des communications) le magistrat sera muni de l'instrument matériel, je veux dire du Bulletin, qu'il est dans l'intérêt du gouvernement de faire circuler promptement.

Autre hypothèse qui n'est plus relative au cas d'application judiciaire.

Suppose-t-on un droit nouveau, une succession ouverte après le délai? suppose-t-on encore que la loi n'arrive dans le ressort que trois ou quatre jours après? Eh bien! quand il en serait ainsi, quel préjudice réel en résultera-t-il?

L'héritier averti de son droit aura fait des actes conservatoires ; l'exécution n'a jamais lieu à l'instant même, et le Bulletin sera arrivé long-temps avant qu'il s'agisse de liquider et de partager.

Comment d'ailleurs ce qui se pratique en Angleterre et dans les États-Unis avec simplicité, facilité, et au grand avantage de ces deux nations, serait-il impraticable chez nous?

Oh! a-t-on dit, l'esprit public qui règne chez ces deux peuples dirige, bien plus qu'en France, leur attention vers les affaires publiques et les actes de leurs assemblées politiques.

Eh quoi! n'est-ce pas calomnier le peuple français que de le supposer moins attentif aux grands intérêts de l'État?

Je suis loin de partager ce blasphème ; mais une remarque de quelque poids sans doute, c'est que, d'après cette idée même, il n'en conviendrait que mieux encore d'adopter le mode proposé, pour forcer l'attention par l'intérêt personnel, et pour créer ainsi un esprit public, s'il n'existait pas.

On a objecté le cas d'invasion, et quelques-unes de ces grandes catastrophes qui, en rendant la connaissance impossible, font disparaître une présomption établie sur le simple trait de temps.

Mais si l'on argumente de cas extraordinaires contre la règle générale, je me bornerai à répondre que la force majeure fait toujours cesser l'empire de la règle.

On a demandé si le projet s'appliquera aux colonies ; mais le procès-verbal du Conseil d'État apprend que ce doit être l'objet d'une loi ou d'un réglement à part ; c'est assez probablement sous plus d'un rapport que les colonies auront besoin de lois spéciales.

Mais ce que je dois me borner, quant à présent, à remarquer, c'est que des objections de cette espèce ne peuvent faire tomber notre système, s'il convient d'ailleurs au territoire continental pour lequel il a été créé.

J'examine succinctement quelques autres objections qui ont du moins l'apparent avantage d'attaquer plus intégralement le projet.

Dans la fixation du délai, l'on a critiqué le calcul par heures ; que d'incertitudes et d'embarras, a-t-on dit, vont résulter de cette disposition ! comment trouver ce point mathématique qui séparera le temps régi par la loi ancienne, de celui régi par la loi nouvelle ? Pour le discerner faudra-t-il donc dater les actes, ou constater les faits par heures, par minutes même ?

Cette objection présentée avec tant d'assurance est-elle effectivement fondée ? Si l'on s'attachait à l'apprécier textuellement, on dirait que ce point mathématique qui sépare le passé du présent, et le présent de l'avenir, est admis dans la législation actuelle même, parce qu'il est dans la nature des choses.

Ainsi, et aujourd'hui même, le point qui sépare le jour de la publication du jour qui la suit est notre règle pour déterminer le moment où la loi devient obligatoire.

Ne critique-t-on, ou ne veut-on critiquer que l'idée de scinder le jour en deux parties, dont l'une serait régie par la loi ancienne, et l'autre par la loi nouvelle? Mais il a déjà été répondu que le calcul par heures n'est ici désigné que comme le principe qui servira de base à un réglement dans lequel, pour déterminer l'échéance à jour franc, la plus faible fraction pourrait céder à la plus forte.

Mais cette idée même d'un réglement complémentaire a trouvé des contradicteurs; en quoi donc blesse-t-elle les principes?

Si vous décrétez, législateurs, le projet qui vous est proposé, n'entrera-t-il pas, je ne dis pas seulement dans les droits, mais encore dans les devoirs du gouvernement, de compléter par un calcul précis, pour chaque ressort, l'indication donnée par le législateur? Un tel réglement ne sera essentiellement que le moyen de donner à la loi sa pleine exécution.

Il ne reste plus sur ce point qu'une objection puisée dans un exemple. Auxerre, a-t-on dit, quoique plus éloigné de Paris que n'en est Rouen, ne jouira pas, comme étant du ressort de Paris, de l'addition de délai accordée aux autres ressorts, et sera ainsi moins bien traité que ne le seront des lieux plus rapprochés.

Législateurs, cette objection qui ne s'attache véritablement qu'au point cité, et qui cesse, quand on a franchi le ressort du tribunal d'appel de Paris, est le résultat d'un accident, d'une circonscription de ressort, dans laquelle Paris se trouve un peu excentrique; mais ce léger inconvénient ne saurait beaucoup arrêter, car si on aspirait à la précision mathématique, il faudrait établir le calcul par la distance de chaque commune au centre, ce qui est impraticable.

Dira-t-on que l'uniformité du délai obvierait à cet inconvénient? mais il en créerait d'autres, et d'ailleurs l'objection se reproduirait sous un autre point de vue, dans l'intérêt des parties du territoire les plus éloignées : l'on dirait pour les habitans de Marseille, qu'ils ne doivent pas être obligés au même moment que les habitans de Paris.

Dira-t-on aussi que cet inconvénient cesserait par la publication matérielle; je pourrais reconnaître le fondement de cette assertion, si l'obligation légale s'établissait par la publication et l'affiche dans les cinquante et quelques mille communes de la République; mais, si ce mode, comme impraticable, n'a pas même reçu les honneurs de la discussion; s'il faut, dans le système même de la publication matérielle, s'arrêter à un point central, les lieux qui s'en trouveront les plus éloignés pourront faire la même objection.

Il faut donc l'écarter, puisqu'elle existe dans tous les systèmes, et s'arrêter aux autres considérations que présente la matière.

Or, en jugeant par les masses, et en appréciant les divers systèmes, il me semble que l'idée simple et élémentaire de rendre la loi obligatoire d'après un délai successif, calculé sur les distances des chefs-lieux de tribunaux d'appel, est de toutes les données la plus naturelle et la meilleure.

Et comment ne serait-elle pas la meilleure et la plus utile aux citoyens? prenons pour exemple un habitant de Lyon, et supposons que, par l'application du tarif des distances, la loi ne soit obligatoire à Lyon que le septième jour après la promulgation. Ce point une fois connu, sans sortir de sa maison, et à la seule inspection d'un journal, ce citoyen saura que la loi portée le premier, et promulguée le 11, est obligatoire le 18 pour tout son ressort.

Quel inappréciable avantage! et comment un tel bienfait, un système si heureux a-t-il éprouvé tant de contradiction?

Je passe à l'article second.

Il a aussi subi la censure du Tribunat.

Le rapporteur l'avait présenté comme *inutile.*

D'autres orateurs l'ont envisagé comme *dangereux.*

Que porte cet article?

La loi ne dispose que pour l'avenir; elle n'a point d'effet rétroactif.

Est-il vrai d'abord que ce ne soit là qu'une maxime inutile, et bonne tout au plus à renvoyer au titre *des règles du droit,* si l'on en fait un?

Non, ce n'est pas une maxime à classer dans le domaine de la science; c'est un précepte pour le législateur et pour le juge, précepte que la loi seule peut tracer, puisque la Constitution, qui n'a pas voulu le détruire, ne l'a cependant point rappelé, comme l'avaient fait quelques-unes des Constitutions antérieures.

Mais n'a-t-on pas, au Tribunat même, émis des doutes sur la compétence du pouvoir législatif, en ce qui touche aux lois, qu'on juge à propos d'appeler *lois organiques de la Constitution.*

N'a-t-on pas prétendu que le Sénat seul pouvait les porter? comme si la Constitution faisait cette distinction! comme si le Sénat n'avait pas ses fonctions limitées au seul droit de statuer sur les inconstitutionnalités légalement déférées!

J'abandonne cette opinion sans doute solitaire, pour en rappeler une, qui, bien que placée dans une autre catégorie, n'en est pas moins extraordinaire.

Un autre orateur du Tribunat n'a-t-il pas, à l'occasion du principe rappelé dans l'article 2, témoigné la crainte que ce ne fût un signal donné aux tribunaux pour se dispenser d'appliquer toutes les lois qu'ils considéreraient comme *rétroactives*, et notamment tous les décrets émanés du sublime élan qu'enfanta la nuit du 4 au 5 août 1789?

Que cet orateur se rassure : l'Assemblée constituante qui avait elle-même reconnu le principe de la non-rétroactivité des lois, et la Convention nationale, qui avait fait plus en le consacrant dans la Constitution de l'an III, n'avaient ni l'une ni l'autre pensé que la proclamation de ce principe pût opérer un tel effet; ces deux assemblées, dont l'une conquit la liberté, et dont l'autre fonda la République, ne voulaient assurément pas plus l'une que l'autre, faire revivre les droits abusifs anéantis dans la nuit *du 4 août;* le gouvernement actuel, et toutes les autorités revêtues du pouvoir national ne le veulent pas davantage; je suis sans doute dispensé de l'établir, et voilà la seule réponse qu'il convienne de faire à cette objection.

<small>3
ap. 3
et ap. 5.</small> Les articles 3, 4 et 5 du projet ont été si faiblement attaqués, et si victorieusement défendus, que je croirais abuser de votre attention, si je voulais la reporter sur le fond des dispositions qu'ils renferment.

Je ne dirai que deux mots pour les justifier du reproche d'*inutilité* : Non, ce ne sont pas de vagues maximes, que les règles qui y sont exprimées.

La loi oblige ceux qui habitent le territoire. N'est-ce point là le principal caractère de la loi?

La forme des actes est réglée par les lois du pays dans lequel ils sont faits ou passés. N'est-ce pas une limitation nécessaire à exprimer?

Lorsque la loi, à raison des circonstances, aura réputé frauduleux certains actes, on ne sera pas admis à prouver qu'ils ont été faits sans fraude. N'est-ce pas la garantie de ses dispositions prohibitives?

Ces articles primitivement accolés à beaucoup d'autres, qui n'étaient en effet que des maximes de barreau, ont donc dû être conservés par exceptions, comme ayant un trait plus direct à ce qui constitue le caractère de la loi, ou à ce qui en assure les effets.

L'article 6 a paru à quelques orateurs du Tribunat, un moyen d'invasion offert au pouvoir judiciaire.

4 et 5

Cet article porte que *le juge qui refusera de juger sous prétexte du silence, de l'obscurité ou de l'insuffisance de la loi, pourra être poursuivi comme coupable de déni de justice.*

Qu'y a-t-il donc là de menaçant pour la prérogative du législateur?

Je ne sais en vérité comment cette crainte a pu s'introduire dans l'esprit de personne : on n'a donc pas voulu lire l'article 7, corrélatif à cet article 6, et qui défend aux juges de prononcer sur les causes qui leur sont soumises *par voie de disposition générale et réglementaire.*

Voilà le point par lequel les tribunaux eussent pu rivaliser avec le pouvoir législatif; et loin que cette voie leur soit ouverte, elle leur est au contraire formellement interdite.

Mais en ramenant l'article 6 à ses véritables termes, qu'a-t-il voulu? Faire cesser cette foule de référés qui entravent la marche de la justice : le devoir d'un juge est de juger, et s'il fallait que le législateur s'ingérât après coup à statuer par voie d'interprétation sur des cas passés ou des affaires en litige, cela serait-il conforme à l'esprit d'une bonne législation? Cela ne rappellerait-il pas un peu trop les rescrits des empereurs, et les abus qui en furent la suite?

Il y a sur ce point une vérité simple et élémentaire, c'est que là où la volonté de la loi ne s'est pas fait connaître, le juge devient par la nature des choses un ministre d'équité.

Mais, a-t-on dit, que sera-ce donc que cet énorme pouvoir en matière criminelle surtout?

Vaine frayeur! car c'est là que, dans le silence ou l'obscurité de la loi, il n'y a nulle peine à porter, et que tout se résout en faveur de l'accusé; nos maximes sont constantes à cet égard.

Ainsi, ce ministère d'équité ne s'applique réellement qu'aux affaires civiles, mais là il devient souvent nécessaire.

Ce n'est, au surplus, ni une proposition ni une pratique nouvelle; ce que veut l'article est précisément ce qu'observent aujourd'hui les juges qui connaissent leurs devoirs et veulent les remplir; il n'est véritablement nécessaire que pour ceux qui s'écartent d'une route tracée par la raison et la nécessité.

Au reste, législateurs, il ne vous a point échappé que ce ministère forcé ne peut jamais établir un pouvoir rival; car là où la volonté du législateur s'est fait connaître, elle doit être respectée : le jugement qui y contreviendrait serait cassé.

Fixerai-je maintenant votre attention sur le dernier article du projet? attaqué seulement dans sa rédaction et comme maxime déplacée à la tête du Code, il a été défendu comme ayant un trait direct au caractère et aux effets de la loi.

Cet objet ne mérite donc pas, au point surtout où nous sommes arrivés, une discussion plus sérieuse.

Législateurs, j'ai parcouru les principales objections dirigées contre le projet de loi, je crois y avoir répondu.

Il est, au surplus, assez évident que, si la critique s'est attachée au projet dans ses plus légers détails, l'article premier est néanmoins le vrai et même l'unique foyer du débat.

Votre sagesse l'appréciera, et vous portera sans doute à consacrer une disposition, qui, sans donner lieu à aucun déplacement, procurera, à tous les citoyens de la République, l'inappréciable avantage de connaître d'une manière précise le jour où la loi deviendra obligatoire pour chaque ressort.

Il me reste à exprimer une pensée plus vaste et digne de figurer dans la première discussion relative au Code civil.

Jaloux de donner à la République ce Code si long-temps attendu, le gouvernement s'est environné d'hommes distingués par de longues études et de grands succès dans la carrière des lois; il a appelé toutes les lumières; il s'est livré lui-même à un travail opiniâtre, dans la vue de réaliser ce grand et imposant ouvrage, le premier de cette espèce qui doive émaner d'un pouvoir national et vraiment représentatif.

L'esprit qui vous anime, législateurs, votre amour pour le bien public, prouvera que la coopération des diverses branches du pouvoir législatif à cet important ouvrage, n'en ralentira point la marche en l'éclairant.

Ainsi, dans des débats où l'on verra presque toujours les systèmes se heurter (parce que nulle matière n'en est plus susceptible), et où souvent les systèmes les plus opposés seront de part et d'autre appuyés de raisons plausibles, votre sagesse, votre patriotisme et votre propre gloire vous diront qu'il faut, abstraction faite d'un mieux souvent idéal, accueillir ce qui est bon, approcher du but et mériter la reconnaissance du peuple français par des travaux dont il puisse ressentir les effets.

La discussion fut fermée dans la séance du 24 frimaire an X (15 décembre 1801); et après avoir procédé au scrutin secret, le Corps législatif déclara qu'il ne pouvait adopter le projet de loi.

COMMUNICATION OFFICIEUSE

A LA SECTION DE LÉGISLATION DU TRIBUNAT.

Dès que le gouvernement eut organisé les communications officieuses, on reprit la discussion du Code au point où elle avait été laissée lors du message du 12 nivose an X.

Le projet du titre préliminaire fut adressé à la section, sans avoir éprouvé de changemens, et sans même avoir subi aucune discussion nouvelle au Conseil d'État; l'examen s'en fit dans les séances des 19 et 20 messidor an X (8 et 9 juillet 1802).

OBSERVATIONS DE LA SECTION.

Un membre de la commission chargée de l'examen du projet relatif à *la publication, aux effets et à l'application des lois en général,* fait un rapport au nom de cette commission.

Quelques membres demandent qu'on examine préalablement si l'on doit placer en tête du Code civil, et comme en faisant partie, un titre relatif à l'organisation du mode de publication des lois : si ensuite on doit laisser subsister dans ce titre les articles qui suivent l'article premier qui fixe le mode de publication.

La section renvoie l'examen de cette question après la discussion des articles qui composent le titre.

L'article premier donne lieu à la discussion des différens modes de publication des lois, pour choisir celui qui doit être préféré.

Ces modes sont réduits à trois :

1°. Le mode de publication par la lecture de la loi aux

audiences des tribunaux et par sa transcription sur les registres.

2°. La publication opérée uniformément, dans toute la République et au même instant, par le laps d'un délai de quinze jours ou de tout autre à compter de la promulgation du Premier Consul.

3°. Le mode progressif, calculé sur les distances, proposé par le projet de loi dont il s'agit.

La section se prononce contre le premier mode;

Ses motifs sont : 1°. L'inconvénient de faire dépendre le caractère exécutoire de la loi, du zèle ou de la négligence de l'homme. 2°. Que, si on adoptait ce mode, on serait peut-être forcé de distinguer les lois, à raison des matières qui en seraient l'objet, et de reconnaître le caractère exécutoire des lois à la publication faite auprès de certaines autorités particulières, selon l'ordre dans lequel on croirait devoir les classer : ce qui présente une foule d'entraves et de difficultés. 3°. Que ces inconvéniens graves ne sont rachetés par aucun avantage particulier qu'on puisse attacher à ce mode, comparativement aux autres. 4°. Que dans notre Constitution actuelle, l'autorité des tribunaux ne devant rien ajouter à la loi, rien n'empêche de courir à tout autre mode qui sera reconnu plus utile.

La discussion se porte sur les deux autres modes de publication. La section se prononce pour le mode progressif calculé en raison des distances.

Ses motifs sont :

Que le mode progressif est l'image même de la vérité; il est fondé sur la nature : il fait rendre la loi exécutoire au moment où on la connaît.

Qu'il n'en est pas de même du mode qui ferait exécuter la loi partout au même instant : que d'ailleurs, pour mettre ce mode en pratique, il faudrait ne rendre la loi exécutoire qu'après le temps où l'on devrait la présumer connue à l'extrémité du rayon qui s'éloigne le plus du lieu où siége le gouvernement, délai qui devrait être au moins de quinze jours, à compter de la promulgation de la loi; ce qui emporterait vingt-cinq jours, en y comprenant les jours d'intervalle entre la sanction de la loi et sa promulgation : d'où il résulterait un trop grand retard dans l'exécution de la loi, pour les lieux où déjà elle serait connue.

Qu'en proposant le mode uniforme, on a été obligé d'ajouter : « Que le délai pourra, selon l'exigence des cas, être « modifié par la loi qui serait l'objet de la publication. » Restriction qui renverse le système de l'uniformité, et dont la nécessité ne se fait pas sentir dans le mode progressif.

Mais ce mode progressif n'est adopté que sous les modifications suivantes :

1°. Que le délai commence et coure par jour et non par heures, en ajoutant, pour éviter toute difficulté sur la fixation du commencement et de l'échéance, que, dans le délai, ne sera point compris le jour de la promulgation.

2°. Qu'il doit être dit que le délai courra de la promulgation faite au lieu *où siége le gouvernement*, et non *à compter de la promulgation faite à Paris*.

3°. Que les points de station où la connaissance de la loi doit opérer pour tout un arrondissement soient les chefs-lieux des départemens, pour chacun d'eux, et non les chefs-lieux des tribunaux d'appel pour les arrondissemens qui en forment les ressorts.

Un membre fait la proposition que le gouvernement soit invité par un vœu formel à présenter à la suite de chacun des Codes qui seront successivement décrétés, un projet de loi qui fixe l'époque à laquelle leur exécution commencera dans toute la France; il fait sentir les inconvéniens d'une exécution partielle dans ce cas. Il se fonde sur l'exemple d'une ordonnance particulière qui le voulut ainsi pour le Code prussien.

Cette proposition mise aux voix est adoptée par la section.

L'article 2, conçu en ces termes : *la loi ne dispose que pour l'avenir ; elle n'a point d'effet rétroactif*, est adopté.

On se fonde sur ce que la disposition de cet article est un principe constant dont l'application ne peut être douteuse, et qu'elle rentre dans le droit positif.

Un membre propose par amendement d'ajouter à cet article une disposition qui fixe l'effet des lois déclaratives ou interprétatives, afin de déterminer les cas où il y aurait rétroactivité et ceux où il n'y en aurait pas.

Cet amendement, mis aux voix, n'est point adopté.

L'art. 3, ainsi conçu : *la loi oblige ceux qui habitent le territoire*, est discuté.

On fait observer que cette disposition est trop vague, et peut prêter à des raisonnemens faux et dangereux.

Un membre propose une rédaction dans laquelle il a fondu les dispositions des articles 16 et 17 du second projet de loi relatif *à la jouissance des droits civils*, lesquelles dispositions doivent avoir leur place au titre dont il s'agit.

La rédaction est ainsi conçue :

« Les lois de police et de sûreté obligent tous ceux qui
« habitent le territoire.

« Les immeubles, même ceux possédés par des étran-
« gers, sont régis par la loi.

« Les lois concernant l'état et la capacité des personnes,
« régissent les Français, même résidant en pays étran-
« gers. »

Cette rédaction, mise aux voix, est adoptée.

La discussion s'ouvre sur l'art. 4, conçu en ces termes : *la forme des actes est réglée par les lois du pays dans lequel ils sont faits ou passés.*

L'article est adopté.

On discute l'article 5.

La section en vote le retranchement.

Cet article n'a pas présenté un principe assez général, et d'une application assez certaine.

Étant ainsi conçu, il pourrait présenter une application dangereuse, lorsqu'un fait de banqueroute serait porté devant les tribunaux criminels, en paraissant interdire la preuve de faits tendant à se disculper d'un délit.

Enfin une disposition à ce sujet a paru être mieux placée, ou dans le Code judiciaire, au titre des preuves, ou au Code de commerce, au titre où il sera parlé des actes faits dans les dix jours antérieurs à la faillite.

4   L'article 6 est adopté ; mais sous la modification qu'il ne doit pas être dit que le juge pourra être poursuivi comme coupable de déni de justice.

5 et 6   Les articles 7 et 8 sont adoptés.

Titre prélim.   On discute la question relative au placement du titre, qui avait été renvoyée après l'examen des articles qui le composent.

La section ne voit pas d'inconvéniens à ce que les dispositions contenues dans ce titre soient placées en tête du Code civil; mais elle pense qu'il ne doit pas, à proprement parler, en faire partie; et elle émet le vœu qu'il forme un titre particulier et préparatoire, sous une nomenclature spéciale qui le distingue et le détache du Code civil.

Les observations de la section de législation du Tribunat furent communiquées à la section du Conseil d'État, et par suite une conférence s'engagea entre les deux sections, sous la présidence du Consul Cambacérès, à l'effet de s'entendre sur les changemens que le Tribunat proposait de faire subir au projet.

RÉDACTION DÉFINITIVE DU CONSEIL D'ÉTAT.

(Procès-verbal de la séance du 29 vendémiaire an XI. — 21 octobre 1802.)

M. PORTALIS, d'après la conférence tenue avec les membres de la section de législation du Tribunat, présente la rédaction définitive du titre *de la publication, des effets et de l'application des lois en général.*

Le Conseil l'adopte, elle est ainsi conçue :

Art. 1er. Les lois sont exécutoires dans tout le territoire français, en vertu de la promulgation qui en est faite par le Premier Consul.

Elles seront exécutées dans chaque partie de la République, du moment où la promulgation en pourra être connue.

La promulgation faite par le Premier Consul sera réputée connue dans le département où siégera le gouvernement, un jour après celui de la promulgation, et dans chacun des autres départemens après l'expiration du même délai, augmenté d'autant de jours qu'il y aura de fois dix myriamètres (environ vingt lieues) entre la ville où la promulgation en aura été faite, et le chef-lieu de chaque département.

Art. 2. La loi ne dispose que pour l'avenir ; elle n'a point d'effet rétroactif.

Art. 3. Les lois de police et de sûreté obligent tous ceux qui habitent le territoire.

Les immeubles, même ceux possédés par des étrangers, sont régis par la loi française.

Les lois concernant l'état et la capacité des personnes régissent les Français, même résidant en pays étrangers.

Art. 4. Le juge qui refusera de juger sous prétexte du silence, de l'obscurité ou de l'insuffisance de la loi, pourra être poursuivi comme coupable de déni de justice.

Art. 5. Il est défendu aux juges de prononcer, par voie de disposition générale et réglementaire, sur les causes qui leur sont soumises.

6 Art. 6. On ne peut déroger, par des conventions particulières, aux lois qui intéressent l'ordre public et les bonnes mœurs.

Le gouvernement arrêta, dans la séance du 30 pluviose an XI (19 février 1803), que le projet du titre préliminaire, adopté au Conseil d'État le 29 vendémiaire an XI, serait proposé le 4 ventose au Corps législatif; et le Premier Consul nomma MM. Portalis, Lacuée et Miot pour le présenter, et pour en soutenir la discussion dans la séance du 14 du même mois.

PRÉSENTATION AU CORPS LÉGISLATIF.

EXPOSÉ DES MOTIFS, PAR LE CONSEILLER D'ÉTAT PORTALIS.

(Séance du 4 ventose an XI. — 23 février 1803.)

Titre prélim. Législateurs, le projet de loi que je viens vous présenter, au nom du gouvernement, est relatif *à la publication, aux effets et à l'application des lois en général.*

Le moment est arrivé où votre sagesse va fixer la législation civile de la France. Il ne faut que de la violence pour détruire; il faut de la constance, du courage et des lumières pour édifier.

Nos travaux touchent à leur terme.

Le vœu des Français, celui de toutes nos assemblées nationales seront remplis. Jusqu'ici la diversité des coutumes formait, dans un même état, cent états différens. La loi, partout opposée à elle-même, divisait les citoyens au lieu de les unir. Cet ordre de choses ne saurait exister plus long-temps. Des hommes, qui, à la voix puissante de la patrie, et par un élan sublime et généreux, ont subitement renoncé à leurs privilèges et à leurs habitudes, pour reconnaître un intérêt commun, ont conquis le droit inappréciable de vivre sous une commune loi.

C'est dans le moment de cette grande et salutaire révolution dans nos lois, qu'il importe de proclamer quelques-unes de ces maximes fécondes, qui ont été consacrées par tous les peuples policés, et qui servent à diriger la marche de toute législation bien ordonnée. Ces maximes sont l'objet du projet de loi que je présente ; elles n'appartiennent à aucun Code particulier ; elles sont comme les prolégomènes de tous les Codes.

Mais il nous a paru que leur véritable place était en avant du Code civil, parce que cette espèce de Code est celle qui, plus que toute autre, embrasse l'universalité des choses et des personnes.

Publication des lois.

Dans un gouvernement, il est essentiel que les citoyens puissent connaître les lois sous lesquelles ils vivent et auxquelles ils doivent obéir.

De là, les formes établies chez toutes les nations pour la promulgation et la publication des lois.

On a cru devoir s'occuper de ces formes auxquelles l'exécution des lois se trouve nécessairement liée.

Il est sans doute une justice naturelle émanée de la raison seule, et cette justice, qui constitue pour ainsi dire le cœur humain, n'a pas besoin de promulgation. C'est une lumière qui éclaire tout homme venant en ce monde, et qui, du fond de la conscience, réfléchit sur toutes les actions de la vie.

Mais, faute de sanction, la justice naturelle qui dirige sans contraindre, serait vaine pour la plupart des hommes, si la raison ne se déployait avec l'appareil de la puissance pour unir les droits aux devoirs, pour substituer l'obligation à l'instinct, et appuyer, par les commandemens de l'autorité, les inspirations de la nature.

Quand on a la force de faire ce que l'on veut, il est difficile de ne pas croire qu'on en a le droit. On se résignerait peu à se soumettre à des gênes, si l'on pouvait avec impunité se livrer à ses penchans.

Ce que nous appelons le *droit naturel* ne suffisait donc pas : il fallait des commandemens ou des préceptes formels et coactifs.

On voit donc la différence qui existe entre une règle de morale et une loi d'état.

Or, ce sont les lois d'état qui ont besoin d'être promulguées pour devenir exécutoires : car ces sortes de lois, qui n'ont pas toujours existé, qui changent souvent, et qui ne peuvent tout embrasser, ont leur époque déterminée et leur objet particulier. On ne saurait être tenu de leur obéir sans les connaître.

Sous l'ancien régime, la loi était une volonté du prince.

Cette volonté était adressée aux cours souveraines, qui étaient chargées de la vérification et du dépôt des lois.

La loi n'était point exécutoire dans un ressort avant d'y avoir été vérifiée et enregistrée.

La vérification était un examen, une discussion de la loi nouvelle. Elle représentait la délibération qui est de l'essence de toutes les lois. L'enregistrement était la transcription sur le registre de la loi vérifiée.

Les cours pouvaient suspendre l'enregistrement d'une loi ou même le refuser; elles pouvaient modifier la loi en l'enregistrant, et dès-lors ces modifications faisaient partie de la loi même.

Une loi pouvait être refusée par une cour souveraine et acceptée par une autre ; elle pouvait être diversement modifiée par les diverses cours.

La législation marchait ainsi d'un pas chancelant, timide et incertain. Dans cette confusion et dans ce conflit de volontés différentes, il ne pouvait y avoir d'unité, de certitude ni de majesté dans les opérations du législateur. On ne savait jamais si l'état était régi par la volonté générale, ou s'il était livré à l'anarchie des volontés particulières.

Tout cela tenait à la Constitution d'alors.

La France, dans les temps qui ont précédé la révolution, présentait moins une nation particulière qu'un assemblage de nations diverses, successivement réunies ou conquises, distinctes par le climat, par le sol, par les priviléges, par les coutumes, par le droit civil, par le droit politique.

Le prince gouvernait ces différentes nations sous les titres différens de duc, de roi, de comte : il avait promis de maintenir chaque pays dans ses coutumes et dans ses franchises. On sent que, dans une pareille situation, c'était un prodige quand une même loi pouvait convenir à toutes les parties de l'empire. Une marche uniforme dans la législation était donc impossible.

S'il n'y avait point d'unité dans l'exercice du pouvoir législatif par rapport au fond même des lois, il ne pouvait y en avoir dans le mode de leur promulgation.

Chaque province de France formant un état à part, il fallait pour naturaliser une loi dans chaque province que cette loi y fût expressément acceptée et promulguée en vertu de cette acceptation.

Il fallait donc dans chaque province une promulgation particulière.

Dans certains ressorts, la loi était censée promulguée, et elle devenait exécutoire pour tous les habitans du pays, du jour qu'elle avait été enregistrée par le parlement de la province.

Dans d'autres ressorts, on ne regardait l'enregistrement dans les cours que comme le complément de la loi considérée en elle-même, et non comme sa promulgation ou sa publication. On jugeait que la formation de la loi était consommée par l'enregistrement; mais qu'elle n'était promulguée que par l'envoi aux sénéchaussées et bailliages, et qu'elle n'était exécutoire, dans chaque territoire, que du jour de la publication faite à l'audience par la sénéchaussée, ou par le bailliage de ce territoire.

Les choses changèrent sous l'assemblée constituante.

Un décret de cette assemblée, du 2 novembre 1790, porta qu'une loi était complète dès l'instant qu'elle avait été sanctionnée par le roi; que la transcription et la publication de la loi, faites par les corps administratifs et par les tribunaux, étaient toutes également de même valeur, et que la loi était obligatoire du moment où la publication en avait été faite, soit par le corps administratif, soit par le tribunal de l'arrondissement, sans qu'il fût nécessaire qu'elle eût été faite par tous les deux.

Le même décret voulait que la publication fût faite par lecture, placards et affiches.

La Convention ordonna l'impression d'un bulletin des lois, et l'envoi de ce bulletin à toutes les autorités constituées. Elle décida que, dans chaque lieu, la promulgation de la loi serait faite dans les vingt-quatre heures de la réception par une publication au son de trompe ou de tambour, et que la loi y deviendrait obligatoire à compter du jour de la promulgation. La même assemblée nationale, après avoir achevé la Constitution de l'an IV, et avant de se séparer, fit, le 12 vendémiaire, un nouveau décret sur la promulgation et la publication des lois. Par ce décret, elle supprima les publications à son de trompe ou au bruit du tambour. Elle conserva l'usage d'un bulletin officiel que le ministre de la justice fut chargé d'adresser aux présidens des administrations départementales et municipales, et aux divers fonctionnaires mentionnés dans le décret. Elle déclara que les lois et actes du Corps législatif obligeraient, dans l'étendue de chaque département, du jour auquel le bulletin officiel serait distribué au chef-lieu du département ; et que ce jour serait constaté par un registre où les administrateurs de chaque département certifieraient l'arrivée de chaque numéro.

L'envoi d'un bulletin officiel aux administrations et aux tribunaux est encore aujourd'hui le mode que l'on suit pour la promulgation et pour la publication des lois.

Dans le projet de Code civil, les rédacteurs se sont occupés de cet objet ; ils ont consacré le principe que les lois doivent être adressées aux autorités chargées de les exécuter ou de les appliquer.

Ils ont pensé que les lois dont l'application appartient aux tribunaux devraient être exécutoires dans chaque partie de la République du jour de leur publication par les tribunaux d'appel, et que les lois administratives devraient être exécutoires du jour de la publication faite par les corps administratifs.

Ils ont ajouté que les lois dont l'exécution et l'application appartiendraient à la fois aux tribunaux et à d'autres autorités, leur seraient respectivement adressées, et qu'elles seraient exécutoires, en ce qui est relatif à la compétence de chaque autorité, du jour de la publication par l'autorité compétente.

Les avantages et les inconvéniens des divers systèmes ont été balancés par le gouvernement, et il a su s'élever aux véritables principes.

Une loi peut être considérée sous deux rapports : 1° relativement à l'autorité dont elle est émanée, 2° relativement au peuple ou à la nation pour qui elle est faite.

Toute loi suppose un législateur.

Toute loi suppose encore un peuple qui l'observe et qui lui obéisse.

Entre la loi et le peuple pour qui elle est faite, il faut un moyen ou un lien de communication : car il est nécessaire que le peuple sache ou puisse savoir que la loi existe et qu'elle existe comme loi.

La promulgation est le moyen de constater l'existence de la loi auprès du peuple, et de lier le peuple à l'observation de la loi.

Avant la promulgation, la loi est parfaite relativement à l'autorité dont elle est l'ouvrage; mais elle n'est point encore obligatoire pour le peuple en faveur de qui le législateur dispose.

La promulgation ne fait pas la loi; mais l'exécution de la loi ne peut commencer qu'après la promulgation de la loi : *Non obligat lex, nisi promulgata.*

La promulgation est la vive voix du législateur.

En France, la forme de la promulgation est constitutionnelle : car la Constitution règle que les lois seront promulguées, et qu'elles le seront par le Premier Consul.

D'après la Constitution, et d'après les maximes du droit public universel, nous avons établi, dans le projet, que les lois seraient exécutoires en vertu de la promulgation faite par le Premier Consul. Si la voix de ce premier magistrat pouvait retentir à la fois dans tout l'univers français, toute précaution ultérieure deviendrait inutile. Mais la nature même des choses résiste à une telle supposition.

Il faut pourtant que la promulgation soit connue ou puisse l'être.

Il n'est certainement pas nécessaire d'atteindre chaque individu. La loi prend les hommes en masse. Elle parle, non à chaque particulier, mais au corps entier de la société.

Il suffit que les particuliers aient pu connaître la loi. C'est leur faute s'ils l'ignorent quand ils ont pu et dû la connaître, *idem est scire aut scire debuisse, aut potuisse.* L'ignorance du droit n'excuse pas.

La loi était autrefois un mystère jusqu'à sa formation.

Elle était préparée dans les conseils secrets du prince. Lors de la vérification qui en était faite par les cours, la discussion n'en était pas publique, tout était dérobé constamment à la curiosité des citoyens. La loi n'arrivait à la connaissance des citoyens que comme l'éclair qui sort du nuage.

Aujourd'hui il en est autrement. Toutes les discussions et toutes les délibérations se font avec solennité et en présence du public. Le législateur ne se cache jamais derrière un voile. On connaît ses pensées avant même qu'elles soient réduites en commandemens. Il prononce la loi au moment même où elle vient d'être formée, et il la prononce publiquement.

Un délai de dix jours précède la promulgation, et pendant ce délai, la loi circule dans toutes les parties de l'empire.

Elle est donc déjà publique avant d'être promulguée.

Cependant, comme ce n'est là qu'une publication de fait, nous avons cru devoir encore garantir cette publicité de droit qui produit l'obligation et qui force l'obéissance.

Après la promulgation, nous avons en conséquence ménagé de nouveaux délais pendant lesquels la loi promulguée dans le lieu où siége le gouvernement, peut être successivement parvenue jusqu'aux extrémités de la République.

On avait jeté l'idée d'un délai unique, d'un délai uniforme, après lequel la loi aurait été, dans le même instant, exécutoire partout.

Mais cette idée ne présentait qu'une fiction démentie par la réalité. Tout est successif dans la marche de la nature : tout doit l'être dans la marche de la loi.

Il eût été absurde et injuste que la loi fût sans exécution dans le lieu de sa promulgation et dans les contrées environnantes, parce qu'elle ne pouvait pas encore être connue dans les parties les plus éloignées du territoire national.

Personne n'est affligé de la dépendance des choses. On l'est de l'arbitraire de l'homme.

J'ajoute que de grands inconvéniens politiques auraient pu être la suite d'une institution aussi contraire à la justice qu'à la raison, et à l'ordre physique des choses.

Nous avons donc gradué les délais d'après les distances.

Le système du projet de loi fait disparaître tout ce que les différens systèmes admis jusqu'à ce jour offraient de vicieux.

Je ne parle point de ce qui se pratiquait sous l'ancien régime. Les institutions d'alors sont inconciliables avec les nôtres.

Mais j'observe que dans ce qui s'est pratiqué depuis la révolution, on avait trop subordonné l'exécution de la loi au fait de l'homme.

Partout on exigeait des lectures, des transcriptions de la loi ; et la loi n'était pas exécutoire avant ces transcriptions et ces lectures. A chaque instant, la négligence ou la mauvaise foi d'un officier public pouvaient paralyser la législation, au grand préjudice de l'État et des citoyens.

Les transcriptions et les lectures peuvent figurer comme moyens secondaires, comme précautions de secours.

Mais il ne faut pas que la loi soit abandonnée au caprice des hommes. Sa marche doit être assurée et imperturbable. Image de l'ordre éternel, elle doit, pour ainsi dire, se suffire à elle-même. Nous lui rendons toute son indépendance, en ne subordonnant son exécution qu'à des délais, à des précautions commandées par la nature même.

Le plan des rédacteurs du projet de Code joignait aux vices de tous les autres systèmes un vice de plus.

Dans ce plan, on distinguait les lois administratives d'avec les autres ; et, pour la publication, on faisait la part des tribunaux et celle des administrateurs.

Il fallait donc, avec un pareil plan, juger chaque loi, pour fixer l'autorité qui devait en faire la publication.

Cela eût entraîné des difficultés interminables, et des questions indiscrètes qui eussent pu compromettre la dignité des lois.

Le projet que je présente prévient tous les doutes, remplit tous les intérêts, et satisfait à toutes les convenances.

Effets rétroactifs.

Après avoir fixé l'époque à laquelle les lois deviennent exécutoires, nous nous sommes occupés des effets.

C'est un principe général que les lois n'ont point d'effet rétroactif.

A l'exemple de toutes nos assemblées nationales, nous avons proclamé ce principe.

Il est des vérités utiles qu'il ne suffit pas de publier une fois, mais qu'il faut publier toujours, et qui doivent sans cesse frapper l'oreille du magistrat, du juge, du législateur, parce qu'elles doivent constamment être présentes à leur esprit.

L'office des lois est de régler l'avenir. Le passé n'est plus en leur pouvoir.

Partout où la rétroactivité des lois serait admise, non seulement la sûreté n'existerait plus, mais son ombre même.

La loi naturelle n'est limitée ni par le temps, ni par les lieux, parce qu'elle est de tous les pays et de tous les siècles.

Mais les lois positives, qui sont l'ouvrage des hommes, n'existent pour nous que quand on les promulgue, et elles ne peuvent avoir d'effet que quand elles existent.

La liberté civile consiste dans le droit de faire ce que la loi ne prohibe pas. On regarde comme permis tout ce qui n'est pas défendu.

Que deviendrait donc la liberté civile, si le citoyen pouvait craindre qu'après coup il serait exposé au danger d'être recherché dans ses actions, ou troublé dans ses droits acquis, par une loi postérieure ?

Ne confondons pas les jugemens avec les lois. Il est de la nature des jugemens de régler le passé, parce qu'ils ne peuvent intervenir que sur des actions ouvertes, et sur des faits auxquels ils appliquent les lois existantes. Mais le passé ne saurait être du domaine des lois nouvelles, qui ne le régissaient pas.

Le pouvoir législatif est la toute-puissance humaine.

La loi établit, conserve, change, modifie, perfectionne. Elle détruit ce qui est ; elle crée ce qui n'est pas encore.

La tête d'un grand législateur est une espèce d'Olympe d'où partent ces idées vastes, ces conceptions heureuses qui président au bonheur des hommes et à la destinée des empires. Mais le pouvoir de la loi ne peut s'étendre sur des choses qui ne sont plus, et qui, par là même, sont hors de tout pouvoir.

L'homme, qui n'occupe qu'un point dans le temps comme dans l'espace, serait un être bien malheureux, s'il ne pouvait pas se croire en sûreté, même pour sa vie passée ! pour cette portion de son existence, n'a-t-il pas déjà porté tout le poids de sa destinée ? Le passé peut laisser des regrets ; mais il termine toutes les incertitudes. Dans l'ordre de la nature, il n'y a d'incertain que l'avenir, et encore l'incertitude est alors adoucie par l'espérance, cette compagne fidèle de notre faiblesse. Ce serait empirer la triste condition de l'humanité, que de vouloir changer, par le système de la législation, le système de la nature, et de chercher, pour un temps qui n'est plus, à faire revivre nos craintes, sans pouvoir nous rendre nos espérances.

Loin de nous l'idée de ces lois à deux faces, qui, ayant sans cesse un œil sur le passé, et l'autre sur l'avenir, dessécheraient la source de la confiance, et deviendraient un principe éternel d'injustice, de bouleversement et de désordre.

Pourquoi, dira-t-on, laisser impunis des abus qui existaient avant la loi que l'on promulgue pour les réprimer? Parce qu'il ne faut pas que le remède soit pire que le mal. Toute loi naît d'un abus. Il n'y aurait donc point de loi qui ne dût être rétroactive. Il ne faut point exiger que les hommes soient avant la loi ce qu'ils ne doivent devenir que par elle.

Lois de police et de sûreté.

Toutes les lois, quoique émanées du même pouvoir, n'ont point le même caractère, et ne sauraient conséquemment avoir la même étendue dans leur application, c'est-à-dire les mêmes effets; il a donc fallu les distinguer.

Il est des lois, par exemple, sans lesquelles un état ne pourrait subsister. Ces lois sont toutes celles qui maintiennent la police de l'État, et qui veillent à sa sûreté.

Nous déclarons que des lois de cette importance obligent indistinctement tous ceux qui habitent le territoire.

Il ne peut, à cet égard, exister aucune différence entre les citoyens et les étrangers.

Un étranger devient le sujet casuel de la loi du pays dans lequel il passe, ou dans lequel il réside. Dans le cours de son voyage, ou pendant le temps plus ou moins long de sa résidence, il est protégé par cette loi : il doit donc la respecter à son tour. L'hospitalité qu'on lui donne appelle et force sa reconnaissance.

D'autre part, chaque état a le droit de veiller à sa conservation; et c'est dans ce droit que réside la souveraineté. Or, comment un état pourrait-il se conserver et se maintenir, s'il existait dans son sein des hommes qui pussent impunément enfreindre sa police et troubler sa tranquillité? Le pouvoir souverain ne pourrait remplir la fin pour laquelle il est établi, si des hommes étrangers ou nationaux étaient indépendans de ce pouvoir. Il ne peut être limité, ni quant aux choses, ni quant aux personnes. Il n'est rien s'il n'est tout. La qualité d'étranger ne saurait être une exception légitime pour celui qui s'en prévaut contre la puissance publique qui régit le pays dans lequel il réside. Habiter le territoire, c'est se soumettre à la souveraineté. Tel est le droit politique de toutes les nations.

A ne consulter même que le droit naturel, tout homme peut repousser la violence par la force. Comment donc ce droit, qui compète à tout individu, serait-il refusé aux grandes sociétés contre un étranger qui troublerait l'ordre de ces sociétés? Des millions d'hommes réunis en corps d'état seraient-ils dépouillés du droit de la défense naturelle, tandis qu'un pareil droit est sacré dans la personne du moindre individu?

Aussi, chez toutes les nations, les étrangers qui délinquent sont traduits devant les tribunaux du pays.

Nous ne parlons pas des ambassadeurs; ce qui les concerne est réglé par le droit des gens et par les traités.

Lois personnelles.

S'agit-il des lois ordinaires? On a toujours distingué celles qui sont relatives à l'état et à la capacité des personnes, d'avec celles qui règlent la disposition des biens. Les premières sont appelées *personnelles*, et les secondes *réelles*.

Les lois personnelles suivent la personne partout. Ainsi la loi française, avec des yeux de mère, suit les Français jusque dans les régions les plus éloignées; elle les suit jusqu'aux extrémités du globe.

La qualité de Français, comme celle d'étranger, est l'ouvrage de la nature ou celui de la loi. On est Français par la nature, quand on l'est par sa naissance, par son origine. On l'est par la loi, quand on le devient en remplissant toutes les conditions que la loi prescrit pour effacer les vices de la naissance ou de l'origine.

Mais il suffit d'être Français pour être régi par la loi française, dans tout ce qui concerne l'état de la personne.

Un Français ne peut faire fraude aux lois de son pays pour aller contracter mariage en pays étrangers sans le consentement de ses père et mère, avant l'âge de vingt-cinq ans. Nous citons cet exemple entre mille autres pareils, pour donner une idée de l'étendue et de la force des lois personnelles.

Les différens peuples, depuis les progrès du commerce et de la civilisation, ont plus de rapport entre eux qu'ils n'en avaient autrefois. L'histoire du commerce est l'histoire de la communication des hommes. Il est donc plus important qu'il ne l'a jamais été de fixer la maxime que, dans tout ce qui regarde l'état et la capacité de la personne, le Français, quelque part qu'il soit, continue d'être régi par la loi française.

Lois réelles.

Les lois qui règlent la disposition des biens sont appelées réelles : ces lois régissent les immeubles, lors même qu'ils sont possédés par des étrangers.

Ce principe dérive de ce que les publicistes appellent *le domaine éminent du souverain.*

Point de méprise sur les mots *domaine éminent*; ce serait une erreur d'en conclure que chaque état a un droit universel de propriété sur tous les biens de son territoire.

Les mots *domaine éminent* n'expriment que le droit qu'a la puissance publique de régler la disposition des biens par des lois civiles, de lever sur ces biens des impôts proportionnés aux besoins publics, et de disposer de ces mêmes biens pour quelque objet d'utilité publique, en indemnisant les particuliers qui les possèdent.

Au citoyen appartient la propriété, et au souverain l'empire. Telle est la maxime de tous les pays et de tous les temps ; mais les propriétés particulières des citoyens, réunies et contiguës, forment le territoire public d'un état ; et, relativement aux nations étrangères, ce territoire forme un seul tout, qui est sous l'empire du souverain ou de l'État. La souveraineté est un droit à la fois réel et personnel. Conséquemment, aucune partie du territoire ne peut être soustraite à l'administration du souverain, comme aucune personne habitant le territoire ne peut être soustraite à sa surveillance ni à son autorité.

La souveraineté est indivisible. Elle cesserait de l'être, si les portions d'un même territoire pouvaient être régies par des lois qui n'émaneraient pas du même souverain.

Il est donc de l'essence même des choses, que les immeubles, dont l'ensemble forme le territoire public d'un peuple, soient exclusivement régis par les lois de ce peuple, quoiqu'une partie de ces immeubles puisse être possédée par des étrangers.

Règles pour les juges.

4 Il ne suffisait pas de parler des effets principaux des lois, il fallait encore présenter aux juges quelques règles d'application.

La justice est la première dette de la souveraineté ; c'est pour acquitter cette dette sacrée que les tribunaux sont établis.

Mais les tribunaux ne rempliraient pas le but de leur établissement, si, sous prétexte du silence, de l'obscurité ou de l'insuffisance de la loi, ils refusaient de juger. Il y avait des juges avant qu'il y eût des lois, et les lois ne peuvent prévoir tous les cas qui peuvent s'offrir aux juges. L'administration de la justice serait donc perpétuellement interrompue, si un juge s'abstenait de juger toutes les fois que la contestation qui lui est soumise n'a pas été prévue par une loi ?

L'office des lois est de statuer sur les cas qui arrivent le plus fréquemment. Les accidens, les cas fortuits, les cas extraordinaires, ne sauraient être la matière d'une loi.

Dans les choses même qui méritent de fixer la sollicitude du législateur, il est impossible de tout fixer par des règles précises. C'est une sage prévoyance de penser qu'on ne peut tout prévoir.

De plus, on peut prévoir une loi à faire sans croire devoir la précipiter. Les lois doivent être préparées avec une sage lenteur. Les états ne meurent pas, et il n'est pas expédient de faire tous les jours de nouvelles lois.

Il est donc nécessairement une foule de circonstances dans lesquelles un juge se trouve sans loi. Il faut donc laisser alors au juge la faculté de suppléer à la loi par les lumières naturelles de la droiture et du bon sens. Rien ne serait plus puéril que de vouloir prendre des précautions suffisantes pour qu'un juge n'eût jamais qu'un texte précis à appliquer. Pour prévenir les jugemens arbitraires, on exposerait la société à mille jugemens iniques, et, ce qui est pis, on l'exposerait à ne pouvoir plus se faire rendre justice; et avec la folle idée de décider tous les cas, on ferait de la législation un dédale immense, dans lequel la mémoire et la raison se perdraient également.

Quand la loi se tait, la raison naturelle parle encore : si la prévoyance des législateurs est limitée, la nature est infinie : elle s'applique à tout ce qui peut intéresser les hommes : pourquoi voudrait-on méconnaître les ressources qu'elle nous offre?

Nous raisonnons comme si les législateurs étaient des dieux, et comme si les juges n'étaient pas même des hommes.

De tous les temps on a dit que l'équité était le supplément des lois. Or, qu'ont voulu dire les jurisconsultes romains, quand ils ont ainsi parlé de l'*équité?*

Le mot *équité* est susceptible de diverses acceptions.

Quelquefois il ne désigne que la volonté constante d'être juste, et dans ce sens il n'exprime qu'une vertu. Dans d'autres occasions, le mot *équité* désigne une certaine aptitude ou disposition d'esprit qui distingue le juge éclairé de celui qui ne l'est pas, ou qui l'est moins. Alors l'*équité* n'est, dans le magistrat, que le coup-d'œil d'une raison exercée par l'observation, et dirigée par l'expérience. Mais tout cela n'est relatif qu'à l'équité morale, et non à cette équité judiciaire dont les jurisconsultes romains se sont occupés, et qui peut être définie un retour à la loi naturelle, dans le silence, l'obscurité ou l'insuffisance des lois positives.

C'est cette *équité* qui est le vrai supplément de la législation, et sans laquelle le ministère du juge, dans le plus grand nombre des cas, deviendrait impossible.

Car il est rare qu'il naisse des contestations sur l'application d'un texte précis. C'est toujours parce que la loi est obscure ou insuffisante, ou même parce qu'elle se tait, qu'il y a matière à litige. Il faut donc que le juge ne s'arrête jamais. Une question de propriété ne peut demeurer indécise. Le pouvoir de juger n'est pas toujours dirigé dans son exercice par des préceptes formels. Il l'est par des maximes, par des usages, par des exemples, par la doctrine. Aussi le vertueux chancelier *d'Aguesseau* disait très-bien que le temple de la justice n'était pas moins consacré à la science qu'aux lois, et que la véritable doctrine, qui consiste dans la connaissance de l'esprit des lois, est supérieure à la connaissance des lois mêmes.

Pour que les affaires de la société puissent marcher, il faut donc que le juge ait le droit d'interpréter les lois et d'y suppléer. Il ne peut y avoir d'exception à ces règles que pour les matières criminelles : et encore, dans ces matières, le juge choisit le parti le plus doux, si la loi est obscure ou insuffisante, et il absout l'accusé, si la loi se tait sur le crime.

Mais en laissant à l'exercice du ministère du juge toute la latitude convenable, nous lui rappelons les bornes qui dérivent de la nature même de son pouvoir.

Un juge est associé à l'esprit de législation : mais il ne saurait partager le pouvoir législatif. Une loi est un acte de souveraineté, une décision n'est qu'un acte de juridiction ou de magistrature.

Or, le juge deviendrait législateur, s'il pouvait, par des réglemens, statuer sur les questions qui s'offrent à son tribunal. Un jugement ne lie que les parties entre lesquelles il intervient. Un réglement lierait tous les justiciables et le tribunal lui-même.

Il y aurait bientôt autant de législations que de ressorts.

Un tribunal n'est pas dans une région assez haute pour délibérer des réglemens et des lois. Il serait circonscrit dans ses vues comme il l'est dans son territoire; et ses méprises ou ses erreurs pourraient être funestes au bien public.

L'esprit de judicature, qui est toujours appliqué à des détails, et qui ne prononce que sur des intérêts particuliers, ne pourrait souvent s'accorder avec l'esprit du législateur, qui voit les choses plus généralement et d'une manière plus étendue et plus vaste.

Au surplus, les pouvoirs sont réglés; aucun ne doit franchir ses limites.

Conventions contraires à l'ordre public et aux bonnes mœurs.

Le dernier article du projet de loi porte qu'on ne peut déroger, par des conventions particulières, aux lois qui intéressent l'ordre public et les bonnes mœurs. Ce n'est que pour maintenir l'ordre public, qu'il y a des gouvernemens et des lois.

Il est donc impossible qu'on autorise entre les citoyens

des conventions capables d'altérer ou de compromettre l'ordre public.

Des jurisconsultes ont poussé le délire jusqu'à croire que des particuliers pouvaient traiter entre eux comme s'ils vivaient dans ce qu'ils appellent l'état de nature, et consentir tel contrat qui peut convenir à leurs intérêts, comme s'ils n'étaient gênés par aucune loi. De tels contrats, disent-ils, ne peuvent être protégés par des lois qu'ils offensent; mais comme la bonne foi doit être gardée entre des parties qui se sont engagées réciproquement, il faudrait obliger la partie qui refuse d'exécuter le pacte à fournir par équivalent ce que les lois ne permettaient pas d'exécuter en nature.

Toutes ces dangereuses doctrines, fondées sur des subtilités, et éversives des maximes fondamentales, doivent disparaître devant la sainteté des lois.

Le maintien de l'ordre public dans une société, est la loi suprême. Protéger des conventions contre cette loi, ce serait placer des volontés particulières au-dessus de la volonté générale, ce serait dissoudre l'État.

Quant aux conventions contraires aux bonnes mœurs, elles sont proscrites chez toutes les nations policées. Les bonnes mœurs peuvent suppléer les bonnes lois : elles sont le véritable ciment de l'édifice social. Tout ce qui les offense, offense la nature et les lois. Si on pouvait les blesser par des conventions, bientôt l'honnêteté publique ne serait plus qu'un vain nom, et toutes les idées d'honneur, de vertu, de justice, seraient remplacées par les lâches combinaisons de l'intérêt personnel, et par les calculs du vice.

Tel est le projet de loi qui est soumis à votre sanction. Il n'offre aucune de ces matières problématiques qui peuvent prêter à l'esprit de système. Il rappelle toutes les grandes maximes des gouvernemens : il les fixe, il les consacre. C'est à vous, citoyens législateurs, à les décréter par vos suffrages. Chaque loi nouvelle qui tend à promulguer des vérités utiles affermit la prospérité de l'État et ajoute à votre gloire.

Le Corps législatif arrêta que le projet présenté par les orateurs du gouvernement serait transmis au Tribunat par un message. La communication se fit le 5 ventose an XI, et la section de législation fut chargée de l'examiner.

COMMUNICATION OFFICIELLE AU TRIBUNAT.

RAPPORT FAIT AU NOM DE LA SECTION DE LÉGISLATION,
PAR LE TRIBUN GRENIER.

(Séance du 9 ventose an XI. — 28 février 1803.)

Tribuns, le projet du titre préliminaire du Code civil est présenté à votre discussion.

Vous en avez renvoyé l'examen à votre section de législation. Je viens, en son nom, vous soumettre les idées qu'elle s'en est formées.

Ce Code est l'analyse des méditations des savans jurisconsultes, des tribunaux et des hommes de génie, qui, saisissant l'ensemble des rapports des citoyens entre eux et avec les choses, ont composé un faisceau de règles dont l'observation deviendra la morale universelle, consolidera les fortunes particulières, et stabilisera la prospérité publique.

Le titre préliminaire comprend peu d'articles; mais il n'en est pas moins important. Déterminer le mode de publication des lois, régler l'instant où elles obligent chaque citoyen, fixer le point de vue sous lequel elles doivent être considérées quant à leurs effets et à leur application : tel est le but de ce titre.

Ces articles sont autant de dispositions générales qui ont un point de contact avec toutes les lois. Leur application dépend, sous un rapport essentiel, de ces dispositions, comme d'un régulateur général ; et si elles s'écartaient, en quelques points, des vérités immuables qui doivent être les principes fondamentaux et préliminaires de toute législation, il est aisé de sentir combien les conséquences en seraient funestes.

L'article 1er est ainsi conçu :

« Les lois sont exécutoires dans tout le territoire fran-
« çais, en vertu de la promulgation qui en est faite par le
« Premier Consul.

« Elles seront exécutées dans chaque partie de la Répu-
« blique, du moment où la promulgation en pourra être
« connue.

« La promulgation faite par le Premier Consul sera ré-
« putée connue dans le département où siégera le gouver-
« nement, un jour après celui de la promulgation ; et,
« dans chacun des autres départemens, après l'expiration
« du même délai, augmenté d'autant de jours qu'il y aura
« de fois dix myriamètres (environ vingt lieues) entre la
« ville où la promulgation en aura été faite, et le chef-lieu
« de chaque département. »

Le premier paragraphe de cet article n'a rien présenté à la section de contraire à la Constitution, ni à la dignité de la loi.

Ce n'est pas de la promulgation que la loi tient son existence ; elle a existé auparavant. Mais il ne suffit pas qu'elle existe, il faut qu'il y en ait une preuve authentique ; et c'est cette preuve qui sort de la promulgation.

C'est seulement cette promulgation qui atteste au corps social l'existence de l'acte qui constitue la loi, et que cet acte est revêtu de toutes les formes constitutionnelles. Alors seulement la loi paraît armée de toute sa force, et commande l'obéissance pour l'instant où elle sera connue.

S'il est donc vrai que la loi ne reçoive tous ces caractères que par la promulgation, on a pu dire que *les lois sont exécutoires dans tout le territoire français en vertu de la promulgation qui en est faite par le Premier Consul.* Il serait bien difficile de saisir une différence réelle entre ces expressions *en vertu de la promulgation de la loi,* et celles-ci *après*, ou *d'après la promulgation.*

Relativement aux deux autres paragraphes de l'article, avant de les examiner, il est à propos de rappeler un principe élémentaire en ce qui concerne l'exécution ou l'obligation de la loi.

C'est qu'en même temps que tous les législateurs ont consacré le principe que la loi ne pouvait obliger sans qu'elle fût connue, ils ont senti l'impossibilité de se procurer la certitude que chaque particulier eût eu réellement cette connaissance. On ne pouvait la notifier à chaque individu; et c'eût été rendre la loi illusoire que de laisser à chaque membre de la société la faculté de s'y soustraire, en alléguant qu'il l'avait ignorée.

En conséquence, tous les législateurs ont établi une présomption de droit, équivalente à une certitude, que la loi a été connue de tous, après l'observation des formes admises pour sa publication. Un individu qui ignore la loi doit s'imputer d'avoir négligé les moyens de la connaître.

Il y a sans doute bien moins d'inconvénient à ce qu'un citoyen soit lié par une loi qu'il n'a pas connue, lorsque tous les moyens de publicité ont été pris, qu'à laisser la société sans loi; ou, ce qui est la même chose, lui donner des lois que chacun pourrait violer impunément, sous prétexte d'ignorance.

C'est avec un grand sens que *Domat,* dont l'ouvrage est le recueil des principes les plus sûrs en matière de législation civile, s'est expliqué sur la nécessité qu'il y a que les lois soient connues pour qu'elles obligent. « Toutes les rè-
« gles, dit-il, doivent être ou connues, ou tellement ex-

« posées à la connaissance de tout le monde, que personne
« ne puisse impunément y contrevenir sous prétexte de les
« ignorer.

« Ainsi, les règles naturelles étant des vérités immuables
« dont la connaissance est essentielle à la raison, on ne
« peut dire qu'on les ait ignorées, comme on ne peut dire
« qu'on ait manqué de la raison qui les fait connaître.

« Mais les lois arbitraires n'ont leur effet qu'après que le
« législateur *a fait tout ce qui est possible* pour les faire con-
« naître ; ce qui se fait par les voies qui sont en usage pour
« la publication de ces sortes de lois ; et, après qu'elles
« sont publiées, *on les tient pour connues à tout le monde*, et
« elles obligent autant ceux *qui prétendaient les ignorer, que*
« *ceux qui les savent* (a). »

Le législateur ferait donc des efforts impuissans, quels
qu'ils fussent, s'il cherchait le moyen d'attester de fait
que chaque individu a eu les oreilles frappées de la loi.

Ne la rendre obligatoire qu'à une époque où l'on puisse
avoir une juste présomption qu'elle est généralement connue ; mesurer le temps dans lequel elle doit l'être, de manière qu'on ne puisse, entre sa promulgation et son exécution, pratiquer des fraudes pour l'éluder ; mais surtout faire
en sorte que la loi détermine, d'après des règles fixes,
l'époque de sa mise en action sur les différens points qu'elle
régit, en raison des distances, sans que cette mise en action dépende du plus ou moins d'exactitude des différentes
autorités locales : telle est, citoyens tribuns, la tâche du
législateur en cette matière.

Examinons donc quel est celui des systèmes proposés
jusqu'à présent, dont on puisse le plus raisonnablement
espérer tous ces avantages.

On peut les réduire à trois.

1°. La publication opérée uniformément sur tous les

(a) Les lois civiles, tit. I, art. 9.

points de la République, et au même instant, par le laps d'un délai quelconque, à compter de la promulgation faite par le Premier Consul.

2°. Le mode de publication opérée de droit, mais progressivement sur les différens points de la République, à raison des distances, en partant toujours de la promulgation, qui est celui proposé par le projet de loi.

3°. La publication matérielle, si on peut s'exprimer ainsi, qui aurait lieu par la lecture de la loi aux audiences des tribunaux, et par la transcription sur les registres.

Comparons d'abord les avantages et les inconvéniens des deux premiers modes. Les réflexions qui sortiront naturellement de ce parallèle feront aisément juger que l'un ou l'autre de ces deux premiers doit être nécessairement adopté.

Le système de l'action de la loi, au même moment, sur tous les points de la République, a séduit de très-bons esprits.

Rappelons en substance les raisons sur lesquelles on le fonde.

On a dit que l'uniformité du délai est simple à concevoir et facile à retenir;

Qu'elle dispense d'étudier le tarif que nécessite le mode progressif;

Qu'il y a, à la vérité, un inconvénient, en ce que l'exécution de la loi serait quelquefois trop retardée; car on convient qu'il doit toujours y avoir, à compter de la promulgation, un délai suffisant pour que la loi puisse être connue du point central à l'extrémité de chacun des rayons; mais qu'on pourrait y remédier en faisant dire par la loi qu'elle pourrait, selon les cas, fixer l'époque de son exécution avant le délai ordinaire;

Qu'au surplus, cet inconvénient ne porterait point sur les lois facultatives et sur celles qui agissent indépendamment de la volonté de l'homme, comme sur celles qui réglent les successions. Le retard du moment où elles deviennent obligatoires ne blesse que l'intérêt particulier, et non l'intérêt général ;

Que cet inconvénient, s'il avait quelque consistance, serait racheté par tant d'autres avantages ;

Que l'intérêt général veut que l'exécution de la loi commence à la même époque dans toutes les parties du pays pour lequel elle est faite ;

Que là où les hommes sont égaux en droits, ils doivent tous être soumis, au même moment, à l'empire de la loi, quelle qu'elle soit, rigoureuse ou favorable ;

Qu'en Angleterre, et dans toutes les parties de l'Amérique, on ne s'est jamais écarté de ce principe ;

Qu'il serait étrange que, le même jour et au même moment, la peine de mort se trouvât abolie pour une partie de la France, et subsistât pour l'autre : ce qui arriverait avec le délai successif.

Enfin, on suppose qu'un fait, qui jusqu'alors n'aurait point été compris dans la classe des crimes, fût qualifié tel par une nouvelle loi : quel serait l'effet du délai successif? Le même acte, commis le même jour, peut-être à la même heure, dans deux endroits différens, et séparés seulement par une rivière ou par un chemin, offrirait d'un côté du chemin ou de la rivière un crime à punir, et de l'autre un simple délit, susceptible d'une bien moindre peine. D'où cela proviendrait-il ? Uniquement de ce que ces deux côtés appartiendraient à deux points différens de l'échelle de progression.

Je vais exposer les réponses dont la section a cru que ces objections étaient susceptibles, et il en sortira tous les avantages que présente le mode progressif.

Si la loi ne peut être obligatoire avant qu'elle soit connue, il est également certain qu'elle doit être obligatoire dès l'instant qu'elle l'est. Son action ne peut être suspendue : on croit que ce sont là deux principes constans.

Or, l'idée de rendre la loi obligatoire, au même moment, sur tous les points de la République, attaque de front ces deux principes.

Ce système suppose, en effet, que la loi est connue partout au même instant; mais cela n'est point, et il n'y en a pas de possibilité.

Qu'on remarque ensuite l'inconvénient majeur qui résulte de la longueur du délai qui s'écoulera depuis la promulgation jusqu'au moment où la loi deviendra obligatoire!

Ce délai devrait être en proportion de la distance du lieu où serait promulguée la loi, jusqu'à l'extrémité du plus long des rayons : ou, ce qui est de même, en proportion du temps qu'il faudrait pour qu'on pût présumer que la connaissance de la loi est parvenue à cette extrémité. Ce délai ne pourrait être moindre de quinze jours; ce qui, avec les dix jours qui s'écouleraient entre l'émission de la loi et sa promulgation, emporterait vingt-cinq jours. Et l'on voudrait que pendant ce temps la loi fût sans action, quoique connue? Cette mesure serait non seulement trop peu conforme à la dignité de la loi, mais encore ce serait inviter à l'éluder en tolérant des fraudes que l'on n'a que trop à craindre de la cupidité.

Cet inconvénient a été si bien senti par ceux qui ont conçu l'idée de donner à la loi son action, au même moment, sur tous les points de la République, qu'ils ont été forcés de dire que l'on pourrait y remédier en voulant qu'elle pût, selon les cas, fixer l'époque de son exécution avant le délai ordinaire; aveu qui, seul, fait absolument crouler le système.

On ne saurait voir que l'intérêt général exige l'action de la loi, à la même époque, sur toutes les parties de la République, et qu'en agissant autrement, ce soit violer le principe de l'égalité en droits.

Le mode progressif et raisonnablement calculé sur les

distances, est plus dans l'égalité que le mode uniforme. Soit que la loi soit favorable, soit qu'elle soit rigoureuse, les citoyens doivent en ressentir les effets ou plus tôt ou plus tard, selon qu'ils sont réputés la connaître ou l'ignorer. Nous devons tous demeurer paisiblement dans la position, soit physique, soit politique, où nous ont placés la nature ou l'ordre social. La différence des époques de l'exécution des lois, selon les distances, est fondée sur une vérité immuable qui doit faire la base de la présomption de droit, à laquelle les législateurs ont toujours été obligés de recourir en cette matière. Toute présomption, toute fiction établie par la loi, doit se rapprocher, autant que possible, de la nature; et cela est si vrai, qu'on ne concevrait pas une présomption de droit, si elle était évidemment contraire à la vérité.

Par là disparaissent tous les autres inconvéniens qu'on a déjà relevés.

Ce ne sont même pas des inconvéniens, ce sont des suites naturelles d'une exacte distribution de la justice selon les différences de position, qu'il ne dépend pas du législateur de changer pour l'intérêt de quelques-uns au détriment de certains autres.

D'ailleurs, ces prétendus inconvéniens peuvent également se rencontrer dans le système de l'action de la loi, au même moment, dans toute la République.

Faisons en effet une autre hypothèse que celle qui a déjà été proposée, et supposons qu'au moment où serait émise une loi qui abolirait la peine de mort, un particulier vînt à être définitivement condamné à subir cette peine par un tribunal de Paris. La loi serait bien connue de fait; mais n'étant pas promulguée, elle ne serait point connue de droit. Pourrait-on suspendre l'exécution, et attendre le délai nécessaire pour qu'elle fût connue aux extrémités de la République, comme, par exemple, à Perpignan?

Voilà une difficulté, et cela prouve que, lorsqu'il s'agit

de donner des lois, il ne faut point s'arrêter aux cas particuliers; qu'on doit considérer ce qui arrive dans le cours ordinaire des choses.

On ne peut d'ailleurs attirer les regards sur les cas particuliers dont on a déjà parlé, qu'en supposant qu'il y aurait une émission habituelle de lois qui y donnerait lieu.

Mais cette crainte est chimérique. On ne doit pas s'y attendre, après la promulgation du Code civil et des lois sur les matières les plus importantes qui le suivront de près, et surtout lorsque le retour à l'ordre fait de toutes parts des progrès aussi rapides.

Enfin, l'exemple des deux peuples que l'on a cités ne prouve rien pour l'un des systèmes contre l'autre.

En effet, ils n'admettent aucun délai après la promulgation ou ce qui en tient lieu. Ils ont pensé que la publicité des débats et de leurs résultats suffisait pour que personne ne pût raisonnablement alléguer la cause d'ignorance de la loi, après qu'elle avait reçu le sceau de l'authenticité.

On ne voudrait pas aller sans doute jusqu'à proposer, et personne n'a proposé en effet, pour la France, un tel usage, qui peut être justifié, pour les états où il est suivi, à raison des mœurs, des habitudes et de l'étendue du territoire, en sorte que toute discussion à cet égard serait superflue. Il suffit de dire que la citation était inutile.

Venons actuellement au troisième mode de publication, qui résulterait de l'envoi des lois aux tribunaux, et de la transcription sur leurs registres.

Il est impossible de ne pas être frappé d'abord de l'inconvénient qu'il présente, en ce qu'il fait dépendre l'application de la loi de la volonté de l'homme; le plus ou le moins de zèle de la part d'un agent peut en avancer ou en retarder l'exécution.

Sous la monarchie, la connaissance de la loi se transmettait par l'intermédiaire des tribunaux; ce mode tenait à la forme constitutionnelle. L'enregistrement des cours souveraines, qui avaient droit de remontrances, était nécessaire pour le complément de la loi, et il eût été difficile de changer cet ordre de choses, parce qu'il y avait des stipulations particulières qui avaient assuré à plusieurs provinces ajoutées à la monarchie le droit d'y faire vérifier par leurs tribunaux les lois qui y seraient envoyées, suivant ce qui se pratiquait en France depuis des siècles.

Cet usage pouvait encore être justifié par la diversité des coutumes et des intérêts des provinces, diversité qui donnait souvent lieu à des lois particulières pour le ressort de certains parlemens.

Enfin, ce système conduirait peut-être à la nécessité de distinguer les lois selon l'ordre des matières qui en seraient l'objet, et de les envoyer distributivement aux autorités compétentes, judiciaires ou administratives : ce qui présente au premier abord une foule d'entraves qui ont été généralement prévues.

Mais quand ce mode présenterait moins de difficulté, pourquoi le choisirait-on de préférence, lorsqu'il peut être remplacé plus utilement, et avec des formes propres à consacrer, pour ainsi dire, notre régénération politique ?

Ce fut seulement sous les empereurs romains que s'introduisit l'usage d'adresser les lois aux préteurs, aux questeurs, ou à d'autres magistrats, selon que les objets des lois étaient de leur compétence, avec injonction de prendre les mesures convenables pour les faire connaître (a).

Mais du temps de la République, les provinces qui avaient eu le droit de bourgeoisie et de suffrages, apprenaient ce qui se passait sur le *Forum* bien plus promptement que ce qui serait arrivé plus près d'eux; et en France la renommée transmet les événemens de la capitale aux extrémités, avec une rapidité qui, sous le rapport de la connaissance morale de la loi, rend inutiles une lecture ou une transcrip-

---

(a) Voyez les formules du savant président Brisson, p. 152, 324, 362 et 366, édit. de 1583.

tion faites, souvent obscurément, dans l'enceinte de l'auditoire d'un tribunal bien moins éloigné.

C'est donc avec raison qu'on a dit, dans les motifs, que les précautions prises, pour cet objet, dans une monarchie où les lois étaient mûries et rédigées dans le silence du cabinet, ne conviennent plus à un peuple libre qui prend part aux lois, ou par lui-même ou par ses représentans, où la publicité des délibérations, les relations journalières et la circulation des journaux, transmettaient aussi rapidement la connaissance des lois.

L'envoi des lois doit sans doute être fait aux tribunaux, et il est toujours à désirer qu'il soit prompt et sûr.

Mais ce qui tient à la lecture et à l'application du texte authentique de la loi, à sa conservation, est étranger aux effets qu'on doit attribuer à sa notoriété, sous le rapport de son caractère obligatoire respectivement aux citoyens.

Après avoir balancé les avantages et les inconvéniens, la section s'est décidée pour le mode proposé par le projet de loi.

Ce mode est l'image même de la vérité et de la nature. Il fait rendre la loi obligatoire pour chaque citoyen au moment où il est présumé la connaître. Il fait sur chaque station l'office d'un courrier qui l'y porterait. C'est toujours la loi qui agit, soit qu'elle s'annonce, soit qu'elle ordonne. Nul secours humain ne devient nécessaire. Chaque individu, au moyen d'un tarif des distances, fondé sur un ordre de choses invariable, et indépendant de la volonté des hommes, pourra savoir par lui-même le jour auquel il aura été lié par la loi. L'idée est aussi ingénieuse qu'utile; elle nous dispense d'envier, sur ce point, les usages des autres nations.

L'article 2 est ainsi conçu : « La loi ne dispose que pour « l'avenir; elle n'a point d'effet rétroactif. »

C'est là une règle éternelle, qui, quand elle ne serait écrite dans aucune loi, serait gravée dans tous les cœurs.

Pourquoi ne la placerait-on pas en tête du livre des lois, puisqu'elle a trait particulièrement à leur application ?

Elle peut être considérée comme un précepte de morale; mais c'est la morale de la législation.

Aussi la trouve-t-on dans tous les Codes. Toujours on a voulu la rendre présente à l'esprit des juges, et il n'est pas un jurisconsulte qui n'ait dans sa mémoire les termes de la loi romaine : *Leges et constitutiones futuris certum est dare formam negotiis, non ad facta præterita revocari* (a).

On ne peut avoir oublié les rétroactivités dont plusieurs lois furent entachées au milieu des orages politiques toujours inséparables des grandes révolutions. Ils ne sont pas éloignés les temps où, au retour du calme, les législateurs se sont empressés de les faire disparaître, et il faut convenir qu'après une expérience aussi récente, on serait dans une position désavantageuse, si on voulait s'opposer à ce qu'on gravât sur le frontispice du Code civil une maxime qui garantit le repos des familles.

Art. 3. « Les lois de police et de sûreté obligent tous ceux
« qui habitent le territoire.

« Les immeubles, même ceux possédés par les étrangers,
« sont régis par la loi française.

« Les lois concernant l'état et la capacité des personnes,
« régissent les Français, même résidant en pays étrangers. »

Voilà autant de principes enseignés par tous les publicistes, généralement admis chez les nations civilisées, et sans lesquels il serait impossible d'organiser un ordre social. Ils sont exposés avec autant de précision que de vérité.

Toute société doit vouloir, pour sa conservation, que tout individu quelconque qui est dans son sein soit sujet à ses réglemens de police.

Cette règle est susceptible de modifications relativement aux personnes revêtues d'un caractère représentatif : mais ces modifications doivent être l'objet de traités ou de sti-

(a) *Lex.* 7, au cod. *De Legibus.*

pulations entre les États. Il ne peut être ici question que de la règle générale.

Que les immeubles suivent la loi du territoire sur lequel ils sont situés, cela est incontestable; sans quoi il y aurait dans un état autant de statuts réels que de possesseurs étrangers de différentes parties du sol, ce qui serait absurde.

Enfin, les citoyens ne peuvent être régis personnellement que par les lois de la société dont ils sont membres. Ni eux, ni la société, ni leurs familles réciproquement ne peuvent, sous prétexte d'absence ou de simple résidence dans un pays étranger, rompre les liens qui les unissent.

Art. 4. « Le juge qui refusera de juger, sous prétexte du « silence, de l'obscurité, ou de l'insuffisance de la loi, « pourra être poursuivi comme coupable de déni de justice. »

Art. 5. « Il est défendu aux juges de prononcer, par voie « de disposition générale et réglementaire, sur les causes « qui leur sont soumises. »

On ne peut pas plus surprendre l'action de la justice que celle de la police et de l'administration, sans compromettre d'une manière grave l'intérêt et le repos des citoyens, et par conséquent la tranquillité publique.

Le législateur ne peut tout prévoir. Cette tâche est au-dessus des efforts humains.

Des règles positives, des principes lumineux et féconds en conséquences, qui puissent être aisément saisis et appliqués à tous les cas ou au plus grand nombre; voilà ce qui caractérisera toujours toute bonne législation.

Les tribunaux ne peuvent donc refuser la justice, sous prétexte du silence de la loi. Le sentiment du juste et de l'injuste n'abandonne jamais le juge probe et instruit. Le législateur doit seul examiner s'il existe réellement ou non un silence dans la loi, tel qu'il faille y suppléer par une nouvelle. Il ne pourrait même émettre la loi supplétive, que quand plusieurs jugemens sur le cas qu'on prétend n'avoir pas été prévu auraient éclairé sa sagesse.

Enfin, l'abus des nombreux référés de la part des tribunaux qui, sous le régime de la Constitution de l'an 3, accablaient le Corps législatif, nous garantit la sagesse de l'article 4.

Quant à l'article 5, il est une conséquence de la division des pouvoirs; et toutes réflexions pour en prouver le mérite seraient oiseuses.

Art. 6 et dernier. « On ne peut déroger par des conven- « tions particulières aux lois qui intéressent l'ordre public « et les bonnes mœurs. »

Les conventions ne peuvent porter que sur des intérêts particuliers. Ce qui constitue l'ordre public tient à l'intérêt de tous, et la loi doit protéger les mœurs.

Sans cette mesure, la société veillerait en vain, par les lois les plus sages, à son repos et à sa prospérité.

Les règles renfermées dans tous ces articles sont autant de principes fondamentaux en législation. Quoiqu'il s'agisse de dispositions générales, leur application n'en est pas moins certaine, et elles sont l'art d'appliquer toutes les lois.

Il serait déraisonnable de vouloir les isoler; il serait inconvenant de les placer à la tête de tout autre recueil de lois, tel que le *Code judiciaire*, ou *criminel*, quand même leur émission concourrait avec celle du *Code civil*. Ces maximes doivent servir d'introduction à ce Code, auprès duquel tous les autres n'auront qu'un caractère accessoire.

Tribuns, quelle époque mémorable dans les fastes de la nation, que celle de la promulgation d'un Code civil! Enfin, nous voyons effacer les dernières traces du régime féodal.

La France, par rapport à la diversité des lois, était encore, à peu de chose près, au même état où César l'avait vue. Il dit au commencement du livre fait au milieu de ses conquêtes, lorsqu'il parle des mœurs et des usages des peuples gaulois : *Hi omnes linguâ, institutis, legibus, inter se differunt.*

Ce ne sont cependant pas les mêmes lois qui étaient en usage dans les derniers temps. L'histoire nous apprend que nos coutumes avaient été données aux peuples par les grands vassaux de la couronne, lorsqu'ils se furent approprié les fiefs, et, ce qui est bien remarquable, nous y voyons aussi que ces mêmes seigneurs s'étaient constamment opposés à une uniformité de lois, dans la crainte de favoriser l'agrandissement de l'autorité royale.

Dans la suite, la force de l'habitude, l'attachement à ses propres usages, produisirent les mêmes effets que la politique.

L'idée, conçue sous Charles VII, de réunir toutes les coutumes en une, après avoir ordonné la rédaction de chacune, produisit seulement l'avantage d'avoir des coutumes écrites, sans être obligé de recourir à des enquêtes longues et dispendieuses, lorsqu'il s'élevait quelques doutes sur ce qu'un simple usage avait érigé en loi.

Ce même projet fut encore renouvelé sous Henri III; mais les fureurs de la ligue et la mort tragique du président Brisson, qui était chargé de son exécution, le firent échouer.

Il fallait toute la puissance de la révolution, la fusion de toutes les volontés, pour avoir enfin l'espérance d'un Code civil.

Mais si la révolution seule a rendu l'entreprise possible, il était réservé au héros dont le génie ne laisse rien échapper de tout ce qui est grand et utile, d'en hâter et d'en faciliter l'exécution.

Quelle confiance ne devait-il pas avoir en ses propres lumières! Il a prouvé dans la suite qu'il avait, en législation civile, des conceptions aussi heureuses qu'il en a eu de grandes et de sublimes à la tête des armées, qu'il a constamment menées à la victoire.

Quels secours n'avait-il pas à attendre de ses collègues! L'un d'eux avait présenté à la Convention nationale un projet de Code civil, ouvrage précieux par la précision du style, la netteté des idées, et l'ordre dans la classification des matières, qui a servi de guide à tous les travaux préparatoires qui l'ont suivi : et les modifications dont il était susceptible tenaient principalement au changement d'ordre constitutionnel et des temps.

Quelles ressources ne trouvait-il pas encore dans le Conseil d'État !

Toutes ces circonstances n'ont pas empêché le premier magistrat de la République de provoquer de nouvelles lumières, et, à sa voix, combien n'en est-il pas sorti de toutes parts, et en si peu de temps !

Les quatre jurisconsultes qui, sur son invitation, ont rédigé le nouveau projet de Code civil; le tribunal de cassation, et les tribunaux d'appel, qui ont reçu la mission de le réviser, tous ont acquis, par leur zèle et par leurs talens, des droits à l'estime et à la reconnaissance de la nation.

Enfin, tous les citoyens ont été assurés de voir accueillir le tribut de leurs connaissances; et plusieurs se sont honorés en secondant les vues du gouvernement.

Mesure aussi grande, aussi politique que sage en elle-même ! Elle a nationalisé, si l'on peut s'exprimer ainsi, les matériaux du Code civil. Elle a éloigné l'envie, qui s'attache trop aisément à un grand ouvrage, lorsque la direction en est confiée à un seul; il en est résulté des changemens utiles, et elle aura excité la confiance avec laquelle la nation accueillera le fruit de tant d'honorables travaux.

La section vous propose de voter l'admission du projet de loi.

Le Tribunat vota l'adoption du projet et chargea MM. Grenier, Faure et Gillet de la Jacqueminière, de porter son vœu au Corps législatif.

CORPS LÉGISLATIF.

DISCOURS PRONONCÉ PAR LE TRIBUN FAURE,
L'UN DES ORATEURS CHARGÉS DE PRÉSENTER LE VOEU DU TRIBUNAT.

(Séance du 14 ventose an XI.—5 mars 1803.)

Législateurs, les bonnes lois sont les fruits tardifs de l'expérience et des lumières.

L'expérience fait reconnaître les lois vicieuses ; sans le secours des lumières, elle ne saurait indiquer le remède.

Avec les lumières seules, une imagination féconde peut enfanter des théories sublimes ; mais il n'est réservé qu'à l'expérience, de découvrir le prestige des illusions : jusqu'alors les yeux sont plutôt éblouis qu'éclairés. Ce n'est qu'insensiblement que la vue s'accoutume au jour pur de la vérité.

Quelles ressources, citoyens législateurs, la France n'a-t-elle pas aujourd'hui pour corriger et perfectionner ses lois ! Tout ce qu'on peut attendre des vastes connaissances d'un grand nombre de jurisconsultes distingués, tout ce que peut produire une très-longue observation des hommes et des choses, notre législation en sera le résultat.

Et dans quel temps cette législation va-t-elle paraître ?

C'est à l'époque où la République, illustrée par des victoires à jamais mémorables, recueillant chaque jour les bienfaits inappréciables de la paix la plus glorieuse, ornée par les sciences, embellie par les arts, présidée par le génie, se voit élevée au plus haut degré d'éclat et de gloire.

Le Tribunat m'a chargé de vous présenter son vœu sur le projet de loi qui a pour titre : *De la publication, des effets et de l'application des lois en général.*

A ces mots *des lois en général*, déjà vous reconnaissez qu'il s'agit de dispositions qui appartiennent à tous les Codes, et non pas au Code civil seul.

Le premier article établit un nouveau mode de publication des lois.

Les autres renferment des maximes sacrées que le législateur ne doit jamais omettre, comme le citoyen ne doit jamais les oublier.

Je vais parcourir chacun des articles.

Anciennement les lois n'étaient exécutées qu'après avoir été enregistrées, et le refus d'enregistrement de la part d'une cour souveraine emportait la défense d'exécution dans toute l'étendue de son ressort. Ce droit, que les tribunaux du premier rang prétendaient avoir d'empêcher l'exécution des lois, était une émanation de la puissance législative.

On a depuis reconnu les dangers de la confusion des deux pouvoirs.

Les tribunaux ont été obligés de se renfermer dans les limites de leurs attributions; il ne leur a plus été permis de refuser d'enregistrer les lois, et les actes du pouvoir législatif n'ont plus eu besoin de la sanction du pouvoir judiciaire.

Alors l'enregistrement, borné à une simple transcription, n'a plus eu qu'un seul objet, celui de servir à la publication des lois.

Pourquoi faut-il que les lois soient publiées? Ce n'est pas seulement pour que les juges en aient connaissance, c'est aussi pour qu'elles soient connues de tous les citoyens. La transcription produit-elle ce dernier effet? Non, sans doute.

Une lecture faite à l'audience, au moment de la transcription, est-elle propre à donner cette connaissance générale? Il est évident qu'elle ne le peut pas.

Cependant ce n'est que du moment où la loi est réputée connue, qu'elle doit être exécutée.

Ce mode de publication contient d'ailleurs un grand vice, c'est qu'il fait dépendre de la volonté de l'homme ce qui ne doit dépendre que de la volonté de la loi. La perte d'un bulletin, les accidens de la poste, la négligence d'un officier public, peuvent exposer la loi à rester long-temps sans exécution, et souvent à être exécutée plus tard dans le voisinage du lieu où elle a été rendue qu'au point le plus éloigné. Un tel mode laisse encore au pouvoir judiciaire la faculté de hâter ou de différer l'exécution de la loi, en hâtant ou différant sa transcription, et ainsi d'obtenir, par un retard, au moins une partie de ce qu'il ne peut plus obtenir par un refus.

Le but du projet actuel est que l'instant où l'exécution de la loi doit commencer dans chacun des départemens de la République, soit fixé d'une manière invariable, et que cette fixation soit l'ouvrage de la loi seule.

Autant il était difficile avant la révolution de connaître la loi lorsqu'elle était rendue, autant il est facile aujourd'hui d'acquérir cette connaissance.

Autrefois les lois se faisaient secrètement; souvent même elles restaient cachées dans les ténèbres long-temps après avoir été faites.

Aujourd'hui, dès qu'un projet de loi est adressé au Corps législatif, il se répand dans toutes les parties de la République. Bientôt ensuite les débats circulent, et lorsqu'enfin la loi est décrétée, les copies en sont tellement multipliées par la voie de l'impression, que chacun peut aisément en prendre connaissance. L'acte constitutionnel exige qu'il y ait un intervalle de dix jours entre le décret du Corps législatif et la promulgation générale faite par le Premier Consul; et tout le monde sait qu'aucune feuille publique n'attend, pour annoncer la loi, que l'époque de la promulgation soit arrivée.

Autrefois la loi devait être exécutée aussitôt après l'enregistrement, qui produisait le double effet d'une sanction et d'une promulgation. Aujourd'hui, comme je viens de l'observer, la loi n'est promulguée que dix jours après qu'elle a été rendue; ainsi son exécution ne pourrait jamais commencer avant l'échéance de ce délai.

Mais la loi proposée ajoute un autre délai pour que la promulgation soit réputée connue. Elle le gradue suivant les distances. Elle prend un terme moyen entre le plus et le moins de célérité dans le passage d'un lieu à l'autre. Elle porte enfin que la promulgation faite par le Premier Consul sera réputée connue dans le département où siégera le gouvernement, un jour après celui de la promulgation ; et dans chacun des autres départemens, après l'expiration du même délai, augmenté d'autant de jours qu'il y aura de fois dix myriamètres (environ vingt lieues) entre la ville où la promulgation en aura été faite et le chef-lieu de chaque département.

Telle est la disposition du premier article, le seul qui traite de la publication des lois. Il n'en résulte pas la conséquence qu'à l'avenir le gouvernement cessera d'envoyer le bulletin aux tribunaux. On doit en conclure seulement que l'envoi du bulletin ne sera plus nécessaire pour qu'on ne puisse se dispenser d'exécuter la loi.

Quelques personnes, en convenant que le délai progressif était plus avantageux que la transcription, ont ajouté qu'ils ne préféraient l'un à l'autre qu'à cause des termes fixes attachés au délai, tandis que la transcription n'en avait aucun.

Mais ils ont prétendu que le meilleur de tous les modes était le délai uniforme.

Le délai uniforme, ont-ils dit, n'a qu'un seul terme pour toutes les parties de la France.

Le délai progressif en a un différent pour chaque distance de vingt lieues.

Le premier est simple et naturel.

Le second exige des calculs.

L'un ne laisse aucune difficulté dans l'exécution.

L'autre ne prévient point tous les embarras.

Avec le délai uniforme, tous les biens de chaque individu deviendront au même moment soumis à la même loi.

Avec le délai progressif, il s'écoulera souvent un intervalle de temps pendant lequel partie des biens de la même famille restera sous l'empire de l'ancienne législation, tandis qu'une autre partie sera déjà sous l'empire de la nouvelle.

On a répondu que si le délai uniforme semblait, au premier coup-d'œil, plus séduisant que le délai progressif, il était facile, avec un peu d'attention, de reconnaître que le délai progressif devait être préféré.

D'abord, en fait de calcul, ce dernier mode est si clair, il présente si peu de difficultés, qu'il n'est personne qui ne puisse en un moment le concevoir et le retenir.

En second lieu, n'est-il pas évident que l'action de la loi doit rester suspendue le moins de temps possible? Elle doit l'être seulement le temps nécessaire pour que la loi soit réputée connue; et comme il est impossible que la loi soit connue partout au même instant, il en résulte que son exécution doit commencer à des époques plus ou moins reculées, selon le plus ou le moins d'éloignement des lieux.

En troisième lieu, le délai uniforme ne pourrait pas être applicable à toutes les lois indistinctement, comme le sera le délai progressif. Dans l'hypothèse de l'uniformité de délai, il y aurait, pour les départemens voisins du lieu où siége le gouvernement, un intervalle de temps considérable entre le moment où la connaissance de la loi leur serait arrivée, et celui où ils pourraient l'exécuter; car le délai unique devant être réglé d'après le temps nécessaire pour que la loi fût réputée connue au point le plus éloigné du centre, il faudrait accorder quinze jours au moins, ce qui, avec les dix jours antérieurs à la promulgation, formerait un délai de vingt-cinq jours. Cela posé, toutes les fois qu'il s'agirait de lois particulières à l'égard desquelles il importerait à l'État d'obtenir la plus prompte exécution, il serait indispensable que ces mêmes lois continssent une dérogation au délai uniforme. Sans cette dérogation, beaucoup de lois, surtout en matière de finance, deviendraient illusoires, quelquefois même plus dangereuses qu'utiles. Aussi les partisans du délai uniforme n'ont-ils jamais manqué de proposer en même temps une disposition qui autorisât la dérogation. N'était-ce pas consacrer la mutabilité sur un point de législation qui doit être invariable ?

Enfin, depuis des siècles, si l'on excepte quelques ordonnances, jamais les lois n'ont été mises à exécution partout au même instant, et l'on ne voit pas que cette exécution progressive ait été jamais le fondement d'aucune plainte.

On a remarqué que, suivant le mode proposé par la loi, le chef-lieu de chaque département servira d'échelle de distance. A ce moyen, les époques différentes d'exécution ne seront point trop multipliées, comme elles l'eussent été en prenant le chef-lieu de chaque arrondissement communal. D'un autre côté, les distances auraient été trop longues en prenant le chef-lieu de chaque tribunal d'appel. En un mot, la division sera plus juste et plus égale que si l'on eût pris l'une ou l'autre mesure.

Tant de motifs réunis ont déterminé le Tribunat en faveur du délai progressif.

Je passe à l'article 2.

2   L'article 2 porte : *La loi ne dispose que pour l'avenir ; elle n'a point d'effet rétroactif.*

La loi ne doit avoir pour but que de régler les cas non encore arrivés. S'il en était autrement, jamais il ne pourrait exister rien de stable. Ce qu'on aurait fait aujourd'hui conformément à la loi, ou sans qu'aucune loi s'y opposât, serait détruit demain par une seconde loi, et l'ouvrage de demain pourrait être à son tour anéanti par l'intervention d'une loi nouvelle.

Rien de plus sage que le principe énoncé par l'article 2.

En vain on opposerait qu'il ne doit point trouver place dans un Code de lois, parce qu'il ne regarde que les législateurs, qui peuvent toujours changer les lois qu'ils ont faites, et substituer au principe une nouvelle loi rétroactive dont les tribunaux ne pourraient se dispenser d'ordonner l'exécution, et à laquelle les citoyens ne pourraient se dispenser d'obéir.

Cette disposition ne contient pas seulement un précepte pour les législateurs, elle contient de plus une obligation pour les juges et une garantie pour les citoyens.

Elle recommande aux juges de ne jamais appliquer la loi à des faits antérieurs à son existence.

Elle garantit aux citoyens qu'ils ne seront jamais recherchés pour quelque acte que ce soit, si cet acte n'était défendu par aucune loi lorsqu'on l'aura commis.

Tels sont les principaux motifs de l'assentiment que le Tribunat a donné à l'article 2.

L'article 3 règle plusieurs points dont l'importance devait en effet leur assigner une place au rang des dispositions relatives à l'application des lois en général.

Il contient les principales bases d'une matière connue dans le droit, sous le titre de statuts personnels et de statuts réels. Il détermine d'une manière précise et formelle quelles sont les personnes et quels sont les biens que régit la loi française.

A l'égard des biens, il suffit qu'ils soient situés en France pour que la loi de France les régisse. Peu importe d'ailleurs que le propriétaire soit Français ou étranger; car il ne peut y avoir, pour régir ces biens, que les lois du pays au territoire duquel ils sont attachés. Tel est le statut réel. On a toujours compté en France autant de statuts réels qu'il y avait de coutumes et d'usages locaux; désormais il n'y en aura plus qu'un seul, puisque nous aurons un Code uniforme pour toute la République.

Quant au statut personnel, on distingue entre les lois qui règlent l'état et la capacité des personnes, et celles qui concernent la police et la sûreté du pays.

Il suffit d'être Français pour que l'état et la capacité de la personne soient régis par la loi française. Que l'individu réside en France ou qu'il réside en pays étranger, dès qu'il est Français, la règle est la même ; sa qualité de Français le suivant partout, les lois qui dérivent de cette qualité doivent le suivre également.

Quant aux lois de police et de sûreté, il suffit d'habiter le territoire français pour être sous l'empire des lois de France. L'individu contracte, en entrant dans un pays dont il n'est pas sujet, l'obligation de se soumettre à toutes les lois établies pour l'ordre et la tranquillité du pays. S'il est assez téméraire pour les enfreindre, comment ce pays pourra-t-il le traiter plus favorablement que ses propres citoyens ?

Je ne m'étendrai point davantage sur les motifs de cet article, qui a obtenu un assentiment général.

4   L'article 4 porte que le juge qui refusera de juger sous prétexte du silence et de l'obscurité, ou de l'insuffisance de la loi, pourra être poursuivi comme coupable de déni de justice.

Cette disposition est une de celles dont l'expérience a le plus fait reconnaître l'indispensable nécessité.

Il est souvent arrivé, surtout pendant un assez long intervalle de temps, que des tribunaux civils, trouvant la loi muette ou obscure sur une question qui leur était soumise, se sont adressés au Corps législatif pour avoir une solution qu'ils croyaient ne pas devoir donner, et en conséquence ont suspendu le jugement jusqu'à ce que la réponse fût arrivée. On n'aurait point ainsi suspendu le cours de la justice, si l'on eût été sans cesse pénétré de ce principe, que la loi n'a point d'effet rétroactif. Il est incontestable que la loi, ne pouvant disposer que pour l'avenir, ne doit point statuer sur des questions soumises aux tribunaux antérieurement à son existence. Si elle le fait, cette loi n'est point, par rapport à ces mêmes questions, une disposition législative, elle ne l'est que dans l'expression ; mais dans la réalité c'est un jugement. Et de là résulte une confusion manifeste du pouvoir législatif avec le pouvoir judiciaire.

D'ailleurs, en émettant une loi sur chaque difficulté non prévue, de quelle quantité prodigieuse de lois ne serait-on pas bientôt accablé ? Combien de fois aussi n'arriverait-il pas que la loi particulière dérogerait à la loi générale, au lieu d'être seulement interprétative ? Et comme l'ancienne loi se trouvait liée à d'autres lois corrélatives, il n'y aurait plus d'ensemble dans les différentes parties de la législation : on y verrait au contraire une incohérence monstrueuse, d'où résulterait une source de procès. Alors, comme a dit un philosophe célèbre (a) : « Les lois qui doivent servir de flambeau pour nous faire marcher, seraient autant d'entraves qui nous arrêteraient à chaque pas. »

En matière criminelle, les inconvéniens seraient bien plus graves encore. S'il fallait attendre une loi pour juger un acte que les juges croiraient condamnable, et sur lequel aucune loi ne leur paraîtrait avoir prononcé, certes il n'est pas un citoyen qui ne dût être continuellement effrayé par la crainte de se voir un jour poursuivi comme coupable, en vertu d'une loi postérieure à l'acte qu'il aurait commis dans un temps où cet acte n'était nullement défendu.

En un mot, pour toute affaire, soit civile, soit criminelle, ou la loi parle, ou elle se tait. Si la loi parle, il faut juger en se conformant à sa volonté. Si elle se tait, il faut juger encore, mais avec cette différence que, lorsqu'il s'agit d'une affaire civile, les juges doivent se déterminer par les règles de l'équité, qui consistent dans les maximes de droit naturel, de justice universelle et de raison ; et que, lorsqu'il

(a) Bacon.

s'agit d'un procès criminel, l'accusé doit être renvoyé, vu le silence de la loi. Enfin reste-t-il encore des difficultés ? C'est au tribunal de cassation de les lever; tribunal suprême, établi pour venir au secours des citoyens dans les cas où l'on aurait appliqué des lois qui ne devaient pas l'être, comme dans ceux où l'on n'aurait trouvé aucune loi applicable, lorsqu'il en existait qui devait être appliquée.

Suivant l'article 4, qui vient d'être analysé, les législateurs ne doivent pas s'attribuer les fonctions de juges.

Suivant l'article 5, les juges ne doivent pas s'ériger en législateurs. On lit dans ce dernier article, *qu'il est défendu aux juges de prononcer par voie de disposition générale et réglementaire sur les causes qui leur sont soumises.*

Autrefois les cours souveraines rendaient des arrêts de réglement : le droit qu'elles prétendaient avoir à cet égard était fondé sur une ancienne possession et sur les mêmes titres que celui qu'elles exerçaient par rapport à l'enregistrement des lois. Il est évident que ces arrêts de réglement étaient tout à la fois des jugemens et des lois ; des jugemens pour la cause sur laquelle ils statuaient, des lois pour les questions semblables ou analogues qui pouvaient se présenter à l'avenir.

Aujourd'hui de tels actes seraient tout à la fois *inconstitutionnels* et *impraticables*.

Inconstitutionnels : car la ligne de démarcation est constitutionnellement fixée entre le pouvoir législatif et le pouvoir judiciaire. Celui-ci n'a pas plus le droit de faire des lois, que celui-là de rendre des jugemens.

Impraticables : car, si, par exemple, un tribunal d'appel pouvait faire une disposition générale et réglementaire, il est incontestable qu'elle serait obligatoire pour tout son ressort, et qu'elle ne s'étendrait point au-delà de son ressort. Alors chaque tribunal de cette classe pouvant aussi faire la même chose, il en résulterait inévitablement une foule de dispositions contradictoires sur les mêmes points, et le bienfait d'un Code général qui consiste à rendre la loi partout uniforme, deviendrait anéanti par des lois partielles, dont la réunion offrirait, après un certain laps de temps, un Code particulier pour chaque ressort du tribunal d'appel.

L'article 6 contient une maxime conforme à celle que les Romains avaient consacrée. Une convention particulière blesse-t-elle l'ordre public ou les bonnes mœurs, elle est réprouvée par la loi. Ne contient-elle rien ni contre les bonnes mœurs, ni contre l'ordre public, elle doit être et est en effet permise, lors même qu'elle porterait dérogation à quelque disposition de loi. Tel est le vœu de l'article 6. Le principe est juste, son application est facile. Ainsi, par exemple, deux époux ne pourraient convenir de dissoudre leur mariage à la volonté de l'un des deux, et sans l'observation préalable des conditions que la loi prescrit. Mais un débiteur et un créancier peuvent faire entre eux une convention particulière, d'après laquelle l'un promettra de ne pas user contre l'autre d'une prescription légale acquise en sa faveur.

Dans le premier cas, la convention est illicite, parce qu'il s'agit de l'existence d'un mariage, et que cet objet tient essentiellement à l'ordre public.

Dans le second cas, il s'agit d'un intérêt privé, susceptible d'être modifié au gré des parties; il s'agit d'un acte contre lequel l'ordre public ne peut réclamer en aucune façon. La convention est donc valable.

A l'égard des bonnes mœurs, il y a même raison, je dirai plus, l'une est une dépendance nécessaire de l'autre. Les mots *ordre public* eussent seuls pu suffire, et l'addition qu'on a faite n'a pour objet que de donner à la rédaction de l'article toute la clarté dont elle était susceptible. En effet, tout ce qui concerne les bonnes mœurs intéresse l'ordre public; mais tout ce qui intéresse l'ordre public ne concerne pas les bonnes mœurs.

Citoyens législateurs, j'ai cru devoir me borner à cette courte analyse sur la loi proposée. L'orateur éloquent qui vous en a développé les motifs m'a dispensé de tout autre soin. Une loi conçue par la sagesse, mûrie par la réflexion, recommandée par des talens supérieurs, appelle de toutes parts la confiance publique. Le Tribunat s'est empressé de l'adopter. C'est à vous, législateurs, qu'il appartient d'en assurer les avantages, en lui accordant une sanction qu'elle sollicite à tant de titres.

Le Corps législatif adopta ce projet de loi dans la même séance, et la promulgation en fut faite le 24 ventose an XI (15 mars 1803.)

FIN DU SIXIÈME VOLUME.
1er DES DISCUSSIONS.

AVIS.

Les matériaux qui appartiennent au titre des droits civils étaient trop considérables pour pouvoir être compris en entier dans le tome VI avec ceux du titre préliminaire, nous avons trouvé plus convenable de les renvoyer au volume suivant que de les diviser; mais, si, afin d'éviter l'inconvénient de séparer les documens relatifs à un même titre du Code ou de désunir des titres ayant ensemble une grande corrélation, comme ceux du mariage et du divorce, nous sommes quelquefois forcés de publier un volume un peu mince, les volumes qui le suivront seront plus forts que ceux ordinaires pour établir une compensation.

www.ingramcontent.com/pod-product-compliance
Lightning Source LLC
Chambersburg PA
CBHW050437170426
43201CB00008B/704